# यशवंत व्यास

जन्म : 6 मार्च, 1964।

नए प्रयोगों के लिए चर्चित व्यंग्यकार–पत्रकार।

*जो सहमत हैं सुनें, चिंताघर, अपने गिरेबान में, अमिताभ का अ, कामरेड गोडसे, इन दिनों प्रेम उर्फ़ लौट आओ नीलकमल, यारी–दुश्मनी, ख़्वाब के दो दिन, अब तक छप्पन, कल की ताज़ा ख़बर, हिट उपदेश : द बुक ऑफ़ रेजर मैनेजमेंट* आदि किताबें।

हाल में शायर–फ़िल्मकार गुलज़ार के साथ चर्चित किताब *बोसकीयाना; यारी–दुश्मनी, तथास्तु , रसभंग* और *नमस्कार* जैसे लोकप्रिय कॉलम। किताबों में दो उपन्यास शामिल, दोनों पुरस्कृत। विभिन्न मीडिया उपक्रमों में सम्पादक, सलाहकार और संस्थापक की भूमिकाएँ।

लेखन के लिए *शरद जोशी राष्ट्रीय सम्मान*। एक दशक से प्रतिष्ठित अख़बार *अमर उजाला* के समूह सलाहकार और नए माध्यमों पर कुछ अनूठे प्रयोगों में व्यस्त जिनमें से एक है—*खटाक फ़िक्शन सीरीज़*, जो डिजिटल और प्रिंट के साझे की दोस्ताना कारीगरी है।

## दो ख़्वाबों पर

**कहा गया–**

नया शिल्प और ताजगी
इसकी बहुत बड़ी खूबी है।

***'चिंताघर' पर श्रीलाल शुक्ल***

महत्वपूर्ण और विलक्षण है।

***'कॉमरेड गोडसे' पर कमलेश्वर***

# ख़्वाब के दो दिन

यशवंत व्यास

राजकमल पेपरबैक्स

राजकमल पेपरबैक्स में
**पहला संस्करण** : 2012
**दूसरा संस्करण** : 2021



---

**राजकमल पेपरबैक्स** : उत्कृष्ट साहित्य के जनसुलभ संस्करण

---

राजकमल प्रकाशन प्रा.लि.
1-बी, नेताजी सुभाष मार्ग, दरियागंज
नई दिल्ली-110 002
द्वारा प्रकाशित

**शाखाएँ** : अशोक राजपथ, साइंस कॉलेज के सामने, पटना-800 006
पहली मंजिल, दरबारी बिल्डिंग, महात्मा गांधी मार्ग, प्रयागराज-211 001
36 ए, शेक्सपियर सरणी, कोलकाता-700 017

वेबसाइट : www.rajkamalprakashan.com
ई-मेल : info@rajkamalprakashan.com

बी.के. ऑफसेट
नवीन शाहदरा, दिल्ली-110 032
द्वारा मुद्रित

**मूल्य** : ₹299

KHWAB KE DO DIN
*Novel* by Yashwant Vyas

ISBN : 978-81-267-2342-3

स्थापित कानूनी परंपरा के अनुरूप सूचना दी जाती है कि इस कृति के सभी चरित्र, पात्र, स्थान, काल आदि काल्पनिक हैं। किसी जीवित या मृत व्यक्ति, स्थान, संस्था या घटना से इनका कोई संबंध नहीं है। लेखक की कामना है कि यह काल्पनिक ही बना रहे।

धीरे-धीरे चलना
सपने नींदों में डर जाते हैं
कहते हैं सपने कभी
जागो तो मर जाते हैं

नींद से न जागे कोई
ख़्वाबों की लड़ी

*–गुलज़ार*

कहते हैं सपनों में कोई क्रम नहीं होता। पात्र भी कभी बबूल होते हुए आम हो जाते हैं, कभी आम होते हुए बबूल। कभी खंडहर, साँप, चोर, उड़ान आपस में जा मिलते हैं।

कुछ लोग सपने में रोते हैं, दाँत किटकिटाते हैं, घबरा जाते हैं, चीख पड़ते हैं, उठ जाते हैं, मुस्कुराते हैं या सुबह होने पर लगभग उसे भूल भी जाते हैं। पर कुछ बुरे-कुछ अच्छे स्वप्न जब भी आते हैं-याद रह जाते हैं। इनकी अर्थहीनता में भी एक अर्थ होता है और भंग-अंग के बावजूद एक क्रम। अवचेतन तक पहुँचने का यह जादुई रास्ता, स्वप्नविचार की पारंपरिक पुस्तिकाओं की व्याख्याओं से ऊपर जाकर एक यात्रा पर ले जाता है।

कुछ इससे गुत्थियाँ भी खोल लेते हैं, कुछ इसके दोष से घबराकर हकीमों के पास चले जाते हैं। बावजूद इसके हर आदमी को सपने बगैर कहे आते हैं, और एक यात्रा पर ले जाते हैं कभी दो किलोमीटर तो कभी-दो लाख किलोमीटर भी। हम आपस में इन्हें मिलाए बगैर इनमें सामंजस्य ढूँढने और सुख तथा दुख की अंटी मारे बिना रह भी नहीं सकते।

सपनों के साथ यह दिक्कत तो है कि हम तय करके उन्हें देख नहीं सकते, लेकिन उतनी ही सुविधा यह है कि उन्हें देखने पर चाहें तो अपने-अपने अर्थ जरूर निकाल सकते हैं।

कहते हैं, जब एक सपने में साँप ने मुँह में पूँछ ले ली तो उससे कार्बनिक रसायन की बेंजीन रिंग का सूत्र कैकुले को मिल गया था। यानी सपने का अर्थ किसी को जम जाए तो कार्बनिक रसायन का सूत्रपात भी हो जाता है लेकिन इसका अर्थ यह भी नहीं कि हर सूत्र सपने से उपजता है।

मैं बुरी तरह सपने देखता रहा हूँ। चूँकि सपने देखना-न देखना अपने बस में नहीं होता, मैंने भी इन्हें देखा। आप सबकी तरह मैंने भी कभी नहीं चाहा कि स्वप्न, फ्रायड या युंग जैसों की सैद्धांतिकता से आक्रांत होकर आएँ या प्रसव पीड़ा की नीम बेहोशी में अखिल विश्व के पापनिवारक-ईश्वर के नए अवतार की सुखद आकाशवाणी के प्ले-बैक के साथ।

मीडिया के ईथर में तैरते हुए १९९२ की नीम बेहोशी में **चिंताघर** नामक नामक लंबा स्वप्न देखा गया था और चौदह बरस बाद अपने सिरहाने रखी २००६ की डायरी में जो सफे मिले, उनका नाम था-**कॉमरेड गोडसे**। ऐसें जैसे एक बनवास से दूसरे बनवास में जाते हुए ख़्वाब के दो दिन।

कुछ लोग कहते हैं, तब अखबारों के एडीटर की जगह मालिक के नाम ही छपते थे, चौदह साल बाद कहने लगे इश्तहारों और सूचनाओं के बंडलों पर जो एडीटर का नाम छपता है, वह मालिक के हुक्म बिना इंच भर न इधर हो, न उधर।

कुछ लोग कहते हैं, बड़ा ईमान था जो हाथ से लिखते थे, चौदह साल बाद कहने लगे छोटा कंप्यूटर है लाखों-लाख पढ़ते हैं।

तब एक लड़का था जो चिंताघर में घूमता, मुट्ठियों में पसीने को तेजाब बनाता, दियासलाई उछालना चाहता था। चौदह साल बाद दो हो गए, जो जोरदार मालिक और चमकदार एडीटर के चपरासी और साथी की शक्ल में आत्माओं के छुरे उठाए फिरते हैं।

पहले दिन से चौदह बरस बाद के बनवासी दिन टकरा-टकरा का चिंगारियाँ फेंकते हैं। इन चिंगारियों में हुई सुबह ख़्वाबों को खोल-खोल दे रही है।

आज इस सुबह सपनों की प्रकृति के अनुरूप भयंकर रूप से एक-दूसरे में गुम काल, स्थान और पात्रों के साथ मैं अपने सपनों की यथासंभव जमावट का एक चालू चिट्ठा आपको पेश करता हूँ।

**यदि तावदयं स्वप्नो धन्यमप्रतिबोधनम्।**

---

यदि यह स्वप्न है, तो न जागना ही अच्छा होता

**-भास**

स्वप्न वासवदत्ता / ५-९

# पहला ख़्वाब

चौदह साल पहले

# चिंताघर

## दुःस्वप्न / एक

एक हत्याकांड अनायास

# विधायक-चूहा

वह मोटा था। इतना मोटा कि मुझे भरोसा नहीं हुआ। मेरे घर में उतने स्वस्थ और चुस्त-दुरुस्त प्राणी की कल्पना नहीं की जा सकती। बदलकर बोलें, तो मुझे बहुत लज्जा अनुभव हुई। थोड़ी देर बाद डरा। यह तो तय था कि, वह इतना मोटा, मेरे घर का अन्न खाकर नहीं हुआ था। हालाँकि डर के पीछे एक सुख भी दबा हुआ था। इस वक्त कोई घर में आ जाता तो इसके स्वास्थ्य से मेरे भरे-पूरे संपन्न होने का भरम पैदा करने में भारी मदद मिल सकती थी। कुछ लोग दिखते तो दयनीय हैं, मगर उनके घर के चूहे उनकी महानता की गाथा कहकर प्रतिष्ठा बना देने के काम आते हैं। कुछ लोग सिर्फ चूहों को स्वस्थ दिखाकर खुद प्रतिष्ठित हो जाना चाहते हैं। कुछ लोगों के यहाँ भूमिगत बिल होते हैं, इनमें चूहों के साथ उनकी प्रतिष्ठा भी भूमिगत होती है। जब जरूरत हुई, निकाली और काम होने पर फिर से ज़मींदोज़ कर दी। मेरे पास प्रतिष्ठा-रूपी जो कुछ था, उससे एक चूहे को इस कदर स्वस्थ रख पाना असंभव था। अब जबकि, वह मेरे घर में मौजूद था, मेरे लिए 'विचित्र' स्थिति थी। चूहा कभी स्थिर दृष्टि से देखता, कभी मूँछें दाएँ-बाएँ कर देता और कभी पूँछ को गति दे देता।

मूँछें उसकी, बहुत तीखी थीं। लेकिन, मुझे लगा कि यदि वह क्लीन शेव्ड होता, तो ज़्यादा प्रभावी लग सकता था। मूँछें न होने से व्यक्ति को उनके साफ होने या ज्यादा ऊँची करने के झंझट से मुक्ति मिल जाती है। यह अलग बात है

कि साफ करने के बाद भी मूँछें अंतरात्मा की तरह उगना चाहती हैं। जो समझदार होते हैं, वे प्रतिदिन शेव करते हैं, इस तरह अंतरात्मा से भी मुकाबला किया जा सकता है। चूहा, शायद इन सब चीजों से ऊपर उठ गया था, इसलिए मूँछों के उगने और बरकरार रहने के बावजूद वह अंतरात्मा का मुकाबला कर सकता होगा। मैं उसकी मूँछों की उपस्थिति से ज्यादा उनकी गति से भयभीत था। वह मूँछ हिला रहा था, या यों कहें कि ऐंठ रहा था। बीच-बीच में वह कनखियों से इधर-उधर देख भी लेता था।

मैं सोच रहा था, शायद गलती से वह इस घर में आ गया होगा। न जाने कैसा फील कर रहा होगा। इस कदर खूबसूरत चूहे को ऐसे मामूली घर में क्यों आना चाहिए? उसके पंजे खूबसूरत थे। इतने खूबसूरत कि जिसे भी वे नोचें, उसकी पीढ़ियाँ विरासत के म्यूजियम में निशानी लटकवाकर रखें। उसका मुखाग्र खूब पैना था। दाँतों के पैनेपन का मेरे सामने कोई इस्तेमाल नहीं हुआ था, फिर भी मुझे पक्का भरोसा है कि वे किसी भी किस्म की जमीन खोदकर अपना बिल बना सकते थे। आँखें झपकती नहीं दिखती थीं, हालाँकि मैं इसमें भरोसा नहीं करना चाहता कि प्रेतों की आँखें नहीं झपकतीं। कान बहुत बड़े थे, और किसी के भी मन में श्रद्धा पैदा कर सकते थे। पूँछ थी भी और नहीं भी। वह जब पूँछ को मोड़कर एक ओर कर लेता था, तो वह नहीं होती थी और जब पूरी लंबाई में विस्तीर्ण हो जाती थी, तो उपस्थित कही जा सकती थी।

बहरहाल, वह मेरे घर में मौजूद था और उसकी मौजूदगी मुझे आहिस्ता-आहिस्ता आह्लादित करने लगी। वह चूँकि स्थिरभाव से बैठा था और सिवा पूँछ और मूँछ के, कोई भी अंग ऐसा नहीं था, जो गतिशील हो, इसलिए वह मुझे किसी कार्यक्रम का मुख्य अतिथि महसूस होने लगा। अच्छा मुख्य अतिथि स्थिर, गंभीर और (कुछ-एक अंगों को छोड़कर) गतिहीन होता है। उससे उम्मीद की जाती है कि वह समारोह को गति प्रदान करे। चूहा क्षमतावान था और तुरंत उसने मुँह कुछ ऊपर उठा लिया, सभा स्थल का निरीक्षण किया, फिर जातक कथाओं में वर्णित गड़े धन पर निर्मित बिल में रहने वाले चूहे की भाँति उसने जोर की उछाल लगाई और मेज पर आ बैठा।

अब चूहे और मेरे बीच एक किताब-भर का फासला था। और चूहे मुस्कुराते हों या न हों, उसकी ताजा भंगिमा में इतनी उस्तादी शामिल थी कि उसने मुझे 'कन्विन्स' करा दिया कि वह मुस्कुराहट ही थी। कुछ देर पंजा उठाने-नीचे रखने के बाद उसने मूड बना लिया। चूहे ने कहा-मैं तुम्हें अपने आगमन की कथा

कहता हूँ, सो ध्यान से सुनो। यदि तुमने कथा-श्रवण-पश्चात मेरा कहा माना तो तुम्हारी तीन पीढ़ियाँ सरकारी नौकरी की चिंता से मुक्त हो जाएँगी।

उसकी पूँछ किताब को छूने लगी। कथा शुरू हुई :

"एक सीधे-सादे परिवार के मामूली रसोईघर में उपलब्ध बचा-खुचा खाना खाकर, एक चूहा संतोषपूर्वक जीवन व्यतीत कर रहा था। एक दिन अतिरिक्त तृष्णा का भाव उसके मन में घर कर गया। सो, वह करीबी मुहल्ले की शासकीय उचित मूल्य दूकान में जा घुसा।

तृप्त भाव से वह बाहर निकल रहा था कि एक चील उसे झपटकर आसमान में ले उड़ी। चूहा चीखने लगा, किंतु चील का हृदय निर्दलीय भाव से काम कर रहा था, लिहाजा पंजों की अकड़न पर कोई असर नहीं पड़ा। मगर, चूँकि चूहा हाल ही में सरकारी अनाज खा चुका था, इसलिए उसके प्रभाव से उसमें धीरे-धीरे शक्ति जागृत होने लगी। यह शक्ति अंततः इतनी बढ़ी कि एक स्थल-विशेष पर जाकर अचानक वह मुक्त होने में सफल हो गया।

मुक्त होकर चूहा जहाँ गिरा, वह विधानसभा में प्रतिपक्ष की बैंच थी। बैठक शुरू ही हुई थी, इसलिए सदन में सभी लगभग जागे हुए थे, सो एक चूहे के यकायक इस तरह गिर आने से फौरन ध्यानाकर्षण हो गया। चूहा प्रतिपक्षी क्षेत्र में था, सभी की दृष्टि (यदि थी) तो उसी की तरफ थी। सदन में चाहे जो हो, इतना तो होता ही है कि औसत जन इस तरह नहीं घुस सकते। चूहा औसत भी नहीं था और शायद जन भी नहीं, इसलिए आपत्ति का भाव कहीं नहीं उठा। चूहे ने जिस्म लगभग समेट लिया और सरकारी अनाज की अर्जित शक्ति से पूरे दृश्य का मुआयना करने लगा।

सामने की बैंचों पर बैठे चेहरे दमके हुए थे। पैरों पर गुलाबी आभा छाई हुई थी और लगभग हर एक एड़ी गदराई हुई थी। उनके सुंदर स्वरूप को देखकर उसका मन कुतर जाने को हो आया। एक साथ इतनी खूबसूरत एड़ियाँ उसने पूरे जीवन में पहली दफे देखीं।

नजर जरा घूमकर उसी इलाके के फर्श पर फैली, जहाँ वह गिरा हुआ था। अधिकांशतः अँगूठों के नाखून बढ़े हुए दिखे, मगर एड़ियाँ जो थीं, ठंड की मारी बिवाइयों से जूझती लगती थीं। घबराकर उसने नजर पुनः सामने की तरफ कर ली। इसी क्षण समीपस्थ प्रतिपक्षी विधायक ने उसे छूने के लिए हाथ बढ़ाया।

हाथ जब तक उस तक पहुँचा, उसने सरकारी बैंच की तरफ दौड़ लगा दी।

अब, चूहा आगे-आगे था और विधायक पीछे-पीछे। आखिरकार हाँफकर चूहा जहाँ दुबका, वह मुख्यमंत्री की कुर्सी का चौथा पाया था।

मुख्यमंत्री : अब बस भी कीजिए, आपके हाथ से मामला निकल गया है।

प्रतिपक्षी विधायक : बरगलाइए नहीं, चूहा हमारी तरफ गिरा था। वह हमारा ही है, हम ही उसके वास्तविक अधिकारी हैं।

मुख्यमंत्री : अब वह हमारी शरण में है। जाहिर है, आपकी सिद्धांतविहीन राजनीति से हर कोई क्रुद्ध है। यह भी।

प्रतिपक्षी विधायक : लालच देकर सामनेवाले को तोड़ना आपके खून में है। एक चूहे को तो भ्रष्ट होने से बख्शिए।

'देखिए, खून और भ्रष्टता की बातें जुबान पर न लाएँ।' संवाद में हस्तक्षेप करती एक जोरदार आवाज गूँजी। मुख्यमंत्री का नौजवान समर्थक विधायक दल कुर्सियों पर खड़ा हो गया था।

-चूहा हमारा है, हमारा ही रहेगा!

-चूहे से बयान दिलवा दो जी!!

-अपोजीशन की सात पुश्तें याद दिला देंगे!!!

इधर शोर बढ़ता गया, उधर चूहा, कुर्सी के नीचे सुखद वातावरण पाकर मीठी नींद में सो गया। जब वह जागा, तो उसके नीचे मुख्यमंत्री की गुदगुदी हथेली थी। तनिक विस्मय से उसने प्रतिपक्षी बैंच की तरफ देखा। यत्र-यत्र टूटी कुर्सियाँ, चप्पलें, कपड़े आदि बिखरे पड़े थे। वातावरण शांत था और मुख्यमंत्री मुस्कुरा रहे थे।

चूहे ने नम्र स्वर में निवेदन किया। उस निवेदन का आशय यह था कि मुख्यमंत्रीजी गरीबपरवर और संवेदनशील हैं। यह कितना अच्छा हुआ कि उन्होंने उसे प्रतिपक्ष के जालिम हाथों में पड़ने से बचा लिया हुजूर जैसों के बल पर ही प्रदेश में हरियाली उफनी पड़ रही है। यदि वे इस गरीब चूहे को करुणा की दृष्टि से देख ही चुके हैं तो कृपा कर ऐसा आशीर्वाद दें कि वह उनकी भक्ति प्राप्त कर सके।

यह विधानसभोचित वक्तव्य देकर चूहे ने मुख्यमंत्री का मन जीत लिया। मुख्यमंत्री ने उसे एक कुर्सी पर बिठाया और कहा, जा- विधायक हो जा।

नतीजा : चूहा विधायक हो गया!

मुख्यमंत्री चाहे जैसे हों, इतना तो तय था कि वे एक अनूठे मांत्रिक और अतिश्रेष्ठ तांत्रिक थे। उनके मंत्र-प्रभाव का यह उदाहरण पर्याप्त होगा कि वे प्रदेश

के किसी कोने में नहीं जाते, फिर भी प्रशासन चुस्ती से काम कर लेता था। तांत्रिक की हैसियत से वे ऐसे थे कि जहाँ भी वे जाते, जनता उन्हें देखकर समस्याएँ भूल जाती, उनकी तस्वीरों में खो जाती और समूचा तंत्र भक्तिकालीन साहित्य की तरह पवित्र और रसमय हो जाता। वे अक्सर प्रदेश से देश की राजधानी के बीच अप-डाउन में लगे रहते इसलिए उन्हें अक्सर इस बात की जरूरत महसूस होती रहती थी कि कोई ऐसा शख्स मिल जाए जो उनके काम-काज की समन्वित विकास कार्यक्रमानुसार व्यवस्था सँभाल सके।

यों, समन्वित विकास कार्यक्रम प्रदेश की एक सरकारी योजना का नाम था, जिसका उद्देश्य गरीबों को खींचकर ऊपर उठाने का बताया जाता था। आँकड़े बताते थे कि योजना में कार्यरत अधिकारियों ने गरीबों और अपने बीच अद्भुत समन्वय कर लिया था। इस तरह विकास की प्रक्रिया में तेजी आ गई थी। समन्वित विकास की इस योजना का सचिवालय से लगाकर जिला पंचायतों तक इतना स्वागत हुआ कि, हर ऊँचे काम को सरकारी हलकों में समन्वित विकास के नजरिए से देखा जाने लगा। इस प्रकार ठेकेदार, इंजीनियर, नेता-उपनेता, थानेदार-पटवारी..... सभी अपने-अपने हिसाब से अपने समन्वित विकास में निष्ठापूर्वक लग गए थे।

इधर, विधायक-चूहा, नियमतः मुख्यमंत्री की कुर्सी के चौथे पाये से संलग्न रहता। उसके नाखून जस के तस थे। बल्कि, और पैने हो गए थे। मगर, यह नाखूनियत अँगुलियों के पहले पोरों पर दिखाई नहीं देती थी। वह बाजाप्ता उसकी आत्मा में उतर गई थी। आत्मा पर नाखून रहने का शुद्ध लाभ यह था कि वे किसी को भी, चुभने के बाद ही अपने होने की सूचना देते थे। दूसरे, उन्हें कतरना नामुमकिन था।

आत्मा के सिलसिले में विधायक को अपना चूहत्व बहुत योग्य बनाता था। नाखूनों के अलावा भी, जितनी खासियत उसके जिस्म में थी, वह लोकतंत्र के सिपहसालारों के बीच रहकर ज्यादा 'मोडीफाई' होकर आत्मा में उतरने लगी। मुखाग्र का पैनापन आत्मा को इस कदर भा गया कि अब वह किसी भी सैद्धांतिकता में जनहित हेतु बिल बना सकती थी। पूँछ जिस तरह वक्त-जरूरत दिखाई और छुपाई जा सकती थी, तदनुरूप आत्मा में भी यह लचीलापन व्याप्त हो गया। गति की तीव्रता में उसने तमाम वरिष्ठ विधायकों को पीछे धकेल दिया।

वह उछाल ले सकता था, चकमा दे सकता था, एक ही कमरे में रहते हुए बजरिए बिल, समूची विधानसभा से जमीन के गहरे में व्याप्त संबंध स्थापित कर

सकता था। उसकी ये विशेषताएँ मुख्यमंत्री के सर्वव्याप्त व्यक्तित्व का सामान बन गईं।

धीरे-धीरे मुख्यमंत्री को उसकी इतनी आदत हो गई कि वे कुर्सी की तीन टाँगें जेब में रखकर सिर्फ चौथी के भरोसे, उसके कंधे का इस्तेमाल करके भी आनंदपूर्वक बैठ लेते। जैसा कि कई राजज्योतिषी शपथग्रहण के हिसाब से बनाई गई कैबिनेट की कुंडली के आधार पर भविष्यवाणी कर चुके थे, वह विधायक-चूहा अंततः इम्तहान में सफल साबित हो, मुख्यमंत्री के अंतर का अभिन्न अंग बन गया। अर्थात् विधायक-चूहा अंततः मुख्यमंत्री के समन्वित विकास का 'होल-सोल इंचार्ज' हो गया।

उसे कुछ बातें बहुत पसंद थीं, जैसे कि वह सुरंगों में घूमना पसंद करता था। इस्पात और खान मंत्रालय इसीलिए उसके प्रिय विभाग थे। टेंडरों के लिफाफे उसे प्रिय थे। शिक्षा विभाग भी उसे अच्छा लगा था क्योंकि इस विभाग का सारा कारोबार कागजों पर ही चलता था। जो फाइल उसे स्वादिष्ट लगती उसे वह अपने उपयोग के लिए सुरक्षित रख देता। अमूमन यह स्वाद उसे तबादलों और कई भर्ती की फाइलों में प्राप्त होता। अब यह हो गया कि छतीसगढ़ से लगाकर निमाड़-मालवा तक अफसर इसी तलाश में लगे रहते कि उसे स्वादिष्ट फाइलें मिलें। ज्यादा से ज्यादा फाइलें पेश करने के कारनामों में दिलचस्पी बढ़ने लगी। एक दफे, अकेले शिक्षा विभाग में भर्ती-तबादले के कारोबार में बाईस लाख का शुद्ध मुनाफा हुआ। यह मुनाफा फाइलों की मोटाई से ही हुआ था। इससे खुश होकर 'उसने' मुख्यमंत्री से कहा कि अब तक शिक्षा विभाग एक राज्यमंत्री के कैडर का जो आदमी सँभाल रहा है, उसे काबीना मंत्री बना दिया जाए। इस सिफारिश की खबर और मंत्रालयों में भी फैल गई। देखते ही देखते सब राज्यमंत्री मंत्री बनने के लिए, उपमंत्री राज्यमंत्री बनने के लिए और विधायक संसदीय सचिव या निगम अध्यक्ष या उपमंत्री बनने के लिए स्वादिष्ट फाइलें बनवाने में व्यस्त हो गए।

चूहा बेहद खुश हुआ। न वह मंत्री था, न होना चाहता था। वह सिर्फ विधायक था और मुख्यमंत्री का था, यही उसके लिए पर्याप्त था। उसकी प्रतिष्ठा भूमिगत थी, बिलों में सुरक्षित रखी हुई। प्रकटतः वह कई प्रतिष्ठाओं को कुतरने का माद्दा रखता था। उसकी मूँछें दिन-ब-दिन नुकीली होती जाती थीं। गाहे-बगाहे उन्हें सार्वजनिक रूप से ऐंठने का मौका आता, अन्यथा वे खुद ही ऐंठी रहतीं। पंजों से काम लेना इन दिनों कुछ कम हो गया था। लोग, वहाँ तक नजर

डालने का साहस ही न कर पाते थे। जब वह उन्हें जोड़ता, तो वे खूबसूरती में 'बढ़' जाते। जिन पीठों पर रखता, वे झुकी रह जातीं।

अब उसने दाँत बाँटना शुरू किए। पहला दाँत गृह मंत्रालय को मिला। प्रदेश में पुलिस संत हो गई। दर्ज होनेवाली 'एफ-आई-आरों' की संख्या में आश्चर्यजनक घटौती हो गई, क्योंकि थानेदारों के घर मठों में बदल गए और वहीं अधिकांश फैसले होने लगे। आज्ञानुसार, दाँत उनकी अंतरात्मा से संलग्न हो गया और ये तमाम अंतरात्माएँ कानून-व्यवस्था के दुरुस्तीकरण के काम में लग गईं।

इसके बेहतर परिणामों को देखकर राजस्व, लोकनिर्माण, वन, कृषि आदि विभागों को भी दाँत मिले। जीव-वैज्ञानिकों के हिसाब से चूहों के दाँत कुदरतन लगातार बढ़ते हैं और अगर वे घिसकर अपने दायरे में न रखे जाएँ तो चूहे की जान ले लें। अपनी जान की खातिर चूहे हर उपलब्ध सतह कुतरकर उन्हें साफ करते जाते हैं।

दाँत घिसते रहें इसलिए दाँत विभाग-दर-विभाग चले।

फसलों पर चले।

इमारतों पर चले।

जंगलों में चले।

गलियों में चले।

मुहल्लों, दफ्तरों, चौराहों, चबूतरों तक चले।

ये आदरणीय, सरकारी अंतरात्माओं से संलग्न दाँत थे, इसलिए ज्यादा व्यवस्थित और कानून-कायदे से अपना काम करते थे। अंतरात्मा से संलग्न थे, अतः सामने नहीं दिखाई देते थे। संवेदनशील प्रशासन की स्थापना में रत, इन दाँतों की कुतरन-शक्ति पवित्र आत्मावाले सरकारी भक्तों को ही दिखाई देती थी। सरकारी बंगले, बिल हो गए। समूचा प्रदेश बिलबिलाने लगा।

एक खूब लंबे और उत्तेजक भाषण के बाद उस चूहे ने मुझ-श्रोता से फैसला लेने के अंदाज में आँखों की चमक को बेधक बनाने की कोशिश की।

वही कथा के शुरूवाली कायल कर देनेवाली मुस्कुराहट!

किताब-भर के फासले पर विराजित मुख्य अतिथि!!

''तुम मेरी मदद कर सकते हो मित्र। तुम्हें करनी ही चाहिए। तुम्हारी तीन पीढ़ियाँ नौकरी की चिंता से मुक्त हो जाएंगी। और, जब तीन पीढ़ियाँ यह मुक्ति पा लें, तो आगे का वंश तो खुद-ब-खुद तर जाता है। तैयार हो जाओ।''

वह मेरे उकस जाने के लिए कुछ अंतराल छोड़कर फिर बोला-"देखो मित्र। मैं अपना अर्से पहले विधायकत्व खो चुका हूँ। वो सरकार गिर चुकी है।"

उत्तेजित करके भिड़ जाने लायक एक और अंतराल देकर उसने मूँछ ऐंठी, पूँछ मरोड़ी....

"मेरे मुख्यमंत्री की सरकार गिरानेवाले ने कैसे सरकार बनाई थी जानते हो? उसने एक बिल्ली-विधायिका को मेरी जगह रख दिया। मेरे चलाए दाँतों को बदलकर, उसके दिए नाखून चलने लगे। अब हमें अपने नाखूनों की पुनर्स्थापना करनी है मित्र। चलो क्रांति के लिए तैयार हो जाओ। इस सरकार को पलट देना है।"

उसे लगा कि मैं मुक्ति के लिए तैयार हो चुका हूँ।

उसकी मूँछें थरथराने लगीं, कान घूमने लगे, दाँत किटकिटाने लगे।

यकायक मेरे हाथ उठे, और चूहे के जिस्म पर लाल, पीली, सफेद, हरी तमाम किताबें धड़धड़ाती हुई ढेर हो गईं।

मैंने चूहे की लाश, जिल्दों के नीचे से बरामद की।

लाश हाथों में थी और धीरज हवा में।

उसके बताए क्रमशः विधायक-बिल्ली, विधायक-श्वान और विधायक-शेर का इंतजार करने का धैर्य छूटता चला गया।

## दुःस्वप्न / दो

वह शव ढोते हुए

# मेनहोल

और कोई दिन होता तो मैं मुँह उठाए प्रेस की तरफ चल पड़ता खबरों की लोइयाँ बनाने, बेलने, सेंकने और परोसने के रोजाना के धंधे में।

लेकिन आज मुझे क्या करना चाहिए? इस सवाल के वापस आते ही मुझे पहले महसूस हुआ कि मुझे घर से बाहर इस तरह बेधड़क निकलकर नहीं आना चाहिए था। हो सकता है कि अब तक मेरी तलाश शुरू हो चुकी हो। दरअसल, मुझे हैरत होने लगी कि उस घटना के बावजूद मैं इतना ताजगी शैली वाला मूड उठाए गली में कैसे निकल आया? आम तौर पर सिंगल कॉलम खबर में 'टिशू कल्चर' का अनुवाद 'ऊतक संस्कृति' छपा पाकर या किसी मंत्री का गलत विभाग छपा देखकर या किसी जयंती-पुण्यतिथि का स्मरण न छाप पाने-भर की भूल जानकर मेरे कई दिन अफसोस और तनाव की गिरफ्त में जा पहुँचते थे।

एक दफे एक नामी लेखक ने परचून की दूकान खोली। न्यूज एजेंसी ने अँगरेजी की-परचून के 'चून' से चूना यानी 'लाइम'। हमने उस हिंदी से हुई अंगरेजी की हिंदी बनाई-नींबू-पानी। इस पानी मिलाने-भर से राजभाषा की वह महान हस्ती देश-भर में अलग-अलग ब्रांड नामों को ढोती फिरी। न जाने किस-किस दूकान की प्रोप्राइटरी उसके खाते में गई। खैर, अभी तक पता नहीं चला कि अंगरेजी लाइम से हिंदी पत्रकारिता में परचून का क्या संबंध है। पर कहते हैं, महान हस्ती की पब्लिसिटी की दूकान इस अनुवाद के गुलगपाड़े से ही काफी

दिन चलती रही।

खैर, हिंदी पत्रकारिता में अनुवाद का उपयोग किसी की दूकान चलाने के अलावा और क्या-क्या हो सकता है, इस पर जाने की बजाय मेरी चिंता अभी खुद के बारे में ज्यादा है।

आज मैं एक 'एक्स्क्लुसिव' खबर के मुख्यपात्र की तरह भी हो सकता हूँ और यह खबर छपने की बजाय ठंडी फाइल में बंद भी हो सकती है। मैं एक महत्वपूर्ण पात्र की तरह कल्पनाएँ कर सकता हूँ, मगर इसमें इतने 'करेक्शन' और 'सी-कापी' होंगे कि पूरी ब्रोमाइड फेंककर नए सिरे से कंपोज करवानी पड़ेगी।

असल में ये सारी बातें इसलिए आ-जा-रही हैं कि मैं असली बात से ध्यान हटाना चाहता हूँ। मेरी निगाहें उस जगह की तलाश कर रही हैं जहाँ मैं चूहे की लाश ठिकाने लगा सकूँ। मुझे डर है कि किसी ने उस चूहे को मेरे घर में घुसते हुए न देख लिया हो। पर, मेरे पास एक तर्क है। मोटे चूहे अगर घर में घुसते हैं, तो ऐलान करके नहीं घुसते। और क्या जरूरी है कि वह मेरे घर में घुसकर, वहीं का होकर रह गया हो? वहाँ से पड़ोसी के घर तक भी तो बिल नाप सकता है।

रोज मैं घर से बाहर आता ही रहा हूँ। आम तौर पर घर, मेरे साथ वह सब आना चाहिए, जो बाहर होता है। मगर, उसके बजाय मेरे साथ, जो घर का होता है, वह बाहर जाता है। आहिस्ता-आहिस्ता कदम बढ़ाते हुए मैंने आज गौर किया कि गलियाँ, गुमटियाँ और गटरें ठंडी पड़ी थीं। यह मेरे दिमाग पर तारी, कल की घटना का सच भी हो सकता था।

सच को मैंने झटक देने की कोशिश की।

इस कोशिश में मुल्क का अधिकृत नक्शा मेरे सामने उभर आया।

मुल्क में जितने दरोगे थे, सबकी रपट उतनी ही सच्ची थी, जितना राजा की रानियों की संख्या का मसला। मंत्रियों की राय उतनी ही खरी थी, जितनी दरबार पर टंगी हरिणों की खालें। दरबारी उतने ही ईमानदार, जितनी राजकीय उचित मूल्य खाद्यान्न दूकान से बिके गुड़ की मिठास। मुल्क का चरित्र उतना ही ऊँचा जितनी सरकारी कुएँ की गहराई। सूरज पे इत्ता भरोसा कि न निकले तो भी जन चूँ न करें और, गर, भर-आकाश में दुपहरी पर चढ़ा-चढ़ा ही थम जाए, तो उफ् करने की जहमत में भी न पड़े।

देश में राजा का हुक्म बड़ा सख्त कि सारे सूबों के मुख्यमंत्री अपनी-अपनी राजधानी में केंद्र से सप्लाई किया हुआ जनतंत्र-पंछी जान से बढ़कर संभाल के रखें। पंछी का बोलबाला ऐसा कि नानियाँ-दादियाँ परी-कथाओं के एवज में

बच्चों को उसकी कथाएं सुना-सुनाकर सुलाती थीं। कहते हैं, पंछी ऐसा कि छुओ तो पंख मैले हो जाएँ, कंठ ऐसा कि गाए तो झरना फूट पड़े। आँखें हीरों जड़ीं। नित नए कौतुक करे, चिहुँके और मनमोहक कृत्य करे। उसे देख-देख राजा के खास मुलाजिम आनंदित होते फिरें। उसकी पूजा के बाद ही वे कामकाज शुरू करें।

तमाम दफ्तरों में पंछीराज की तस्वीरें लगी हुई थीं, हर दरबारी उसका तावीज़ लटकाता था। शिक्षालयों में राष्ट्रगीत से पूर्व गुरुजन उसकी पूजा कराते, थाने में उसके नाम की चढ़ौती चढ़ती। चोर-साहूकार से लेकर प्रेमी-प्रेमिका तक, सबके मन में बसे ऐसी छविवाले जनतंत्रनामी इस पंछी का एक-एक नमूना हर सूबे की राजधानी में, मुख्यमंत्री के भवन मे किलकारियाँ भरकर, पूरे सूबे को हर्षित कर रहा था।

तो, पंछी और पूरे सूबे के इस हर्ष की जिम्मेदारी सूबेदार यानी मुख्यमंत्री की थी। चूँकि हर महीने उसकी खैरियत की ऑफिशियल रपट केंद्र यानी राजा को भेजे जाने का नियम था, इसलिए मुख्यमंत्रियों ने एक-एक जनतंत्रीय कार्यमंत्री रख छोड़ा था। इस अमले के लोग प्रेम की असीम अनुभूति के कारण पंछीराज जनतंत्र को संक्षिप्ततः 'जन' भी पुकार लिया करते। अमलेवालों की पहचान थी कि वे आपस में मिलते तो अभिवादनस्वरूप 'जय जन' उच्चारते थे। इनमें से चुने हुए ही, पंछी को सचमुच देख पाए होंगे। शेष उसकी सेवा में लगे रहने का रौब झाड़कर ही राजकर्मचारियोचित जीवन बिताने में स्वयं को धन्य समझते थे।

पंछी के बारे में जितना मैं जान सकता था, जानता था, क्योंकि जितना राजधानी-स्थित मेरे दफ्तर का प्रतिनिधि हमें 'फीड' करता था, उसे हेन्डल करने का जिम्मा मुझ पर ही था। वह उतना ही फीड करता था, जितना जनता को स्वस्थ पत्रकारिता के तहत बताया जाना चाहिए। इस प्रकार बज़रिए राजधानी-प्रतिनिधि, मैं जनता और पंछी के बीच एक स्वस्थ संबंध बनाए रखने के लिए नियुक्त था। मुझे पक्का भरोसा रहा है कि मेरे नियोक्ता ने सचमुच पंछी के सेवादारों से ख़ास ताल्लुक बना रखे हैं। यह भरोसा आम तौर पर प्रतिदिन पक्का होता जाता, उन दिनों को छोड़कर जबकि अखबार की छुट्टी होती या खुद ही अखबार से छुट्टी पर होता।

यह कहने की जरूरत नहीं कि मैं एक इलाकाई अखबार का बहुत जरूरी पुर्जा रहा हूँ। इतना जरूरी कि कई बार जब मैं गाड़ी में जाते अपने एडीटर से कहता कि दुनिया बहुत भ्रष्ट है, तो वे सूचना देते कि मुख्यमंत्री बहुत अच्छा काम

कर रहे हैं। हमें एक पॉजिटिव एप्रोच लेना चाहिए। फिर वे किसी भरोसेमंद के भरोसे यह काम छोड़कर चले जाते कि राजधानी के ब्यूरो से डिटेल लेकर तीन कॉलम बनवा दें। इस अनिर्वचनीय भरोसे को लेकर मैं फिर दफ्तर में जा घुसता और एक और पॉजिटिव एप्रोच कमाकर देर रात लौटता। अखबार में अक्षरों का कितना जोर है- यह मैंने इसी से जाना। पॉजिटिव एप्रोच का शब्दकोशीय अर्थ है-सकारात्मक रवैया। एक बार सिर्फ 'र' के घालमेल से वे दो हफ्ते तक नाराज रहे। 'स' और 'का' के बीच 'र' लगने से उत्पन्न 'सरकारात्मक' की भंगिमा ने यह बखेड़ा किया था और रही-सही कसर 'र' के 'व' में मिल जाने से 'रवैया' ने 'खैया' होकर पूरी कर दी थी। इसी तरह नाराज का 'र' गिर गया तो 'नाज' के मामले में हमारी बन आई। हम ये गलतियाँ, जाहिरा तौर पर प्रूफरीडरों के मत्थे डालते लेकिन सच वही होता है जिसे ट्रकवाले भी पिछवाड़े लिखवाते हैं- मालिक सब देखता है। यह सब देखने के बावजूद, अगर मैं वहाँ से निकाला नहीं गया था, तो फिर बनियान की रसीद और मेरी तनख्वाह के बीच फर्क की भयावह सच्चाई के बावजूद, यह झूठ ही सबसे बड़ा सच मान लें कि मैं उस अखबार का बहुत जरूरी पुर्जा था।

मैं तीखा बोलता था, यह मेरी प्रतिभा थी। लोग सधा हुआ बोलते हैं, यह उनकी उद्यमशीलता होती है। उद्यमशीलता का सार्वजनिक शील प्रतिभावानों से सुरक्षित रहता है लेकिन प्रतिभा की सार्वजनिक प्रतिष्ठा उद्यम के कुल टर्नओवर से वाजिब दूरी बनाए रखती है। इस प्रकार उद्यमी उद्यमशील बना रहता है और प्रतिभा, प्रतिभा ही रह जाती है- हिंदी फिल्मों हीरो की बहन जैसी! पर जाने क्यों, लगता है कि आज मेरा भरोसा हीरो की इस बहन को केंद्र में लाने का कुछ ज्यादा हो रहा है।

ये तर्क अपनी जगह हैं और आज का खतरा अपनी जगह। मैं एक चूहे की हत्या कर चुका हूँ और लगता है कि वह चूहा किसी पूर्व मुख्यमंत्री का खास था। इसे राजनीतिक मामला बनाया जा सकता है। हालांकि मौजूदा मुख्यमंत्री इसमें दिलचस्पी दिखाएंगे, इसमें शक है। पर वह चूहा क्यों मेरे पास आया? पल-भर के लिए अगर इस सवाल पर गौर करें, तो मेरी उस पूर्व मुख्यमंत्री से नजदीकी भी सिद्ध की जा सकती है।

ऐसे तो कुछ भी हो सकता है। संभव है उस पूर्व मुख्यमंत्री के खास आदमी ही इस चूहे के पीछे पड़े रहे हों। कहीं, इस खास चूहे को मारने के उपलक्ष्य में मैं भी सरकारी सूचना-प्रकाशन के धंधे में ले लिया जाऊँ। लोग, चूहे तो छोड़िए,

सिर्फ बिलों की संख्या बताकर ही किसी निगम की अध्यक्षता ले उड़ते हैं। मगर यह भी हो सकता है कि हर कोई चाहता हो, चूहा मर जाए, मगर हत्या का आरोप उसके सर पर न आए। यानी कुछ भी हो सकता है।

दरअसल, मैं खुद को डराने की खामख्वाह कोशिश कर रहा हूँ। मगर, मेरे चेहरे पर चूहे मारने का जो संतोष है, वह आसानी से पकड़ा जा सकता है। फिलवक्त मैं लाश ठिकाने लगाने के मूड में सिर्फ इसलिए हूँ कि आगे की कार्रवाई जारी रख सकूँ। आज पहली दफे लग रहा है कि मुझे दफ्तर जाने की कतई जरूरत नहीं है। मेरी जरूरत होगी, तो बुलाया जाएगा। और, मुझे इस बात के विज्ञापन की भी जरूरत नहीं कि मैंने अपने घर में क्या किया। और, मुझे किसी किस्म की परवाह से मुक्त रहना चाहिए।

आहिस्ता-आहिस्ता जबतक मैंने गली पार की और चौराहा पकड़ लिया, तब मुझे पूरी ताकत के साथ कल की प्रतीक्षा ने जकड़ लिया था। मुझे विधायक-बिल्ली, विधायक-श्वान...आदि की प्रतीक्षा के विचार से खास किस्म की तलब दिल में उठती हुई महसूस हुई।

इस तलब के साथ मैं दफ्तर जाता या अस्पताल या किसी संवाददाता सम्मेलन में, कोई फर्क नहीं पड़ता। तलब की ऊर्जा के चलते दफ्तरी कुर्सी, अस्पताली बिस्तर या सम्मेलनी मेज की हैसियत में फर्क पकड़ने की इच्छा मेरे दिलो-दिमाग से गायब हो चुकी थी। चूहे की लाश का भी लाश के अर्थ में कोई घबराहट पैदा करनेवाला तत्व नहीं बचा था। और तो और, यह निष्कर्ष सूत्र मैंने पकड़ लिया था कि चूहे के खात्मे को लेकर कोई चिंतित नहीं होगा। जबकि चूहा, विधायकत्व खो चुका था, उसकी हैसियत कुछ बची ही नहीं रह गई थी।

अब, तलब के साथ-साथ एक जुनून-सा कुछ मेरा पीछा कर रहा था। जैसे, मैं हेडलाइनें बदल देना चाहता हूँ और बदल भी सकता हूँ। मैं लाख तक छप चुका अखबार रद्दी में फिंकवाने का हुक्म दे सकता हूं और मशीन रुकवाकर नया पेज, नई प्लेट, नया अखबार छापने पर जा सकता हूँ। मैं कल्पना कर रहा हूं कि आखिरी पेज की प्रिंट लाइन तक खरोंचकर नई लिखी जा रही है। मैं मुख्यमंत्री का इंटरव्यू रुकवाकर, उसकी जगह आठ कॉलम में खेत में खड़े बिजूके का फोटो लगवा डालता हूँ और 'हे-हे' करती मुख्यमंत्री की रंगीन तस्वीर एक ऑक्टोपस की तस्वीर से 'अल्टर' कर दी गई है। नई सरकारी कल्याण योजनाओं पर लिखा 'एडिटोरियल' उर्फ अग्रलेख हटा दिया गया है और यह जगह आज खाली ही छोड़ दी जानी चाहिए।

यह सोचते-सोचते मेरी चाल बेहद तेज हो गई। मेरे नीचे की जमीन हर पल नई होती जाती थी, क्योंकि हर कदम के बाद जमीन का वह हिस्सा पीछे छूटता जाता था।

बेहद सफाई, फुर्ती और अपनीवाली के साथ मैंने पाया कि सामने एक मेनहोल खुला पड़ा है। चलते हुए मैं मेनहोल के करीब पहुँचा। अंदर एक नजर डाली...कीचड़-बदबू और न जाने क्या-क्या उसमें बहते जा रहे थे।

अपने झोले को पीठ से कंधे पर और कंधे से बाएँ हाथ में लेते हुए उसमें से मैंने चूहे की लाश को दुम की तरफ से निकाला और मेनहोल में डाल दिया। चूहे के आकार ने कुछ क्षणों के लिए अपनी हैसियत बचाने की कोशिश की, मगर बहते हुए कीचड़ ने जल्द ही उसे अपना हिस्सा बना लिया। चूहा बह गया।

बेहद तसल्ली के साथ मैंने मेनहोल पर से अपने-आपको हटाया और चप्पल के भीतर ही अँगुलियाँ-अँगूठे एक बार मरोड़कर खुले छोड़ दिए। बालों में अंगुलियाँ डालकर गर्दन की तरफ उतारते हुए मैंने वही बात नोट की, जो घर से चलते वक्त नोट की थी- गलियाँ, गुमटियाँ और गटरें, और दिनों की बजाय, ठंडी पड़ी थीं।

नजर घूमकर एक बार फिर मेनहोल की दिशा में गई। मैंने अबकी बार पाया कि एक सरकारी ऐलान गाड़ी, उधर से चली आ रही है। गाड़ी का स्पीकर एक जरूरी ऐलान सुना रहा था-

सुनो, सुनो,सुनो!

राजकुमारी ईमानदारी उदास है

उसकी उदासी टूटती नहीं।

महाराजाधिराज का ऐलान सुनो....

जो राजकुमारी ईमानदारी की हँसी लाएगा

वो सबसे बड़ा देश-सेवक कहलाएगा.....

सुनो, सुनो, सुनो!!.....

# दुःस्वप्न / तीन

ईमानदारी का आपातकाल

# ख़ाकी रंग–लाल रंग

जनता के चुने हुए वंशानुगत, सुंदर, सौम्य सफेद झक्क कुर्तेवाले, बार-बार मुस्कुराहट बाँटनेवाले राजा की सुंदर कन्या, राजकुमारी ईमानदारी उदास हो गई थी। अपने उत्सवों में शरीक होकर राजा को पानी-पूरी खाते देखकर मुदित होनेवाली जनता चिंता में डूबी हुई थी।

कुछ उद्दंड राष्ट्रद्रोही जिन्हें राजकीय भाषा में प्रतिपक्ष कहा जाता था और जो गिरोहों में बँटे यदा-कदा उपद्रव करते रहते थे, कार्यक्रम-विहीन नजर आ रहे थे। बाढ़, अकाल या धर्मरक्षा हेतु दंगे अथवा बलात्कार जैसी खबरें होतीं, तो कोई विशेष बात न होती। राशन की दूकानों पर लाइनें भूख की बजाय, राजकुमारी की चिंता में लगी दिखाई देने लगी थीं।

राजकुमारी ईमानदारी न कुछ खाती थी, न पीती थी। सदाचारी स्वामी, ब्रह्मचारी, मौनी आदि आए और चले गए। राजकोष के अधिकृत सचिवों ने शुद्ध सोना सुँघाया, महँगे से महँगे शेयर पत्र उसके सिरहाने रखे, आयात किए हुए चिल्लर-सिक्कों की माला बनवाकर उसके गले में डाली, शासकीय प्रेस-विज्ञप्तियों की धूनी दी, पीर-पैगम्बरों की दरगाह पर अपने पैसों की खरीदी शुद्ध पॉलिएस्टर की चादरें चढ़ाई, पर राजकुमारी की मुस्कान न लौटी। वह, बस एकटक, एक ओर देखती रहती।

पब्लिक के पास जब कोई नुस्खा नहीं होता तो वह बाबाओं के पास जाती है। एक चूहे की हत्या के फौरन बाद सुने ऐलान ने मुझ में जिस धार्मिक भावना का संचार कर दिया था, उसके चलते मैं चौराहे-चौराहे पर चल रहे प्रवचन-पांडालों में से एक में जा घुसा। चूँकि कल ही दारू के ठेके बँटे थे, इसलिए आज श्रोताओं की पहली गणमान्य पंक्ति में ठेकेदारों का बाहुल्य था। उन्होंने आज के प्रसाद का प्रबंध किया था। उम्मीद की जाती थी कि भगवान अगला ठेका भी इन्हें दिलाएंगे ताकि अगली धर्मसभा के प्रसाद का पेमेंट भी यही कर सकें।

प्रेस गैलरी में एक यार मिला। उसकी ड्यूटी धार्मिक प्रवचनों और व्यापारिक प्रेस कांफ्रेंसों के कवरेज में ही रहती आई थी। धार्मिक पांडालों में दानवीरों के बीच रहते-रहते वह करुणा का सागर हो गया था। इसलिए बोलता हमेशा विज्ञापन के रेट के धार्मिक हिसाब से था। मान लो विज्ञापन का दो सौ कॉलम सेंटीमीटर का भाव है। यानी दो कॉलम के एक सेंटीमीटर टुकड़े में अचार या विचार जो भी देना चाहे-दो सौ रुपए में जाते हैं तो उसके हिसाब से दो सौ की हैसियत होगी। कोई आदमी कितना इज्जतदार है, उसकी इज्जत पर वह फौरन विज्ञापन के रेट कार्ड की नपनी डाल देता। उसकी भाषा ही ऐसी थी- देखो, 'तीन-बीस' चला आ रहा है। यानी, पैंतीस हजार रुपए का आदमी। बीस सेंटीमीटर लंबी तीन कॉलम चौड़ी हैसियत। धार्मिक प्रवचनों में पत्रकारिता के इस योगदान पर निश्चित ही धन्य हो जाता। मैं जब घुसा तब भी वह किसी 'तीन-बीस' के विज्ञापन की बात पर कान दे रहा था। पर आश्चर्य कि आज वह अपनी ओर से खामोश था। मुझे देखा, खड़ा हुआ। हाथ पकड़कर प्रवचन के खंबे की तरफ ले गया। भोंगे के नीचे की मिट्टी गीली थी। कहते हैं, प्रवचन के दौरान आँखें भर आती हैं। शायद आंसू चुए हों। पर इसके गीलेपन में कुछ अलग ही गंध थी। ....खंभे और यह गंध, किसकी होगी.... हालांकि आसपास कोई कुत्ते नहीं दिखे।

वह प्रवचन के नशे में था। मैंने सोचा कुछ चूहे और जगह भी मरे होंगे, यहाँ शायद उसी का कोई प्रेत बनकर उठेगा। पर, वह चूहों पर कुछ नहीं बोला। उसने कहा, "यार राजकुमारी कुछ खाती है, न पीती है। आजकल सारे 'तीन-बीस' इसी पर गमगीन हैं। बाबा महाराज का प्रवचन इतना करुणार्द्र था कि जमीन गीली हो गई। तुम देखो, महसूस करो। यह गीलापन, यह गंध!"

इसके आगे वह कुछ नहीं बोल सका, फिर जाकर नए 'तीन-बीस' साइजवालों के बीच धँस गया। मैं खंबे से हटा और नाक दबाकर बाहर आ गया।

बाहर बाबा महाराज की स्टाल का सत्साहित्य सस्ते में उपलब्ध था। कुछ

बुलेटिन थे, कुछ पत्रिकाएँ थीं, कुछ ऐसे ग्रंथ थे, जो बताते थे कि पेट्रोल खत्म होने पर बाबा का ध्यान करने से नीम की पत्तियों को टैंक में डालो तो, कार चल जाती है। इसी तरह के अनुभूत प्रयोग से प्रेरित कई धार्मिक खबरें थीं। इनमें से अधिकांश मुझे कंठस्थ थीं। अब तक इनका व्यापक प्रचार-प्रसार हो चुका था। और वे प्रार्थना के रूप में लगभग हर सुबह गाई जाती थीं। राजकुमारी की उदासी इनमें भी वैसे ही बराबर उपस्थित थी, जैसे देश के दूसरे हलकों में। हाँ दूसरे हलकों में यह उदासी-तत्व अधिक घटनापरक था।

उदासी तत्व कुछ इस तरह फैल रहा था कि लोग मुझे दिनोंदिन अपने भीतर का चूहा लिए घूमते दिखने लगे।

एक प्रदेश के सांस्कृतिक सूबेदार ने देश-भर के प्रगतिशील कवियों का राजभवन में पाठ कराया, आदिवासी बालाओं के साथ राजकुमारी ईमानदारी को 'फुन्दी-फटाका' खिलाया गया, किस्म-किस्म के बाज, घोड़े आदि बनाकर उसके सामने पेश किए गए, मगर राजकुमारी का मुखकमल न खिला।

वृद्ध राजपुरोहित ने सफेद मूसली के प्रताप से अर्जित शक्ति के आधार पर एक प्रयत्न किया। उन्होंने एक चिट्ठी लिखी। मगर,वह राजकुमारी से पहले ही संचार विभाग ने राह में पकड़ ली। इस चिट्ठी में राजकुमारी को प्रेमपूर्वक संबोधित करते हुए उसकी उदासी की वजह राजा को बताई गई थी। नतीजा यह हुआ कि राजपुरोहित को निर्वासन की सजा दे दी गई।

एक अन्य प्रयत्न नाट्य मंडली को बुलाने और कोई दिलचस्प नाटक मंचित कराने को लेकर भी हुआ। मगर मंचन के ऐन पहले नायिका को निर्देशक द्वारा जलाए जाने की खबर कुछ दो कौड़ी के अखबारों ने छाप दी। हालांकि राजभवन के कर्मचारियों ने हर संभव कोशिश की कि यह अफवाह राजकुमारी तक न पहुँचे। मगर न जाने क्या हुआ कि उस रोज राजकुमारी ने पलक एक बार झपकाई और उसकी आंख से पहला आंसू गिरा।

उस रोज राजा, दरबार नहीं गया। जो उसके लिए दरबार था, जनता के लिए वही संसद थी। राजा जानता था कि अविश्वास प्रस्ताव और बहिर्गमन जैसे नियमित आयोजनों के अतिरिक्त वहाँ और कुछ दिलचस्प नहीं होता था। लिहाजा, जो उसे करना था, वह शयन कक्ष में भी बैठे-बैठे कर लेना ज्यादा ठीक होता।

इस बीच, देश की छाती से गिरते दुपट्टे को सँभालने के लिए जिम्मेदार मानी गई प्रेस-बिरादरी के एक 'पीत-सदस्य' ने एक शरारतपूर्ण और भड़कानेवाला

समाचार 'सेकंड लीड' की तरह प्रथम पृष्ठ पर छाप दिया। खबर का सार कुछ इस तरह था-

जबकि पूरी राजधानी शोक में डूबी हुई है, ऐसे में रोज सुबह इधर अज़ान होती, उधर घंटाघर से एक आवाज आती-

'एक, दो, तीन, चार
राजा बड़ा होशियार
चार, पांच, छः, सात
सूरज उगता आधी रात
सात, आठ, नौ, दस
झूठ-झूठ का परदा बस
राजा बेईमान है, राजा को मैं जेब में रखता हूँ!'

धीरे-धीरे मामला खुलने लगा। जनता में आक्रोश बढ़ने लगा। एक रोज शाम को, राजकुमारी ईमानदारी की हँसी लौटने की प्रार्थना के लिए हो रही सर्वधर्म सभा में एक आदमी पहुँचा और जोर-जोर से यही आवाज राष्ट्रगीत की तर्ज में लगाने लगा और अंततः जेब से राजा की तस्वीर निकालकर जोर से चिल्लाया, 'राजा को मैं जेब में रखता हूँ।' इस आखिरी लाइन ने सभा में सम्मिलित जन-प्रतिनिधियों को भड़का दिया और आदमी को जनता ने घेर कर जला डाला...।

उस दिन राजकुमारी की आंख से दूसरा आंसू गिरा।

दान, अनुष्ठान सब शुरू हो चुके थे, मगर राजकुमारी की हंसी लौटती दिखाई नहीं दे रही थी। दरबारी सहमे-सहमे दिखाई देने लगे थे। रोज सलाहकार मंडली के सदस्यों में फेरबदल होने लगा। किसी नजूलवाले को खाद्य विभाग में भेज दिया गया तो स्वास्थ्य विभाग वाला श्मशान से संबंधित मामलों का प्रभारी बना दिया गया। हर मंत्री रात-दिन, 'ईमानदारी' से ज्यादा अपने खयाल में डूबा रहने लगा। खुद की सलामती के लिए यज्ञ शुरू हुए। परिणामस्वरूप हर तीसरे मंत्री के घर से धुआं उठने लगा। फिजाँ में बस, धुआँ ही धुआँ हो गया।

इस बीच एक मामूली घटना भी हुई। देश के काफी हिस्से में सूखा पड़ गया। राजा, वहाँ जाकर देखना चाहता था कि सूखा कैसा है? मगर राजकुमारी के गम में डूबे रहते हुए यह मुश्किल था। सलाहकारों ने प्रजापालन के कर्तव्य की खातिर एक बेहद उपयोगी रास्ता ढूँढ निकाला। इसके तहत सभी दूर, पानी बहाते नलों के बीच मुस्कुराते राजा के चित्र बाँट दिए गए। नवनियुक्त पानी-मंत्री, समारोह कर-करके ये चित्र बाँटते फिरे। इन्हें घरों में लगाकर जनता ने सूखे से निजात

पाई। हालांकि भूख से मरने की खबरें इस बीच छपीं मगर पानी-मंत्री के मुताबिक यह जननिर्वाचित राजा को हटाने का षड्यंत्र था। चूंकि, प्रजा इस षड्यंत्र को समझ गई, इसलिए राष्ट्रविरोधी तत्वों का यह सूखा षड्यंत्र पिट गया और राजकुमारी ईमानदारी के लिए राजा का चिंतित रहना मुख्य राष्ट्रीय विषय के रूप में बराबर उभरकर सामने आया।

जब राष्ट्र में एकता और देशभक्ति की यह अजस्र धारा प्रवाहमान हो रही थी, तब राजा के एक अत्यंत विद्वान कहे जानेवाले मंत्री ने यह निवेदन किया कि वह राजकुमारी की मुस्कान ले आएगा।

उक्त मंत्री का रेकार्ड देखने से पता चलता था कि कई नाजुक मौकों पर उसने दृढ़ इच्छा-शक्ति का परिचय दे दिया था। इस इच्छा-शक्ति की वजह से कभी-कभी वह भटक भी जाता था। इस भटकन के दौरान ही एक बार उसने कुछ राजकीय मान्यता प्राप्त ईमानदार देशभक्त उद्यमियों को भी, राजकीय कर अदा न करने का दोषी ठहराकर, दंडित कर दिया था। अच्छी सरकार के लिए जरूरी यह है कि वह उत्साह में आकर नुकसान न करे, अपितु ठंडे दिमाग से दीर्घकालीन नीतियों पर अमल करे। इस नीति को लांघने की वजह से उक्त मंत्री को, दयानिधान-प्रजापालक राजा ने सिर्फ विभाग बदलने का दंड देकर छोड़ दिया था। नया विभाग मंदिरों की रक्षा से ताल्लुक रखता था।

कहते हैं, इससे मंदिरों में मूर्तियों की चोरियाँ तो रुक गईं, परंतु पुजारियों में असंतोष फैल गया था। उसकी इस असफलता से राजा कम असंतुष्ट न था, परंतु बारंबार वह मंत्री की अगली पीढ़ियों का खयाल करके मन को रोक लेता था।

अब, जब उसने राजकुमारी ईमानदारी को हंसाने का प्रस्ताव रखा, तो राजा ने सदा की तरह तत्काल सिर नहीं हिलाया।

हफ्ते-भर विचार-विमर्श के बाद अपने मित्र-विदूषक की इस राय के बाद कि अब वह गलती करे, तो आखिरी गलती समझना, उसने मंदिर-मंत्री को अपनी स्वीकृति दे दी।

वह सांध्या-बेला थी। ऐसा लगता था जैसे अभी-अभी भुवन-भास्कर का सप्त अश्वों सहित वध हुआ था। उनका रक्त सुदूर क्षितिज पर फैलकर संपूर्ण आकाश को लाल कर रहा था। जब शनैःशनैः कालिमा उतरी तो मंदिर-मंत्री की अर्धांगिनी ने गाँव के देसी घी का हलुआ और ताजा हरे चने पीसकर बनाए गए भुजिए (जो वे शादी की सालगिरह पर ही खाते थे) पति को खिलाए और

कुंकम-अक्षत लगा, आरती उतार, उसे राजभवन की ओर रवाना कर दिया।

-मंदिर-मंत्री राजकुमारी के कक्ष में पहुँचा।

-मंदिर-मंत्री और राजकुमारी ने एक-दूसरे को देखा।

-मंदिर-मंत्री ईमानदारी से अत्यधिक प्रेम करता था।

-मंदिर-मंत्री खालिस आदमी दिखाई देता था।

-राजकुमारी ने ऐसा आदमी बरसों से नहीं देखा था।

-दोनों एक-दूसरे को टुकुर-टुकुर देखने लगे।

-ईमानदारी का म्लान मुख देख, मंदिर-मंत्री मूर्च्छित हो गिर पड़ा।

जब उसकी चेतना लौटी तो उसने राजकुमारी ईमानदारी को संबोधित करके कहा, हे राजकुमारी, मैं तुम्हें तीन मौलिक-अप्रकाशित, अप्रसारित-सत्य लघुकथाएँ कहता हूँ। इन्हें ध्यान से सुनना। फिर उसने यों कहना शुरू किया-

## पहली सत्यकथा

एक सरकारी आम का बाग था, वहाँ नित्यप्रति स्वतंत्रता नामक कोयल कूकती थी। एक दिन लोकतंत्र का राजा उधर से गुजरा और कूकन सुनकर प्रसन्न हो गया। दूसरे दिन सेनापति उधर से गुजरा, कोयल ने उस पर बीट कर दी। जवाब में सेनापति ने कोयल को गोली मार दी। तीसरे दिवस, सेनापति को फाँसी दे दी गई।

-यह सुनकर दिवसों से अस्वस्थ, सूखकर काँटा हुई राजकुमारी शैया पर उठकर बैठ गई।

## दूसरी सत्यकथा

सतयुग का एक श्वान, कलियुग में एक उत्तम थाने में थानेदार बनकर पदस्थ हुआ। उसके पूर्वजन्म के स्वामी ने इस बार इसी क्षेत्र के सरपंच के रूप में जन्म लिया। कुछ समय बीता और सरपंच ने एक बाला का शीलभंग कर डाला। इस पर श्वान-थानेदार ने स्वामी-सरपंच के खिलाफ एफ.आई.आर. दर्ज कर उसे बंदी बना लिया। बाद में ग्लानि से भरकर सरपंच ने आत्महत्या कर ली और थानेदार की पदोन्नति हो गई।

-यह सुनते ही राजकुमारी की आँखें आश्चर्य से फैल गईं। उसके ओंठ

किंचित अपनी स्थिति से हटे और मंदिर-मंत्री को लगा कि ईमानदारी की हँसी कंठ के नीचे और वक्ष के ऊपर तक आ पहुँची है। उसने कहना जारी रखा।

## तीसरी सत्यकथा

दूरदर्शी नामक बगुले ने 'कड़ी मेहनत' नामक सरोवर की निवासी मछलियों से कहा कि ज्योतिषियों के अनुसार जल्द ही भयंकर अकाल आएगा। तुम्हें बचना हो तो, मैं तुम्हें अपनी चोंच में आहिस्ता से लेकर 'पक्का इरादा' नामक तालाब तक पहुँचा आऊंगा। वहां खूब सुनहरा, मधुर जल है। मजे में रहना।

तब, सब मछलियाँ आपस में लड़ने लगीं कि 'दूरदर्शी' बगुले के साथ पहले कौन जाएगी? अंततः 'अनुशासन' नामक मीन को दूरदर्शी ने सबसे पहले ले जाने के लिए चुना।

'अनुशासन' को चोंच में रख, 'दूरदर्शी' उड़ चला। 'अनुशासन' मछली पूर्वजन्म में एक मंत्री की नाजायज संतान थी। पूर्वजन्म के पुण्यकर्मो से तीव्र बुद्धि की स्वामिनी, 'अनुशासन' को समझ में आ गया कि 'दूरदर्शी' बगुला छल कर रहा है। कोई अकाल नहीं आनेवाला, यह मछलियों को खा जाने का षडयंत्र-भर है। सो, उसने उसके हृदय-परिवर्तन हेतु एक जोरदार भाषण दिया। इस भाषण में जनकल्याण के अनेक सूत्री फार्मूले का उल्लेख था। इससे 'दूरदर्शी' बगुला, बीच आकाश में धाड़ मारकर रो पड़ा। उसका दिल पिघल गया और वह पुनः 'कड़ी मेहनत' सरोवर की ओर लौट पड़ा। वहाँ पहुँचकर 'अनुशासन' ने सब कथा सुनाई और 'दूरदर्शी' का पश्चात्ताप सुन सब मछलियों ने उसे क्षमा कर दिया।

–यह सुनते ही राजकुमारी ईमानदारी की हँसी फूट पड़ी। वह शैया पर लोट-पोट हो गई। महल की दीवारें हिल गईं....

''बगुला''

''सरपंच''

''सेनापति''

वह एक-एक लफ्ज बोलती और पेट पकड़कर हँसती जाती। मंदिर-मंत्री पुलकित हो, उसे निहारने लगा। तभी अचानक दरवाजों से प्रहरियों-सैनिकों की कतारों की कतारें प्रविष्ट होती चली गईं।

राजकुमारी की हँसी रुकती न थी।

देखते ही देखते, मंदिर-मंत्री सैनिकों से घिर गया और ईमानदारी को बरगलाने के आरोप में उसे गिरफ्तार कर लिया गया।

देश में आंतरिक संकट की स्थिति को देखते हुए प्रजापालक राजा ने इमर्जेंसी लगा दी।

इमर्जेंसी, उस राज में उसे कहते थे, जब मुहल्लों में श्वान रुदन नहीं करते थे और यत्र-तत्र-सर्वत्र मधुर गीतों का गुंजार करती प्रजा, खाकी रंग से घर पोतती और लाल रंग से फर्श लीपती थी। बच्चे राष्ट्रीय गीत गाते थे और बड़े होने से पहले ही मर जाते थे।

## दुःस्वप्न / चार

क्रांति-लक्षण पहला : पुल पर उस आपातकालीन रात्रि में स्थगित क्रांति के अगुआ

# अश्लील

पच्चीस! -सिटी रिपोर्टर ने बताया।

प्रशासक की प्रेस कांफ्रेंस का आज का आँकड़ा था। प्रशासक के मुताबिक आज स्कूलों में राष्ट्रगीत गाते बड़े होने से पहले- राष्ट्रचिंता की भेंट चढ़े-बच्चों की कुल संख्या पच्चीस थी।

फिर वह अपनी कॉपी लिखने के लिए टॉयलेट में चला गया।

इन दिनों दफ़्तर में यही माहौल था। जब यह नहीं लिखा जा सकता कि वे क्या कर रहे थे या क्या बोले, तो वे कैसे दिखाई दे रहे थे, यही लिखा जाना चाहिए। दूर बैठे संवाददाता खोज-खोजकर 'लफ़्ज़' भेजते थे और डेस्क पर बैठे समझदार श्रमजीवी उन्हें 'बुत' में बदल देते थे। इन दिनों शब्दों का प्रतिमाकरण ही प्राथमिक कर्तव्य बन गया था। साड़ी-मिल के मालिक के ख़िलाफ़ मज़दूर की गाली दर्ज करने के बजाय साड़ी की किनारी और उसके पोत पर एक पैरा लिख लेना, बहुत प्रतिभा की मांग करता है। मगर, दर्शनीयता की हैसियत स्थापित करने में अपने-आपको शून्य अंक देकर मैं बाहर निकल आने में सफल हो गया। मैंने आज के अख़बार मैं पेज का अपना हिस्सा काफ़ी-कुछ ऊल-जुलूल तरीक़े से संपन्न कर लिया था।

वहाँ से निकलकर वापस जहाँ से अंदर घुसा था वहां पहुँचा। वो जगह पहले से खाली पड़ी थी। इधर के लोगों की भी समस्याएं हल हो गई थीं, इसलिए वहाँ

बहसें बंद थीं। इक्का-दुक्का पुलिसवाले बीड़ी लगाते हुए, काउंटर का राउंड लेते हुए निकल जाते थे। मैं शुरू से इस जगह राजनीति सूँघने आया करता था। अब सूँघने के लिए या तो बू नहीं रही है या मेरी नाक। याददाश्त जैसी चीजें लोग अब किचन तक रखने लगे हैं। उससे छौंक लगाकर पेट पर हाथ फेर लेते हैं। तृप्ति आसान हो गई है।

अभी-अभी इस पुल से उतरते हुए, गाँधी-स्टेच्यू के पीछे विदेशी फ़िल्मों के अंगरेज़ी टाइटलों के गायब कर दिए जाने की बात दुबारा नोट की जा सकती है। गरमी, जवानी और रंगीन नामक शब्दों के कितने-कितने प्रयोग इन पोस्टरों पर हो चुके हैं। कहते हैं एक ही फ़िल्म, भिन्न नारे के साथ कई बार हाउस फुल हो चुकी है। अनुवाद की इस असीम ऊर्जा से प्रेरित होने की दिशा में सोचते हुए मुझे विधायक याद आए। इन दिनों विधायक शहर को उपलब्ध नहीं थे। उनके अनुवाद उपलब्ध थे। रंगीनी से जोड़कर मैंने मन ही मन विधायक (के नाम) का तर्जुमा किया और पाया कि वह एक पोस्टर बन गया है। अश्लील और उत्तेजक पोस्टर, जो अलग-अलग तर्जुमों के बाद नए नारे के साथ फिर-फिर लगता है और सिनेमा-हाल हाउस फुल हो जाता है।

अजीब बात है, जिस पोस्टर को देखने की गफलत में कल एक सायकल वाला मरा था, आज एक स्कूटर वाला भी इसी वजह से किसी से जा टकराया। लोग भूल जाते हैं कि कल क्या हुआ था। मैं भी भूल जाऊंगा। मैंने कहा न, अब तक मेरा कुछ नहीं बिगड़ा है। मुझे भी अब याद नहीं रहा कि अर्से पहले मैंने कुछ मार डाला था।

हो सकता है, वो प्रकरण किसी की जरूरत बने, तो जिंदा हो जाए। मगर, अभी बहस की जरूरत नहीं है। किचन में तृप्ति और बहस, घरों में संतुष्टि घूम रही है। इन दिनों याददाश्त की हैसियत मैं जान चुका हूँ।

पुल से नीचे उतरते हुए, सन्नाटे को पकड़ने की कोशिश में मैंने एक गुमटी पकड़ ली। एक तीली जलाने की कोशिश की, दूकानदार रहस्यमय तरीके से मुझे देखने लगा। मैंने कोशिश जारी रखी। माचिस खत्म होती, इससे पहले ही एक आकृति प्रकट हुई।

आकृति संभ्रांत मुद्रा में थी। मैंने आदरपूर्वक देखा, 'वे' थे। हाथ पर हाथ रख दिया, तीली वहीं रखी रह गई, वे मुझे आहिस्ता से कोने में ले गए।

अब, वे अखबार का फड़फड़ाता हुआ पन्ना हो रहे थे। सीने पर शुरू किसी नए कॉलम की घोषणा के बॉक्स की तरह उनके जैकेट की जेब से घोषणापत्रनुमा

कागज उचककर बाहर आ गया था।

वे 'फर्स्ट लीड' की तरह क्षुब्ध थे और हेडलाइन बताती थी कि चंडीगढ़ डेटलाइन से दिल्ली की स्थिति का तालमेल हो गया है पूरे-के-पूरे 'अपर हाफ' का दृश्य खबर देता था कि देश की स्थिति कैसी है। पर , हमेशा की तरह उनके जिस्मानी अखबार का 'ले-आउट' भी छा जानेवाला था। एक लोकसेवक अखबार और एक जनसेवक व्यक्ति में इतना साम्य तो होता है कि तमाम किस्म की खबरों में चाहे जो धाँ-धूँ-धुर्रा मचा हुआ हो, उसे परंपरागत ले-आउट से जमा देना चाहिए। इसी से अखबार चलता है और जनसेवक भी।

बहरहाल, उनका चिरपरिचित ले-आउट मोहक था, लेकिन आठों कालमों में फैली खबरें उनके दृश्य में व्याप्त चिंता का खाका खींच रही थीं, सिर्फ 'एंकर' का शीर्षक भविष्य के प्रति आश्वस्त करता था। एंकर से सटे विज्ञापन की बात छोड़ दें जो किसी जाफरानी पत्ती का था। तंबाकू से कैंसर की शगूफेनुमा बात की बजाय, सुकुमारी के हाथों में सुंदर डब्बा, ले-आउट की दृष्टि से बहुत उपयोगी है। इस विज्ञापन ने वह मदद नहीं दी।

तो, वे गमगीन थे और खुश भी। वे अक्सर खुशमिजाज रहे हैं। उनके पिता मरे, तब भी, लोग कहते हैं, वे मुस्कुराहट बिखेरते हुए दुनिया की नश्वरता का सिद्धांत काँच के गिलास में डालकर पी रहे थे। उनके इस अनुपम धैर्य की सर्वत्र भूरि-भूरि प्रशंसा हुई। उनके गम और गुस्से का वर्तमान स्वरूप निश्चय ही किसी विशेष निश्चय या अभियान की शुरुआत को संकेत था। उनके संकेत की दिशा में फड़फड़ाता अखबार-सा खुला....जैकेट कुछ खुली और कुर्ते के ऊपर उनका हाथ फिरा।

कुर्ता, अखबार का वो पन्ना हो रहा था, जिसके एक हिस्से में सिनेमा के विज्ञापन हुआ करते हैं और दूसरे में शहर की खबरें। उन्होंने कहा, "सत्ता के दलाल मजबूत होते जा रहे हैं। भ्रष्टाचार बढ़ गया है। आदिवासी छात्रावास के लड़कों को जो दलिया बँटा, उसमें कीलें पाई गईं। लोग लँगोटियाँ खरीदने में कमीशन खा गए। मंदिर-मंत्री का पता नहीं। मेरा दिल बेचैन है।"

हाथ बाईं तरफ सीने पर रुका। कुर्ते के भीतर जो दिल धड़क रहा था, उसने अग्रलेख की तरह विश्लेषण करना शुरू कर दिया। पत्रकारिता में पीएच.डी. हथियानेवाले जानते हैं कि *प्रताप* और *केसरी* के अग्रलेखों की परंपरा अब धड़कते दिल से कितनी पुष्ट हो चली है। हृदय से आवाज उठी, "हा देश! हा व्यवस्था!! हा नैतिकता!!! माथे यानी 'मास्टहेड' पर पसीने की बूँदें चमक

आईं। श्रमकणों की चमक से उनका मुख उद्दीप्त हो उठा। बेचैनी बढ़ती गई। उन्होंने हर विषय पर निष्पक्ष, निर्भीक और अंतर की चिंता व्यक्त करनेवाली हाहाकारी राय व्यक्त की-

-भ्रष्टाचार ऊपर से शुरू हुआ है।

-देश को एक लोकनायक चाहिए, वर्ना देश मर जाएगा।

-अर्थव्यवस्था को निहित स्वार्थों का घुन खा रहा है।

-युवाओं की घोर निराशा कौन दूर करेगा?

-दुखी देश, कुपोषण का शिकार देश, जलविहार करते नायक...

-सूखी हड्डियों पर गोश्त खोजते राजनीतिक गिद्ध से बचो!

-यदि वहाँ ईमानदारी है, तो वह भी राजकुमारी है। या राजकुमारी ही ईमानदारी हो सकती है।

सन्नाटेदार कोने में मेरे कान के करीब, कभी वे आते, कभी उनकी आवाज! कभी दोनों पूरी सतर्कता के साथ। उनके जिस्म का हर कॉलम आंदोलित हो रहा था। पन्ना-पन्ना आग उगलता था। वे दो ही रास्ते देखते थे- कल्याण या क्रांति। वे देश की तस्वीर बदल देने को उतावले थे।

वे तप्त थे। आवारा पशुओं का विरोध जुलूस निकालने या सीटी बजाकर प्रशासन की नींद हराम करने तक की गुप्त योजनाएँ बनाने को तत्पर। उन्होंने आखिरी पेज, यानी अपनी पीठ को कुछ ढीला छोड़ा, और वे 'उठावने' या 'अंतिम यात्राओं' के निजी सूचना विज्ञापनों की तरह वक्तव्य में सूचनात्मक अफसोस और वाजिब गंभीरता ले आए, "शिक्षा और संस्कार, मूल्य और संस्कृति, ईमान और सच-बताइए, कौन बचा है? पर फिलहाल मेरा खास मुद्दा है भ्रष्टाचार की व्यक्तिगत ही नहीं, सार्वजनिक भ्रष्टता भी सीमाएँ तोड़ रही है। मुझे बहुत दुख होता है। हमने क्या पाया? कमीशन खाने की कला और सौदे की संस्कृति?"

उनके बाएँ हाथ की पहली उँगली, उस 'सिंगल कॉलम' खबर की तरह उठी, जो प्रेस विज्ञप्ति के आधार पर बनी होती है-"मैं कहता हूँ, क्या देश की एकता के दुश्मन एकाएक पैदा हुए? सर्वत्र अशांति का वातावरण व्याप्त है। मुहल्लों का वातावरण तप्त है। लड़कियां सुरक्षित नहीं हैं। राशन की दूकानों पर वाजिब सप्लाई नहीं है। सड़कों पर गड्ढे हैं। गटरें सड़ाँध मार रही हैं। यह सब एक सुनियोजित साजिश का हिस्सा है।"

उन्होंने इधर-उधर देखकर थूक निगला। एकाएक उनका चेहरा फीचर पेज

हो गया। उस पर चिंता की रेखाएँ बिखरी हुई थीं और ताजा घटना की पृष्ठभूमि को टटोलती हुई ब्यौरेवार रपट देती प्रतीत होती थीं। उनकी आँख सिकुड़ गई, नतीजे में माथे पर रेखाएं गहरी हो गईं। घटना का जीवंत चित्र प्रस्तुत करती तस्वीरें विषयवस्तु के प्रस्तुतीकरण को चित्ताकर्षक बना रही थीं, "सिर्फ आशा की जा सकती है, लेकिन आखिर कब तक? विचार का सूखा पड़ा हुआ है और धरती का सीना दरक रहा है। सब मौन हैं।"

चिंता से अशांत चित संभाले नहीं संभल रहा था। फलस्वरूप वे व्यापार-पृष्ठ के शीर्षकों की तर्ज में लुढ़के, तेज और मंद हुए, कड़क हुए नरम हुए, उछले और सेंसेक्स की शक्ल में फिसल गए। फिर खेल पृष्ठ की भांति सँभले, "लेकिन चाहे जो हो, मैं देश के लिए कुछ भी करने के लिए तैयार रहूँगा।"

खोजी पत्रकार-सी मुद्रा में वे कुछ पल को शून्य में देखते चुप खड़े रहे-गोया, जनकल्याण हेतु किसी राजनीतिज्ञ के अंतर्वस्त्रों की कथा, अब खुलने ही वाली हो। मैं श्रद्धा-मुद्रा अपनाए, जनतंत्र की इमारत के चौथे खंभे से फटकर आने वाले नरसिंह की प्रतीक्षा में रत हो गया।

उन्होंने अपनी बगल में 'रविवारीय परिशिष्ट' के चौपन्ने की तरह एक रंगीन पैकेट निकाल लिया। उसे प्रेमपूर्वक अपनी हथेलियों में रख लिया, सहलाया, और मुग्ध भाव से पहले उसे, बाद में मुझे, निहारा। वह अगरबत्ती का पैकेट नहीं, क्रांति का मेनिफेस्टो प्रतीत हो रहा था, परोपकार का पूड़ा था। बोले, "अगरबत्ती, सर्वकल्याण हेतु क्रांति का प्रतीक है। मेरी एक सहायता करोगे?"

मैं घबरा गया। बाँस में फूल आते हैं, तो अकाल पड़ता है। सहमते हुए मैंने पूछा, "क्यों, आप क्या करना चाहते हैं? और आपका ऐसा कौन-सा काम है, जिसमें मैं मदद क़र सकता हूँ?"

वे बोले, मैं अगरबत्ती जलाना चाहता हूँ।

तो जला दीजिए, क्रांति का उद्घाटन हो। देर कैसी?

लेकिन यह आसान नहीं है।'

उन्होंने आसपास का तेजी से जायजा लिया। उसके बाद जब 'परोपकार का पूड़ा' उन्होंने हाथ में लिया, तो संपादकीय सतर्कता और प्रबंध-कौशल एक साथ उनमें सिमट आए,"तुम सिर्फ बता दो कि आज 'वार' कौन-सा है।"

मैं शायद निश्चित तौर पर जानता होऊंगा कि उस दिन सोम से शनि-रवि तक, वार कौन-सा था। मगर उनके व्यक्तित्व और पूछने के ढंग से उत्पन्न चमत्कार के कारण मेरे मन में खुद पर शंका खड़ी हो गई।

मैंने कहा, ''क्या वार जाने बिना अगरबत्ती का धुआँ कल्याणकारी क्रांति की महक नहीं फैला सकता?'' वे छटपटाए, ''सोम हो तो शंकर को, मंगल हो तो बजरंगबली को, अगरबत्ती लगेगी। जिसका वार होगा, उसके नाम में अगरबत्ती लगेगी। संबंधित भगवान की प्रसन्नता से कल्याण का सूत्रपात होगा।''

मैं कह रहा था, ''आप अगरबत्ती जला दीजिए। जिसका वार होगा, वे धुआँ ले लेंगे, संकल्प सिद्ध हो जाएगा।'' वे कह रहे थे, ''वार का प्रश्न, सैद्धांतिक प्रश्न है। उसे जाने बगैर अगरबत्ती कैसे जल सकती है?''

अंततः वे मुझसे निराश हो गए, संपादक के नाम खतों की तरह, शीर्षक संपादन में प्रतीक्षारत विचारों की मानिंद। उनकी आँखें क्षण-भर को 'निराश न हो' के विज्ञापन की शक्ल में गंभीर हो गईं। फिर वे पृष्ठों को सलीके से जमाकर 'तह' हुए। वे चूहे, राजकुमारी, मंदिरमंत्री वगैरह का जिक्र किए बिना भी सब जानते होंगे लेकिन अफसोस था कि उन्हें सही देवता का सही वार बताने वाला नहीं मिल रहा था।

सर्वकल्याण हेतु क्रांति के स्थगित होने का अफसोस उन्होंने समूचे माहौल में फेंक-फैला दिया।

और अंततः, पूरे अखबार की तरह लिपटे, पलटे और चले गए।

मैं धीरे-धीरे पुल से होता हुआ फिर पुरानी जगह पर लौट आया, वही अंगरेजी के,गरम हिंदी तर्जुमेवाले पोस्टर फड़फड़ा रहे थे। स्थगित क्रांति के अगुआ की स्मृति से उठकर मैंने एक शीर्षक पढ़ने की कोशिश की, तो वह और भी अश्लील होता चला गया।

# दुःस्वप्न / पांच

## क्रांति-लक्षण दूसरा : खिड़की पार उस आपातकालीन दोपहर में क्रांति, कुत्ता और एक ट्रेजेडी

# तीलियाँ

क्रांति का दूसरा लक्षण प्रकट होता, इसके पहले ही मैंने नोट किया कि काफी शब्द ऐसे हैं, जिन पर कुछ खास नजरें नहीं पड़ी थीं। अगर पड़ी भी हो तो वे बगैर नोटिस में आए, बच गए थे। या और शब्दों को बुत में ढले देख, एक छापामार की हैसियत से उन शेष में से निकल आए थे।

बात ठीक है कि आजकल घर के आसपास और घर के भीतर शब्द नोट करना जुर्म है। मगर जुर्म सफाई से भी तो किए जा सकते हैं। मैंने बिस्तर के आसपास बिखरी तीलियाँ इकट्ठी करना शुरू कीं। शायद इसके पीछे एक मकसद, बिस्तर के आसपास सफाई करना भी रहा हो। सलवटें मुझे बुरी नहीं लगीं। उन्हें मैंने नहीं छेड़ा।

एक तन्ननाटी-सी ही कहना ठीक होगा, उसे जो मेरे जिस्म में बहुत धीरे-धीरे उठक-बैठक कर रही थी। बावजूद उसके मैं खिड़की तक चला आया।

खिड़की के पार, वह फिर मौजूद था। वह भौंक रहा था और लगातार भौंके जा रहा था। इस मुहल्ले से उसके ताल्लुकात सिर्फ नौ महीने से थे। कुछ लोगों का विचार था कि वह गुप्ताजी द्वारा पालित है और कुछ सज्जनों का खयाल था कि शर्माजी की बिटिया द्वारा प्रदत्त रोटियों से उसका स्नेह-सूत्र जुड़ गया था। बिटिया, शास्त्रोक्त विधि से वर पाने के वास्ते गुरुवार का व्रत करती थी और उसमें

किसी कृष्णवर्णी श्वान को रोटियां खिलाने का आवश्यक विधान था। बहरहाल, इन दिनों, वह कुत्ता इसी मुहल्ले का मान लिया गया था और आज अपनी औकात पर उतर आया था। बार-बार भौंक रहा था और स्त्रियों पर झपटने की मुद्रा भी अपना रहा था।

कुत्ते आम तौर पर तभी भौंकते पाए जाते हैं जब मुहल्ले से नाजायज ताल्लुकात बनाने का इच्छुक कोई व्यक्ति उधर आए। आज वह अपने ही मोहल्लेवाले-वालियों पर झपट रहा था। उसकी सखी कुछ देर उसे देखती रही, फिर कुछ क्षण वह भी कर्तव्य के अंतर्गत भौंकी, लेकिन अंततः चुप होकर उसके पास पहुँच गई।

थोड़ी देर को भौंकना स्थगित हो गया, जैसे शर्माजी की बिटिया से मिलने आया नौजवान चारदीवारी कूदकर वापस चला गया हो। कुत्ते ने कुतिया को देखा, आश्वस्त हुआ कि उसकी मुद्राओं में शील-तत्व का प्राधान्य बराबर बना हुआ है। हालांकि उसे बुरा लगा था कि वह बीच-भौंकने में चली आई थी। राष्ट्रीय अखंडता का नारा लगाते हुए मंत्री के करीब यदि सेक्रेटरी आ जाए, तो राष्ट्र के अहित का क्षण आ पड़ता है। ऐसे में मंत्री, सेक्रेटरी को देश की अखंडता की खातिर प्रथमतः मंच से और अंततः अपने निजी-सार्वजनिक जीवन से भी धक्का मारकर भगा सकता है। लेकिन कुत्ता, मंत्री नहीं था। वह कुतिया को निहारने लगा। कुतिया ने जिज्ञासु भाव से उसे देखा।

"क्यों जी, क्यों भौंक रहे थे?"

"मैं देख रहा हूं कि बुर्जुआ ताकतें इकट्ठी हो रही हैं। पूंजीवाद के नाखून तेज हो रहे हैं। क्रांति की सख्त जरूरत है।"

कुतिया समझी कि क्रांति कोई नई किस्म की डबलरोटी है, जो बड़ी सख्त होती है। बच्चूमल ने बेकरी का अटाला साफ किया होगा तो कभी घूरे के ढेर में पड़ी मिली होगी। आज उसी की तलब लगी है।

"क्रांति का मामला है? चलो पड़ौस के मुहल्ले में जो नई बेकरी खुली है, उसके सामने पड़े ढेर में तलाश लें।"

कुत्ता नाराज हो गया, कुतिया की बुद्धि पर उसे तरस आया। उसे पहले एक जनवादी लेखक के यहाँ पलने का मौका मिला था। लेखक पहले कुत्ते पालने के विरुद्ध था। तीन गोष्ठियों, चार वर्कशापों और सौ से ज्यादा चर्चाओं में वह श्वान-विरोध को मार्क्सवाद के समर्थन का ही पर्याय सिद्ध कर चुका था। कुत्ता पूँजीवाद का प्रतीक है, इस पर वह नियमपूर्वक बहस करता था, चाहे लघुपत्रिका में हो

या चर्चा गोष्ठी में।

महानगर के सेठ रामधन कालेज का राजनीतिशास्त्र विभाग संभालते हुए भी, जनवादी होने में कामयाब लेखक तमाम श्वान-संदर्भों से संघर्ष कर रहा था। सही मायनों में यह अस्मिता का संघर्ष था। संघर्ष का यह लावा टी.वी. पर 'यू एंड योर पेट्स' देखते समय भी उबलता रहता था। वह चाहता था कि ऐसे घोर अश्लील कार्यक्रम बंद कर दिए जाएँ, मगर उसका पुत्र मानता न था। लेखक मानव स्वतंत्रता का कायल था, बच्चा कुत्ते देखना चाहता था। बच्चे के अधिकार को लेकर जनवाद के हामी लेखक को आपत्ति नहीं होनी थी, सो नहीं हुई। टी.वी. चलता रहा, दोनों अपने-अपने हिसाब से कुत्ते देखते रहे।

बच्चा कुछ समय बाद किसी बोर्डिंग स्कूल में चला गया, ताकि देश के लायक बना रह सके। अब घर पर पत्नी अकेली रह गई। कालेज के ट्रस्टियों का जनवाद से कोई लेना-देना नहीं था, इसलिए कालेज-परिसर में लेखक को चार घंटे उपस्थित रहना अनिवार्य था। उसके विचार से ये मौजूदा सड़ी-गली व्यवस्था का दोष था, मगर उसे बदलने के लिए लंबे संघर्ष की जरूरत थी। लेखक, एक 'नौकर अध्यापक' के तौर पर ऐसे संघर्ष करने के विरुद्ध था, लिहाजा उसने व्यवस्था बदलने का संघर्ष सेवानिवृत्ति तक के लिए स्थगित कर दिया। इधर जनवाद की आग बराबर सुलगी हुई थी, उधर घर पर पत्नी अकेली रहकर असुरक्षित कम, बोर ज्यादा महसूस करती थी।

चूंकि लेखन श्वान-विरोधी रहा था, उसने पत्नी की श्वान ले आने की सलाह को पहले त्याग दिया किंतु फिर, कॉफी हाउस में उसने गहन विचार किया तो पाया कि जनवाद, कुत्ते को घर लाने की इजाजत देता है, बशर्ते उसके गले में पट्टा हो। जंजीर, मूल्यों के हिसाब से छोटी-बड़ी करके उसे बराबर अपने बस में रखा जा सकता है। बुर्जुआ ताकतों से संघर्ष के लिए, उन्हीं के मंच को उन्हीं के खिलाफ इस्तेमाल कर लेना क्रांतिकारिता का ही अंग है। अगर वह एक श्वान को घर लाए, उसे जनवादी के रूप में प्रशिक्षित करे और जब उसकी पूँछ जनवादी तरीके से हिले, कान और नाक जनवाद सुनने तथा सूँघने लगें, तब ऐसे प्रतिबद्ध श्वान को वह शेष श्वानों की टोली में छोड़ दें, तो ये एक काम जनवाद के पक्ष में एक पर्चा पढ़ने से बड़ा होगा। एक जनवादी कुत्ता, कई कुत्तों को जनवादी बनाएगा। इन कुत्तों की पीढ़ियाँ जनवादी पैदा होंगी और आहिस्ता-आहिस्ता श्वानों का जनवाद, भले घरों की स्त्रियों की गोद से लेकर मर्सिडीज-मारुति की सीटों तक पहुँच जाएगा। यह क्रांति का

सूत्र था और प्राध्यापक लेखक गद्गद हो गया। उसने बैरे को टिप दी और भागते-हाँफते एक पिल्ला लाकर बीवी की गोद में डाल दिया। क्रांति का बीज पड़ गया। लेखक प्रसन्न था, जनवाद की एक वफादार फसल के लहलहाने की बाट जोहता हुआ।

मगर कुत्ता कुछ बड़ा हुआ तो पता चला कि व्यवस्था ने धोखा कर दिया था। लेखक की बीवी ने पहचान लिया कि वह दोगली नस्ल का है। नस्ल पहचानने में प्रतिबद्ध व्यक्ति की पत्नी पारंगत होती है। लेखक फिर एक ऐसी साजिश का शिकार होते-होते बच गया, जो जन विरोधी तत्वों की बनाई हुई थी। धर्मपत्नियाँ, मार्क्सवादियों को ऐसे संकट के समय अवश्य बचा लेती हैं। जनवाद में दोगलेपन को जगह नहीं है। लेखक ने दोगले श्वान को हरावल दस्ते से बाहर कर दिया। वह उसे घर से निकाल, दुनिया में फेंक आया।

व्यवस्था के चक्रव्यूह को भेदने की जो थोड़ी बहुत अदा उक्त श्वान ने वहाँ सीखी थी, वह उसके जवान होते-होते ठाटें मारने लगी। क्रांति जैसे जबर्दस्त शब्द उसने लेखक के यहाँ सीख लिए थे, तभी आज वह अपने सम्मुख खड़ी कुतिया की बुद्धि पर तरस खाने लायक हो पाया था।

कभी वह कुतिया के पीछे नाक सुँसुआता-घिघियाता घूमता रहा था, पर 'क्रांति' शब्द ने कुतिया को औकात का एहसास करा दिया। कुत्ता अब चिंतक था। आज वह अकड़ रहा था और कुतिया क्रांति का अर्थ जानने के लिए घिघिया रही थी।

उसने स्पष्ट किया कि कुत्ता नैतिकता और यथार्थवाद का असली फालोअर है। महाभारत में भी वह पांडवों की तरफ था और कौरवों के विरुद्ध। अत्याचार-अनाचार के विरुद्ध उसने अपना लहू ठेठ हिमालय में जाकर ठार कर दिया। कुतिया को लगा, कुत्ता मुहल्ले में ही ठार होना चाहता है। लेकिन इस संदर्भ में जो उपयुक्त माहौल चाहिए था, वह बन नहीं पाया है। माहौल बनाने की गरज से उसने पूछा :

"क्यों, ये घूरे का ढेर हिमालय नहीं लगता?"

कुत्ता दुम सख्त करके बोला, "तुम्हारा दिमाग, इस देश के लोगों की तरह ठस और बेकार हो गया है। तुम समझो, कि समानता, विश्वसनीयता, ईमानदारी और क्रांति के लिए भौंका जाना चाहिए। जो इनके विरुद्ध जाए उसके सीने में दाँत गड़ा दो।"

कुतिया के दिमाग का कार्यक्षेत्र एक नेता की अँगुली काट खाने की घटना

से अधिक नहीं रहा था। दो वरिष्ठ नेताओं के कुत्ते एक-दूसरे पर गुर्राएँ और एक का कुत्ता, दूसरे को काट ले तो अखबार में हेडलाइन बनती है, यह जानकारी उसे नहीं थी। उसे बस इतना पता था कि जिस कुत्ते ने मुहल्ले में पिछले साल सुलभ शौचालय का उद्घाटन करने आए एक नेताजी को काट लिया था, वह बाद में पागल हो गया। इस ऐतिहासिक दुर्घटना का सत्य कुतिया पर काबिज हो गया था। तब से काटने का जिक्र आते ही, वह एकदम ठंडी हो जाती, उसकी आँखें ठहर जातीं, कान लटक जाते, सिर्फ पूँछ तेजी से हिलने लगती।

कुतिया की हिलती पूँछ ने सख्त पूँछवाले कुत्ते का मन करुणा से भर दिया। साम्राज्यवादी शिकंजों में फँसी कुतिया की निरीहता पर भर आए गले से उसने कहा, ''तुम्हें मालूम है, भूख ऐसी चीज है जो साम्यवाद और कुत्ते में फर्क नहीं करती। भूख से वफादारी पैदा होती है। तुम्हारी दुम बताती है कि तुम वफादार हो रही हो। तुम्हें भूख लगी है। मुझे भौंकने दो, तुम घूरे में कुछ बासी रोटी-सब्जी के टुकड़े टटोलो। सामने के सफेद मकानवाली ने फेंके हैं, मैं पहले जब भौंक रहा था, तभी मैंने देख लिया था।''

अब कुतिया क्रांति के फेर में पड़ी थी और कुत्ता उसे पेट भरने के लिए उकसा रहा था। उसे अंदाजा होने लगा कि क्रांति का संबंध भूख से है। और वह टुकड़े टटोलकर पेट भर लेने के चक्कर में क्रांति से महरूम रह जाएगी। उसके कान खड़े हो गए, पूँछ हिलना बंद हो गई। कुत्ते की आँखों में चमक आई, ''तुमने भूख को जीत लिया है, अब वफादार बने रहने की कोई जरूरत नहीं है। ये वफा झूठ है, वो क्रांति सत्य है। अब तुम मेरे साथ भौंक सकती हो।''

तभी एक सुंदर, हृष्ट-पुष्ट, नौजवान कुत्ता अपनी जंजीर पकड़े हुए मालिक के साथ तफरीह करता हुआ गुजरा। कुतिया उसके सौंदर्य पर तनिक आकर्षित हुई, क्रांतिवादी कुत्ता ताड़ गया। उसने हिकारत से देखते हुए कुतिया को समझाया, ''वाच डॉग्स हैं- बँधुआ कहीं के।'' ऐसा कहकर मन ही मन उसने ऐसी संतुष्टि महसूस की, जैसे उस नौजवान कुत्ते की खूबसूरती मिट्टी में मिल गई हो। कुतिया उससे सहमत दिखी। कुत्ते ने जमीन पर पंजा मारकर कुछ मिट्टी खोद दी, फिर गुरगुराया। कुतिया ने उसका अनुसरण किया। दोनों के दोनों गुरगुराने लगे।

तभी प्रोफेसर आर्य का कुत्ता 'सत्यप्रकाश' बंद गेट के ऊपर पैर रखकर खड़ा हुआ और थूथन ऊँचा करके रोने लगा। कुत्ता पर्याप्त झबरीला था और भारतीय संस्कृति का पोषक होकर प्रोफेसर द्वारा सिर पर चंदन का ताजा तिलक लगवाए

हुए था। कुमारी आर्य उसे "प्लीज डियर, स्टाप इट" कहकर रोने से निरंतर मना करने लगी। अंदर से आवाज आई, "व्हाई सत्यप्रकाश इज वीपिंग?....ये अपशकुन होता है। प्लीज, स्टाप इट।"

क्रांतिकारी कुत्ते ने साथी कुतिया को देखा, "प्रतिक्रियावादी है। रोता है!! क्रांति करने के लिए गेट तोड़कर घूरे के पास आना पड़ता है। जो घर की रोटियां तोड़ता है, वो घर का गेट नहीं तोड़ सकता।"

कुतिया ने जमीन पर एक और पंजा मार दिया। उसे नए-नए शब्द समझ नहीं आते थे, पर इतना जरूर समझ में आ रहा था कि क्रांति कोई निहायत जरूरी किस्म की चीज है। सत्यप्रकाश को गोद में उठाकर कुमारी आर्य अंदर ले गई और कुतिया ने धरती में दूसरा पंजा मार दिया।

कुत्ता खुश हो गया, उसे कुतिया पर फख्र हो आया। कुछ मामलों में कुत्ते फख्र जल्दी करने लगते हैं, कभी सरकारी दूध-रोटी पर या कभी उस गोद पर, जिसमें वे आदमी होकर नहीं बैठ सकते थे। कुत्ता जानता था कि बड़े लोगों की गोद पाने के लिए कुत्तापन एक आवश्यक विशेषता है। कुतिया के ताजा कर्म से उसे लगा जैसे मुहल्ले से राजधानी तक की गोदें कुत्तों से भर गई हैं और नतीजे में हर गोदवाला बड़ा आदमी बन गया है।

हुलसकर कुत्ते ने कहा, "ये देश बदलनेवाला है। जनयुग आएगा, तब कोई आदमी छोटा न रहेगा। हम चोरों और बेईमानों पर भौंकनेवाले, सदा से स्वामी के चौकीदार, अब नए जमाने के आगमन की राह बना डालेंगे।"

कुतिया को लगा, कुत्ता, कुत्तापन भूलकर कुछ और हो गया है। वह कुछ पास खिसक आई, "तब हमें घूरे में डबलरोटी ढूँढने की जरूरत न होगी? रोटियाँ आसानी से मिल जाया करेंगी। फिर हम चौकीदारी क्यों करेंगे? भूख खत्म, भौंकना खत्म।"

दोनों की दुम सख्त होकर उठ गई। इधर-उधर घूमते कुछ कुत्ते और कुँकुआते पिल्ले भी उनके करीब इकट्ठे हो गए। कुत्ते ने पिछले पैर से जमीन खोदी और एक परिवर्तनकारी भाषण का मूड बना लिया। जिन दिनों वह लेखक के घर में पल रहा था, उन दिनों वह क्रांतिकारी साहित्य की एक जबरदस्त अनियतकालीन लघुपत्रिका के रैपर पर अक्सर बिस्किट खा लिया करता था। शब्दों के सुसंस्कार जाग उठे :

"दोस्तो, अब पूँजीवाद के टुकड़े खाकर पेट भरने का समय नहीं रहा। कमीशन, शोषण, बँधुआ स्वामिभक्ति जैसे लफ्जों में आग लगा दो।"

पिल्लों ने कुँकुआना बंद कर दिया। श्रोता श्वानों के रोम-रोम खड़े हो गए। उन्हें विषय पता नहीं था, पर प्रस्तुतीकरण के चमत्कार ने उन्हें जकड़ लिया था। क्रांतिकारी कुत्ता समझा कि सब प्रतिबद्ध हो चले हैं। वह तत्काल विषय निगल गया, सिर्फ आवाज उगलने लगा।

पहले सिर्फ- क्रांति! क्रांति!! भौं-भौं !!!

फिर - क्रांति! भौं-भौं !!

-क्रान्! भौं-भौं !!

-क्रा! भौं-भौं !!

-का! भौं-भौं !!

-क! भौं-भौं !!

-भौं-भौं !!! भौं-भौं !!!

....और सब श्वान, सबके सब प्रतिबद्ध चिल्लाने लगे, "भौं-भौं।"

पूरा मुहल्ला गूँज उठा-"भौं-भौं!"

प्रोफेसर आर्य, मुहल्ला सुधार समिति के चेयरमैन, का फोन ठीक काम कर रहा था। व्यवस्था, कुछ मौकों पर अपनी साजिश के लिए फोन जैसी चीजों का तुरंत इस्तेमाल कर लेती है। प्रोफेसर ने फोन का इस्तेमाल कर लिया।

कुत्ते की तरफ से मैं यह नोट कर सकता था कि व्यवस्था की यही विशेषता होती है कि आग लगने के बाद फायर ब्रिगेड तुरंत नहीं आ सकती, पर क्रांति होने के वक्त कुत्तागाड़ी विद्युत गति से आती है। वह आ गई। कुत्ते और तेजी से भौंकने लगे। शर्माजी की बिटिया को लगा, अगले गुरुवार, वह कृष्णवर्णी श्वान को वर-व्रत के अंतर्गत रोटी नहीं खिला पाएगी। शादी की शास्त्रीय संभावना पर नगर निगम कर्मियों के गंडासे और कैंचियाँ, दरोगाओं-जमादारों की वर्दियाँ छाने लगीं। वह मुंडेर पर उदास हो गई। उदासी मुंडेर पर फैल गई पर चौराहे पर क्रांति का अगुआ नेता ज्यों-का-त्यों भौंकने पर प्रतिबद्ध था।

अब वे सब ऐसे भौंक रहे थे, गोया विरोध में नारे लगा रहे हों। आखिरकार एक-एक करके कई प्रतिबद्ध गर्दनें व्यवस्था के हाथों ने दबोच लीं और देखते-देखते पूरी कुत्तागाड़ी में क्रांतिकारी श्वानों का समूह समा गया। कुछ पिल्ले अलबत्ता इधर-उधर भाग खड़े हुए, जिन्हें नेता-श्वान ने क्रांति-बीज की सुरक्षा की जरूरत के रूप में लिया। कुत्तागाड़ी चल पड़ी। उस पर सवार था-कुत्ता, कुतिया.... ढेर सारे कुत्ते, ढेर सारी कुतियाएँ... सब भौंक रहे थे.... सबके-सब कह रहे थे-भौं-भौं।

कुमारी आर्य ने अपने कुत्ते सत्यप्रकाश को फिर डाँटा-''प्लीज डियर, स्टाप इट।'' सत्यप्रकाश ने कुमारी आर्य की गोद में ही, मुँह आसमान की ओर किया और रोने लगा-ऊँ-ऊँ-ऊँ-ऊँ....।

मैं खिड़की से हटकर उसकी ऊँ-ऊँ पर सवार सिलवटोंवाले बिस्तर के पास लौट पड़ा। कुत्ते की क्रांति के ट्रेजेडी में बदलने के पहले मैंने जो बिखरी तीलियाँ जमा कर रखी थीं, उन्हें देखा।

तीलियाँ-जैसे पेट और दिल के बीच संचित आग का गट्ठर होती हैं। गट्ठर बिखर-बिखकर भी फिर इकट्ठा होता जाता है। और इकट्ठा होकर भी कमर के दायरे में भीतर ही भीतर अपनी लंबाई तथा ऊपर चिपकी ज्वलनशील गोटियों के साथ उकसानेवाली कार्रवाई में व्यस्त रहता है। कई बार कसी हुई कमर और भीतर की गई शर्ट के भीतर जो तीलियाँ मिल जाती हैं, वे सरेआम जलती हुई तीलियों से ज्यादा काम की होती हैं। मुझे इस एहसास ने अजीब-सा साहस दिया।

मैंने सतर्कतापूर्वक इकट्ठी की गई तीलियों को पहले मुट्ठी में कसकर दबाया और फिर शर्ट के पीछे, बनियान और सीने के बीच की जगह में मुट्ठी खोल दी। सीना पार करती हुई तीलियाँ पेट तक जाते-जाते थम गईं। कमर कसी हुई थी और कसावट के ऊपर रखी थीं तीलियाँ।

खिड़कियाँ और दरवाजे छोड़कर मैं तीलियों के साथ सड़क पर निकल आया।

दुःस्वप्न / छः

## संकटकाल बनाम क्रांतिकाल बनाम संक्रांतिकाल बनाम चुनाव की पूर्वबेला का एक शुभशगुन

# डैश न्यूज

मैं देख रहा था कि सड़क पर मेनहोल कुछ ऐसे लगते हैं जैसे सरकारी जाँच एजेंसियाँ ड्यूटी बजा रही हों। मंत्रियों-संत्रियों आदि के विरुद्ध गाहे-बगाहे उठ गए घोटालों के तथ्यों, गवाहियों आदि का बहुत-सा ड्रैनेज इनके सहारे बह गया होगा। इन पर ढक्कन अमूमन गायब रहते हैं। जो भी जरा-सा आम और निश्चिंत होकर चलने लगा जिम्मेदार नागरिक हो उसे तथ्य या गवाही मानकर अपने में समा लेने को इनका मुँह खोले पड़े रहना जरूरी था। हालांकि इन्हें किसी भी सड़क पर मैं देख लूँ तो सिर्फ क्षण-भर के लिए ही सही "चूहे जैसी कोई चीज इनसे उठती तो नजर नहीं आ रही" का खयाल हस्तक्षेप करता था। पुल पर मिले स्थगित क्रांति के अगुआ तथा गली में घटित श्वान क्रांति के दमन की दो घटनाओं के बाद, ईमानदारी के नाम पर लग चुके इस आपातकाल में मुझे सड़क ही वह जगह नजर आती थी, जहाँ खुद के मन से निपटा जा सकता था। सड़क के विभिन्न हिस्सों से गुजरता हुआ जब मैं एक तीसरे क्रांतिधर्मी के यहाँ पहुँचा तो देखा, वह भूख-प्यास बुझाने के लक्ष्य पर टिका था।

अखबार का एक 'विज्ञापन' पानी के साथ निगल जाने के बावजूद उसकी भूख जस की तस रही, तो उसने दूसरे विज्ञापन की तलाश की। कहने को, आम तौर पर अखबार में विज्ञापन, और विज्ञापन में संतुष्टि होती ही है, मगर वह एक एक करके खाने योग्य जितने विज्ञापन हो सकते थे, खा चुका था। 'ईयर पैनल्स'

की जगह 'जालिम लोशन' और 'शर्तिया इलाज' के जिम्मे थी सो अखबार के कान खाने लायक नहीं थे। मशीन-टूल्स या परिवार कल्याण के विज्ञापन अखाद्य होते हैं और सिगरेट का विज्ञापन वह आखिर में संतुष्टि के लिए बचा लेना चाहता था।

खाने-पीने योग्य जो भी विज्ञापन थे, वे उसकी चपेट में आ चुके थे। अब, साबुन जैसे विज्ञापनों या तावीज की तंत्र-शक्ति का बखान करते इश्तहारों का इस्तेमाल वह उन कामों के लिए कैसे कर सकता था, जिन्हें करने के लिए सिर्फ गरम-फूली रोटियों की जरूरत होती है? उनके एवज में बेहतर खाद्य विज्ञापन चाहिए।

वह अब बहुत होशियार हो गया था। किस विज्ञापन को किस हिसाब से खाया-पिया जाए इसका उसे खासा अनुभव हो चुका था। पिछले इतवार के रविवारीय परिशिष्ट के चारों रंगीन विज्ञापन तेल, घी, या चाकलेट के थे। जाहिर है, ये रक्तचाप और दिल की बीमारियाँ पैदा कर सकते थे। उसने घरवालों को हिदायत दे दी थी कि रंगीन परिशिष्टों के ऐसे विज्ञापन गरिष्ठ होते हैं और उन्हें अपनी पाचन क्षमता के हिसाब से ही खाने के लिए चुनना उपयुक्त होगा।

आजकल वह और उसका परिवार बड़ी सुबह से ही अखबार का इंतजार करने लगते थे। पहले से आखिरी पेज तक खँगाल लिए जाने के बाद यह तय किया जाता कि कौन-सा विज्ञापन शाम तक खराब नहीं होगा, ताकि सुरक्षित रखा जा सके। कुछ समाचारों का कलेवर भी इन दिनों विज्ञापनों को टक्कर दे रहा था, इसलिए कभी-कभी सुबह का नाश्ता उनसे चलाया जा सकता था। फिर भी, वह खुद ऐसे समाचारों को खाने लायक नहीं समझता था, क्योंकि विज्ञापनों की बजाय इनमें कुछ अजीब-सी गंध आती थी। समाचार में विज्ञापन का चाहे जितना स्वाद लाने की कोशिश की जाए, वह विज्ञापन तो नहीं हो सकता। रह-रहकर वह अपनी हीक मारने लगता है।

हालांकि इन समाचारों के मुकाबले सरकारी विज्ञापन बेहतर थे। व्यक्तिगत स्तर पर वह इस बात का कायल हो गया था कि सरकारी विज्ञापन, उबली हुई स्वास्थ्यवर्द्धक सब्जी, सूप, ब्रेड और मक्खन का इकट्ठा स्वाद दे जाते हैं। उसकी पत्नी ने तो यह तक अनुभव किया था कि निविदा-सूचनाएँ यद्यपि बेस्वाद और बेकार समझी जाती हैं, मगर मुँह साफ करने के लिए वे ही बेहतर हैं। जहाँ तक सरकारी विज्ञापनों का सवाल है, वह उन्हें बहु-उपयोगी मानती थी। जैसे ब्रेड को ब्रेड रोल, गुलाबजामुन आदि किस्म के पचासों व्यंजनों में तब्दील करके खाने का जायका लिया जा सकता है, सरकारी विज्ञापन भी उसी तरह से विभिन्न रूपों में

खाए जा सकते थे। उसकी पत्नी की यह समझदारी, जाहिर है, बच्चों के लिए भी प्रेरक साबित हुई थी।

आज जब उसे संतुष्टि नहीं हुई, तो लगा कि सरकार को चाहिए कि अलग से बिक्री केंद्रों पर या राशन की दूकानों से विज्ञापन वितरित करने का काम भी शुरू कर दे। अब, यह क्या है कि 'एक अखबार, एक परिवार' पर जिया जाए।

पहले अखबारों को लेकर ऐसी मारा-मारी नहीं थी। कई किस्म के अखबार थे और उन्हें थोक के भाव बिकते देखा जा सकता था। लेकिन तब तक एक खास बात नहीं थी, जो अब है यानी उसके इस्तेमाल का करिश्मा, पेट के सिलसिले में।

एकाएक वह बहुत रोमांच का अनुभव करने लगा। सरकार की तरफ उसका हृदय प्रेम से भर उठा। कितना अद्‌भुत समय है कि इन दिनों वह विज्ञापन खाकर काम चला रहा है। असुरक्षा अनुभव होती है, तो फलों की घाटी का विज्ञापन देख लेता है, और गटरों की गंध आती है तो खुशबूदार शीशियों के विज्ञापन में नाक छुपा लेता है।

एक दिन उसे लगा था कि कपड़ों के विज्ञापन कपड़ों की बजाय इस्तेमाल कर लिए जाएँ, तो कैसा रहे? मगर, फिलहाल इस बात में ज्यादा प्रगति नहीं हुई। हुआ यों कि उसके पास और उसके परिवार के पास, कपड़े, जो भी थे, अभी बचे हुए थे।

इन दिनों उसका दिलो-दिमाग काफी चुस्त हो गया था। वह एक गजब की तार्किक प्रतिभा का मालिक हो चुका था। उसके पास मुश्किलों को शून्य और सुविधा में बदल देने की तकनीक आ गई थी।

आज जब वह एक विज्ञापन को निगलने के बाद भी भूख को मार नहीं पाया, तो उसकी नजर मुझ पर पड़ी। उसका चेहरा यदि खयाल में रखा जाए तो तृप्ति नोट की जा सकती थी। उसने चेहरे और दिल के बीच कुछ ऐसा संतुलन जमाने में कामयाबी हासिल कर ली थी कि दोनों अलग-अलग ट्रेक पर काम कर सकते थे। मैंने अपने अनुभव का इस्तेमाल करते हुए, उसके चेहरे की बजाय उसके दिल पर गौर किया। वह समझ गया।

उसने प्रारंभिक सकपकाहट से मुक्त होने के साथ ही कहा, "आप कुछ थके हुए लग रहे हैं। देखिए ना, मेरी इच्छा थी कि हम दोनों गरमागरम चाय पीते। मगर, पत्नी-बच्चे पड़ौस में गए हैं। मैं दफ्तर से लौटा, तो सोचा कुछ हो जाए। खैर छोड़िए। आइए, इस खूबसूरत मर्द की मूँछों और गरम होती केतली पर नजर डालें। यकीनन बहुत कड़क और भरपूर संतोष देनेवाली चाय है.... आपकी सारी थकावट हवा हो जाएगी।"

उसने इसके बाद सरकार की तारीफों के पुल बाँधने शुरू कर दिए। घर की खुशहाली के आंकड़े प्रस्तुत करते हुए, उसने तमाम सरकारी विभागों की ताजातरीन प्रगति के प्रतिवेदनों का विश्लेषण कर डाला। उसका चेहरा, हर आंकड़े के साथ चमकता जाता था। उसे आशंका थी कि अगर यही गति रही, तो सरकारी विज्ञापनों का ब्लैक न शुरू हो जाए।

मैंने जानना चाहा कि इन दिनों राजधानी में क्या स्थिति है? उसने वर्दियों के लिए काम में आनेवाले कपड़े का विवरण देना शुरू कर दिया। फिर धीरे से हँसा, "राजधानी भी वर्दी पहनती है। कपड़ा बहुत जानदार है। आप जरा उसकी तफसील में जाएंग, तो आपको अद्‌भुत आंनद मिलेगा।"

जब वह बातचीत में खुल गया, तो उसने यह बताने में कोई कोताही नहीं की कि आज का दिन उसका बेहतर गुजरा है और अपने हिस्से का सिगरेट का विज्ञापन, यदि मेरी इजाजत हो तो, इस्तेमाल कर ले।

फिर, वह कुछ ऐसा हो गया जैसे कश ले रहा हो। शेष भूख उसने धुएँ से बराबर कर ली। जैसे कश लेने के बाद कोई बाला, पीनेवाले के पास सिमट आती है और कश लेनेवाला माडल 'बात ही कुछ और है' के अंदाज में दुनियावी टुच्चाइयों से ऊपर उठ जाता है। वह, ठीक वैसे ही पोज में आ गया था।

हवा में कोई अदृश्य-सा छल्ला फेंकते हुए उसने मुझे अपनी तसल्ली से अवगत कराना चाहा। मैंने पूछा, "एक बार इस्तेमाल के बाद,विज्ञापन खत्म हो जाता होगा?" वह मुस्कुराया, "अभी तो ऐसा ही हो रहा है। मगर, मेरा विचार है कि आगे चलकर हम इस बात के लिए तैयार हो सकेंगे कि एक विज्ञापन, कई दफे काम में आ सके।"

आखिरकार, जब वह एक रेशमी अखबारी विज्ञापन पर असीम संतोष के साथ लेट गया तो मेरे सामने उसे सुखद नींद के लिए शुभकामनाएँ देने के अतिरिक्त और कोई चारा नहीं रहा। मैं बिना अखबार के अखबार वाला था।

बाहर आकर सुनसान सड़क पर कदम बढ़ाते हुए मैंने आदतन शब्दों का हिसाब लगाना शुरू कर दिया था। इस दौरान मुल्क की छाती पर सवार खुशफहमियों की सूची काफी वजनदार मिली।

हो सकता है कुछ लोगों की निगाह में मैं नाजायज काम में लगा हुआ था। हालांकि, मेरे पास अखबारवाला होने के अलावा भी विकल्प हैं। अभी उस दिन एक अफसर मिला था। उसने एक विकल्प सुझाया-"तुम शब्दों की तस्करी शुरू कर दो।"

उसकी मुझसे पहचान बहुत ज्यादा पुरानी नहीं रही होगी, मगर भरोसा या अपनापा या यों कहें कि कुछ पुराना बराबर करने की इच्छा ने उसे घेर रखा था। शहर की खबरों की डेस्क देखते वक्त, शायद आदमी जानता है कि किसे 'सिंगल' और किसे 'डबल' देने से किसके फीते घट या बढ़ सकते हैं। मैंने कभी शहर की खबरों का काम नहीं संभाला। मगर, एक प्रेस कांफ्रेंस, जिसमें चाय का इंतजाम उक्त अफसर के जिम्मे था, कवर की थी। वह खबर डबल कॉलम छपी थी और, शायद उससे इसके फीते प्रभावित हो गए हों। इसलिए वह मेरे प्रति कुछ विनम्र था।

उसे शब्दों में और स्मैक में कोई फर्क नजर नहीं आ रहा था। उसे संदेह यह हो गया था कि मैं शब्दों के व्यवसाय में काफी दमदार साबित हो सकता हूँ। उसने मेरा भला सोचते हुए बातचीत आगे बढ़ाई, "क्या है कि, तुम्हारे पास काफी शब्द न भी हों, तो कुछ इस तरह से इंवेस्ट कर सकते हो कि वे छः माह में इन्वेस्ट सवायं हो जाएँ या नौवें महीनें में डेढ़े। थोड़ी चतुराई से काम लेना पड़ेगा, इतनी-सी पूँजी इस तरह रोटेट करना पड़ेगी कि लाभ का प्रतिशत चक्रवृद्धि-गति से बढ़ता जाए। तुम चाहो,तो इस सौदे के एक पुराने उस्ताद से मिलवा सकता हूँ।"

मैंने उस्ताद के बारे में उत्सुकता जाहिर की।

"वह भी पहले, तुम्हारी ही तरह ना-नुकुर और शर्मा-शर्मी का शिकार था, हालांकि उसके पास तुमसे ज्यादा पूंजी रही होगी। मैंने उसे सलाह दी और उसने पूंजी इस धंधे में लगा दी। इन दिनों वह फार्मूलों और नारों का बहुत बड़ा थोक व्यापारी है।"

इस भूमिका के बाद उसने विस्तार से बताया कि शब्दों की तिजारत में क्या-क्या संभावनाएं हैं। इसमें लफड़ा एक ही है कि शब्द को पालने-पोसने, बढ़ाने हृष्ट-पुष्ट करने के आदि के मामलों में नियंत्रण बना रहना चाहिए। यह पहचान भी आना चाहिए कि कोई शब्द बिगड़ न जाए, हंगामा न कर बैठे या अपने कहे मुताबिक काम से इंकार न कर दे। मगर, एक बार बिजनेस शुरू करने के बाद, इनसे पार पाना अपने-आप आ जाता है। उसके तौर-तरीकों से लग रहा था कि और शब्दों को पकड़ने की वाजिब प्रतिभा उसके पास भले न हो कुछ शब्द वह पालतू बना चुका था और इसी के बूते, वह शब्दों की तिजारत में मेरी पार्टनरशिप में उतर जाने का प्रस्ताव भी रख सकता था।

जाते-जाते उसने मेरी पीठ थपथपाते हुए कहा, "फिलहाल मौसम बेहतर है।

सीजन का फायदा उठा लो। स्साले शब्दों का कोई भरोसा नहीं क्या पता कल तुम उन्हें ठीक से रख नहीं पाओ और जो हैं, उन्हीं से हाथ धो बैठो।''

यकायक, सड़क पर एक खास तरह की गंध मैंने महसूस की। जैसे, उसके आखिरी वाक्य से जो सड़ाँध उठी थी, वह हवा के झोकों में सीना तानकर चली आई हो।

मैंने दाँतों को एक-दूसरे पर दबाकर छोड़ दिया। फेफड़ों को भरा-खाली किया-भरा, और अंततः खाली कर दिया। पीठ पर एक सरसराहट-सी हुई। जैसे कोई परछाईं पीठ पर पड़ी हो। सिर घुमाकर मैंने इस बात की पुष्टि की....सचमुच एक परछाईं खड़ी थी स्याह...। सिर्फ आकार की वजह से यही कहा जा सकता था कि वह कोई जिम्मेदार कहे जाने वाले सरकारी मुलाजिम जैसी होगी। अगर उसकी आँख होती, तो दूध पीते वक्त बंद हो जाया करती, मैंने अपने अनुभव के आधार पर एक कल्पना की। हालांकि मेरी हथेली में पसीना आया था, मगर वह तेजाब में बदलने लगा।

परछाईं ने खनकती आवाज में पूछा,''कहाँ से आ रहे हो?''

''एक दोस्त से मिलकर ...।''

''बेहतर!...दोस्त कैसा है?''

''मुल्क के बाकी सब लोगों जैसा।''

''बेहतर!! ...अभी उसे किस मूड में छोड़कर आए हो?''

''ख्वाब में खोया हुआ, इश्तहारों की गोद में...खा-पीकर सोया हुआ...।''

''बेहतर!!! बहुत बेहतर...! कितनी रंगीन तस्वीर खींची है तुमने मुल्क की। शुक्रिया, बधाई और अभिनंदन।''

तेजाब गाढ़ा होने लगा।

''तुम्हारे दोस्त की तरह, हर घर में अमन और तसल्ली ने जगह बना ली है...''

वह सुनसान जगह, जैसे कोई खूबसूरत स्टेज हो गई, परछाईं हिली तो ऐसे जैसे नृत्य का शास्त्रीय मुद्रा का प्रथम चरण-

''राजा से सब खुश हैं, तो चुनाव हो जाएं...।''

इस वाक्य के साथ, परछाई की नृत्य-मुद्राएं अचानक स्थिर हुईं और वह स्याह परछाईं बिल्ली की शक्ल में तब्दील होकर झाड़ियों के पीछे कूद गई।

यह संकटकाल बनाम क्रांतिकाल बनाम संक्रांतिकाल बनाम चुनाव की पूर्वबेला का एक शुभशगुन था ।

तेजाब में तब्दील पसीने ने मेरी हथेलियाँ पार करने की कोशिश की। उनमें

दबी तीली ने आग पकड़ ली। मैंने पूरी ताकत के साथ तीली, परछाई के गायब होने की दिशा में, झाड़ियों के नाम उछाल दी। फिर उसके नतीजे को सिर्फ एक डेश न्यूज की तरह दर्ज करते हुए तेजाब-भीगी हथेलियों समेत उसी तरह, फिर से सड़क पर चलने लगा।

## दुःस्वप्न / सात

लो, कर लो चुनाव!

# मलबे में गंध

सड़क के किनारे इस छोर पर जहां मैं पहुंचा था, एक अलग ही शब्द-क्रांति मची हुई थी। मलबे का एक ढेर पड़ा था और ढेर में एक गंध थी।

बस-स्टैंडों और रेलवे स्टेशनों पर बुकस्टालवालों ने इन दिनों शब्दोंवाली कम और फोटोवाली ज्यादा पत्रिकाएँ लटकानी शुरू कर दी थीं। जिस तरह 'जवानी के नुस्खे' और 'शाही इलाज' के अतिरिक्त विज्ञापन-होर्डिंग, सिर्फ खुशहाल देश की तस्वीर ही बताते थे या उसे खुशहाल बनाए रखने के नुस्खों को बांटनेवाले सरकारी क्षेत्र के केंद्रों का पता देते थे, इन पत्रिकाओं में भी शाही इलाज और खुशहाल देश का अंतर मिट गया था।

जिस तरह से सिर्फ वयस्कों को यहाँ देश की खुशहाली के होर्डिंग पढ़कर वोट डालने का अधिकार था, जाहिर है उसी तरह से सिर्फ उन्हें ही कायदे से यौवन-रहस्य से भरपूर पत्रिकाएँ पढ़ने का भी हक था। मगर ऐसा आम तौर पर होता रहता था कि पुल के ऊपर और पुल के नीचे सभी उम्र के लोग बगैर किसी भेदभाव के इनका स्वाद लेते रहते थे। जैसे वोट डालने के लिए 'उम्र के प्रमाणपत्र' और 'नाम तथा चेहरे में मेल' पोलिंग एजेंटों के हाथ लगाते ही शुद्ध हो जाते थे, वैसे ही बुकस्टालवालों ने इन पत्रिकाओं के पाठकों के शुद्धीकरण का रास्ता खोज निकाला था।

छापों का कोई खतरा नहीं था, क्योंकि थाने में, उसके सदस्य, जन्मदिनों पर एक-दूसरे को यही रहस्य-पत्रिकाएँ उपहारस्वरूप देते-लेते थे।

एक शाम पुल के ऊपर और पुल के नीचे हमेशा की तरह जब रहस्यों का नियमित लेन-देन शांतिपूर्वक चल रहा था कि आशा के विपरीत सरकारी सायरन बजाती पुलिस गाड़ी एक दूकान के सामने रुकी। उसमें से उतरे वर्दीधारियों ने दूकानदार के हाथों में हथकड़ी डाल दी और उस समेत उसकी पत्रिकाओं का स्टॉक जब्त करके जिस दिशा से आई थी उधर ही गायब हो गए।

इसके तत्काल बाद धंधे के मुहूरत में ही इस घोर अपशकुन के लिए जिम्मेदार उस दूकानदार को कोसते हुए सभी रहस्यप्रेमी जन तमतमाते हुए उसकी खाली दूकान पर जमा हो गए। ड्यूटी पर तैनात पुलिसवाले ने भीड़ के नेता को एक कोने में ले जाकर बताया कि यह दूकानदार 'यौवन रहस्य' की बजाय एक घोर आपत्तिजनक साहित्य बेच रहा था। यदि तुम लोग चाहते हो कि अपनी रोटी ठीक से मिलती रहे, तो इस तरह के लोगों को बिरादरी-बाहर कर डालो।

तब नेता के सहयोग से भीड़ ने तुरंत दूकान को मलबे में बदल डाला और जाकर सब फिर से शांतिपूर्वक रहस्यों को देने-बेचने में तल्लीन हो गए।

मुझे जो मलबा दिखाई दिया था, वह यही था। दूकान के मलबे से 'आपत्तिजनक साहित्य' की एक बहुत दबी हुई गंध आ रही थी। गंध के स्रोत को पहचानते हुए मैंने कोने की जगह के मलबे को जरा-सा खंगाला तो वह गंधाती पुस्तिका मेरे हाथ आ गई, जिसे शायद स्टॉक-जब्ती के दौरान गलती से गिरा दिया गया होगा।

मलबे से हटकर, गंध मेरे साथ-साथ चलने लगी। पुस्तिका को दबाए हुए मैंने पुल का रहस्योंवाला इलाका छोड़ दिया और दूसरे इलाके में जाकर उसे पढ़ने लगा। पुस्तिका का मजमून कुछ यूँ था-

॥ श्री गौरी पंडित का चुनाव अभियान : एक अनुशीलन ॥

जब-जब धर्म[1] का हौआ खड़ा होता है, तेल-शक्कर खरीदने के लिए जेबें नाकाबिल[2] होने लगती हैं, नए-नए अखबार[3] खुल जाते हैं, धरती पर सर्वत्र अनाचार दृष्टिगोचर होने लगता है, त्राहि-त्राहि मच जाती है, प्रेस विज्ञपप्तियों[4] की बाढ़ में समूचा सूचना जगत डूबने लगता है, जब पुनर्निर्माण की आवश्यक पूर्वबेला में महाप्रलय[5] का दृश्य उपस्थित हो जाता है, तब इस देश में चुनाव का प्रकट होना निश्चित जानना चाहिए।

## भारतवर्ष में चुनाव : परंपरा और महत्व

आदिकाल से ही देश में चुनाव की परंपरा चली आ रही है। उचित पति के चुनाव के लिए स्वयंवर रचाए जाते थे। इनमें बलशाली कुमार अपने भाग्य दांव पर लगाते। कुछ राज्यों में मल्लयुद्धादि[6] विभिन्न कलाओं में परीक्षण के बाद मंत्रियों के चुनाव का प्रचलन होना उल्लिखित है। राजा का चुनाव पैतृक रीति से उपयोगी माना जाता था। कई बार एकाधिक कुमार चुनाव में आमने-सामने आ जाते, तो तलवार से फैसले होते।[7] बर्तानवी राज में रायबहादुर, रायसाहब आदि चुने जाते रहे और जागीरें भी चुनकर दी गईं। यहाँ तक कि फांसी तक चुनकर दी गई। जनता द्वारा अपना नेता चुने जाने की पद्धति लागू होने की जरूरत तब पड़ी जब अंगरेज देश छोड़कर चले गए। तबसे पांच साल में चुनाव जैसी व्यवस्था शुरू हुई। जनता इसे कभी गंभीरतापूर्वक लेगी, इस आशंका से ग्रस्त राजनीतिक दल कुछ न कुछ बयान इस मौके पर जारी करते रहते हैं और जनता[8] अपने में, रोजी-रोटी जैसी दोयम चीजों में ही फँसी रहकर उनकी तरफ ध्यान ही नहीं देती। किंतु चुनाव हमारी मातृभूमि पर एक उत्सव[9] है, सो तबीयत से मनाया जाता है। सर्वत्र उमंग की हिलोरें उठती हैं। पत्थर, माइक, लाठी, तंबू आदि की खपत इन दिनों खूब होती है। सुबह से ही बाजारों में चहल-पहल रहती है, नूतन वस्त्रादि धारण कर विशिष्ट जन खरीदारी में लग जाते हैं। इन दिनों कई सौदे[10] होते हैं, शुभ मुहूर्त में बहीखाते बदले जाते हैं, पूजा होती है, प्रसाद बँटता है तथा गरीबों को खैरात बाँटी जाती है। इस प्रकार चुनाव का भारत में बड़ा महत्व है।

## श्री गौरी पंडित : एक उद्‍भट व्यक्तित्व

श्री गौरी पंडित वस्तुतः जनतंत्र के उन्नायक[11] की श्रेणी में आते हैं। यों उनका जन्मस्थान उत्तर भारत माना जाता रहा, किंतु उनके प्रशंसकों का कहना है कि वे प्रत्येक प्रदेश में जन्म लेते हैं। नाना रूपों को धारण करते हुए, उन्होंने विभिन्न दलों में सेवा-कार्य[12] किया। चुनाव लड़वाए और लड़े, कई संस्थाओं की अध्यक्षता की, 'रोको' तथा 'बंद' का नेतृत्व किया, जेल गए और छूटे[13], कई को जेल से छुड़वाया, महाविद्यालय उनकी अध्यक्षता में प्रतिभा सम्मान समारोह कराते रहे हैं, स्पष्ट है कि वे एक जाज्वल्यमान नक्षत्र हैं। गौरीजी के परिवार में दो पुत्र, एक पुत्री हैं। तीनों अविवाहित[14] हैं। जब भी पार्टी के विशिष्ट नेता नगर में आते हैं सर्वाधिक इश्तहार[15] छपाने का श्रेय उन्हें जाता है। किसी दल, अफसर

या दादा का काम उनके बिना नहीं चलता। वे तुलसी पुण्यतिथि से नेहरू जयंती तक तथा हेयर कटिंग सैलून से अस्पताल तक, सभी का बगैर भेदभाव हर्षपूर्वक[16] उद्घाटन करते हैं। उनके भाषणों की बड़ी धाक है(इसका विशद विश्लेषण हम अगामी अध्याय में करेंगे)। जनसेवा हेतु उन्होंने अनेक कार्य किए-बसें चलती हैं, होटल हैं और कई लोगों को वे पालते[17] हैं। परिवार में पत्नी नहीं है फिर भी ममत्व तथा प्रेम की वे साक्षात मूर्ति हैं। उन्होंने कई कन्याओं का हरण कर वांछित प्रेम-विवाह कराने में भी योगदान दिया। कुल मिलाकर वे एक तेजस्वी उद्भट तथा सर्वप्रेमी व्यक्तित्व के स्वामी हैं।

## चुनाव संदर्भ और गौरीजी का कृतित्व

जैसा कि हम शुरू में कह आए हैं, गौरीजी चुनाव लड़वाने और लड़ने में सिद्धहस्त रहे आए हैं। चुनाव भारतवर्ष में कितने महत्वपूर्ण हैं, यह भी हमने शुरू में देखा। गौरी पंडित का संपूर्ण जीवनक्रम इतनी विशेषताओं से युक्त रहा है कि चुनाव में यदि उनका हाथ न होता, यह संभव ही नहीं था। चुनाव में विजय-पराजय को वे भाग्य का नहीं वरन कर्म का खेल[18] मानते थे। चूंकि प्रत्येक खेल में वे विजयश्री पाने या दिलाने के भागी रहे अतः चुनाव भी उनके लिए जीत का संदेश ही लाता। पहले उन्होंने पंचायतों के चुनाव में हिस्सा लिया। इंटर कालेज या हाईस्कूल की प्रबंधकारिणी समिति में तो उनका निर्विरोध मनोनयन होता आया। जनपदी और विधायकी तक पहुँचते-पहुँचते तो उनकी कीर्ति चारों और फैल गई थी। आम तौर पर वे 'कर्मठ नेता' की उपाधि धारण किए हुए थे किंतु समय आने पर किसान नेता, ग्रामीण रहवासी जन नेता, जुझारू पथ प्रदर्शक, उत्थान-प्रणेता, संरक्षक आदि विशेषणों सहित अखबारों में दिखाई देते थे।[19] शहर और गांव की संतुलित नेतृत्व-क्षमता के लिए वे विख्यात थे। वे जिस पार्टी में होते, वहां का टिकिट उनके कहे अनुसार बँटता, न बँटता तो बागी उम्मीदवार खड़े हो जाते, एक उम्मीदवार की हत्या हो जाती, चुनाव रद्द हो जाता। यानी गौरी पंडित नहीं तो चुनाव नहीं। यानी चुनाव और गौरीजी एक-दूसरे के पर्याय[20] थे। जनता में उनका खासा वर्चस्व था, इसलिए वे सुरक्षा गार्डों के बगैर कहीं नहीं जाते थे। सांसद या मंत्री जो भी क्षेत्र का दौरा करने आता उनके दर्शन किए बगैर नहीं लौटता था। ऐसे भक्तवत्सल गौरीजी चुनावी बेला में सर्वाधिक व्यस्त, स्वस्थ एंव प्रसन्न रहते हुए देश की अमूल्य सेवा करते रहे हैं, यह स्वयंसिद्ध है।

## गौरीजी के प्रेरक तत्व

गौरीजी नई युग-चेतना से संपृक्त राजनेता थे। देश की अनेकता में एकता वाली संस्कृति उन्हें बहुत भाती थी। धर्म उनको प्रेरणा देता था। उनके नेतृत्व में दो बार एक मंदिर की दीवार को लेकर संघर्ष चला। धार्मिक त्यौहारों पर उनका कौशल और बढ़ जाता था। बारी-बारी से वे शांति कमेटियों के अध्यक्ष रहे और दो समुदायों में तनाव[21] को घटाने में भूमिका निभाई। टी.वी.[22] वे कई बार इतने मनोयोग से देखते थे कि उनके आचार-व्यवहार में रामायण, महाभारत तथा समाचार बुलेटिनों के नायक-प्रतिनायकों की झलक आ जाती। शकुनि का चरित्र उन्हें प्रिय था तथा वे दो-एक बार भक्तों से इस विषय पर चर्चा कर चुके थे कि शकुनि में यदि भीम-सा बल, अर्जुन-सी धनुर्कला भी आ जाती तो चीफ मिनिस्टरों के लिए आदर्श सिद्ध होता। प्रदेश के मुख्यमंत्रियों की योग्यता पर उन्होंने ऐसे अनेक मौलिक शोध किए। उन्हें प्रेरणा तब[23] भी मिलती थी जब मंत्रिमंडल में फेरबदल होते, मुख्यमंत्री बदलते और तबादले होते। लाइसेंस कमीशन, जमानत, गिरफ्तारी आदि भी उनके प्रेरक तत्व रहे। आंदोलन छेड़ने से उन्हें शक्ति मिलती तथा सुस्त मौसम में वे नासाज रहने लगते थे। चंदे या नेता को तौलने के लिए सिक्के एकत्र करने का कार्य वे बहुत प्रसन्नता से करते। उनके जीवन का सूक्ष्मता से अध्ययन करने पर ज्ञात होता है कि इस्तीफे[24] और नए दल में प्रवेश की बेला भी उन्हें प्रेरणा देती थी। नए वाहन, नई झंडियाँ तथा नए ज्योतिषी उनकी प्रेरणा के स्रोत थे। वे प्रत्येक धार्मिक स्थल पर सिर नवाते किंतु तावीज वही पहनते थे, जो पहलवानी में उनके उस्ताद ने बाँधा था। वे शहर में गांव से, तथा गाँव में शहर से प्रेरणा आयात करते हुए इस महत्वपूर्ण स्थिति में पहुँचे थे कि सबकी आत्मा में बस गए।

## वस्त्राभूषण, पूर्वयोजना तथा मंडलीकरण : गौरी शैली

चुनाव प्रारंभ होना इस बात से इंगित होता है कि न समझ में आनेवाले पुनर्निर्माण से पूर्व महाप्रलयी स्थितियाँ दृष्टिगोचर होने लगती हैं,यह हम पूर्व में ही कह आए हैं। इन स्थितियों को भाँपने में गौरी पंडित का कोई मुकाबला नहीं। वे अपने तथा अपने भक्तों के नए वस्त्राभूषण तैयार करवाते हैं तथा घोषणाओं आदि से तुरंत समझ जाते हैं कि इस बार मुख्य मुद्दा[25] क्या होगा। चूंकि साल-भर वे विभिन्न (कथित) घोटालों में घिरे रहते हैं, तो उनका स्पष्टीकरण तथा उनके मुकाबले में

नए आरोप तैयार कराने में काफी समय लगाते हैं। नए सिरे से मतदाता सूचियों का निरीक्षण कर अपने संभावित प्रतिद्वंद्वियों के चरित्र का आकलन करते हैं। आम तौर पर यह चरित्र भ्रष्ट पाया जाता है। किसी की लड़की के नाम किसी के लड़के की लिखी चिट्ठी[26] बरामद होती है। किसी के खाते में जाली चैक जमा कराने या गबन के कांड हो जाने का मामला प्रकाश में आता है। ये चिट्ठियाँ स्थानीय समाचारपत्रों में आती हैं और प्रतिद्वंद्वी का चरित्र जनता के सामने उजागर हो जाता है। गौरीजी की पूर्वयोजना टिकिट बांटे जाने के समय से प्रारंभ होती है, जो विजय जुलूस पर जाकर खत्म होती है। शोधार्थी ने यह पाया कि मंडलीकरण[27] की उनकी विशेष शैली है। इसके तहत वे मतदान क्षेत्रों पर अपनी पकड़ मजबूत बनाते हैं और तत्पश्चात मंडल-मंडल घूमकर प्रचार करते हैं। सादा जीवन, उच्च विचार तथा कठिन परिश्रम उनके सूत्रवाक्य हैं। एक प्रत्याशी को उनके अभियान का सूक्ष्म अध्ययन करने से अपने क्षेत्र में अपार सफलता प्राप्त हुई। पूर्वयोजना में पार्टी चयन भी एक महत्वपूर्ण हिस्सा होता है। सभाओं, भाषणों पर हम अगले अध्याय में विचार करेंगे।

## गौरीजी के भाषणों का शिल्प-कौशल

गौरीजी यह भली भाँति जानते हैं कि भाषणों की भाषा ओजपूर्ण, भाव-भरी तथा प्रभावोत्पादक होनी चाहिए। हिंदी फिल्मों की, वी.सी.आर. पर, वे अच्छी खुराक भी इसके लिए आजकल ले लिया करते हैं।[28] पूर्व में वे कस्बे के थिएटर में देखकर अथवा डायलॉग कैसेट मंगाकर इसकी पूर्ति करते थे। भाषण का विषय तो प्रतिद्वंद्वी पर प्रहार ही रहता आया है। मगर प्रसंगों को जोशीला बनाने में वे विभिन्न युक्तियाँ काम में लाते हैं। मीठे शब्दों के साथ क्रोध का मिश्रण कर वे एक ही वक्त में वीरू, गब्बरसिंह और ठाकुर के संवादों का अद्‌भुत प्रभाव पैदा करते हैं।[29] पूर्व योजना तथा वस्त्राभूषण एंव मंडलीकरण द्वारा प्राप्त संदर्भों का उपयोग करने से उनके भाषणों के अंश सारगर्भित पाए गए हैं। विभिन्न रसों के प्रयोग से तथा शिल्प में विविधता प्रयुक्त करने से वे संग्रहणीय और अनुकरणीय बन गए हैं। ये भाषण न सिर्फ सभाओं में अपितु क्षेत्रीय समाचारपत्रों में भी सनसनीखेज शीर्षक से प्रकट होते थे, इससे उनकी छवि[30] निखरने में अच्छा योगदान मिला। विपक्षी उम्मीदवार के संबंध में तथ्य प्रस्तुत करने का उनका ढंग था, जिससे उनका पलड़ा भारी रहता। सभाओं में भीड़ जुटती तथा

सफल वक्ता की तरह वे छा जाते। पदयात्रा, भाषण और दौरे, गौरी पंडित की अनुपम शैली के प्रतीक हैं जिनका बिंब-विधान[31] अनूठा है।

## जहाँ संपत्ति, तहाँ विपत्ति निदाना

गौरी पंडित अपरिग्रही[32] थे और धन से उनका कुछ लेना-देना नहीं था। बस जो भी होता था, जनता की इच्छा से होता था। उनके मकान में संगमरमर लगा, जनता ने लगवाया। वे कार में भ्रमण करते थे, जनता का पैसा था। उनके पोस्टर छपते थे,जनता ही छापती थी। उनके अपने नाम पर कुछ नहीं था, जो था वो उन्होंने अपने भक्तों में बांट दिया था। जब गौरीजी चुनाव अभियान शुरू करते थे, तो ऊपरवाला सब इंतजाम कर देता था। पेट्रोल पम्पवाले पेट्रोल भरते, साड़ियोंवाले साड़ी भेजते, कलालीवाले पेय उपलब्ध कराते और जिनके पास धन होता, वे धन अर्पित करते। गौरीजी किसी को नहीं छूते थे, न किसी से कुछ कहते थे, सब स्वप्रेरणा से हो जाता था। कोई विपत्ति उन तक नहीं पहुंच पाई, क्योंकि उनके भक्त के अनुसार, "जहाँ संपत्ति, तहाँ विपत्ति निदाना"। ये भक्त ही उनकी असली संपत्ति[33] थे। चुनाव की पूर्वसंध्या में इनका उत्साह देखते ही बनता था। झुग्गी-झोपिड़यों और फुटपाथों पर ये वस्त्र, खाद्य, पेय आदि जमकर बांटते, मतदान हेतु कई वृद्धाओं के मौलिक अधिकार[34] के उपयोग में जी-जान से सहायता करते तथा लोक आकर्षण में अपनी भूमिका संपन्न करते। हथियारों में लाठी तथा तमंचे इन्हें प्रिय थे। मतदान केंद्रों के रक्षार्थ वे सर्वदा तत्पर रहते। मतदान दिवस पर गौरीजी अपनी गढ़ी में जा बैठते और भगवत-भजन में लीन हो जाते, शेष कार्य भक्तों का ही था। शाम होते न होते, भक्त आरती पूरी कर धन्यवाद ज्ञापन तथा हस्तकौशल का प्रदर्शन कर मतदान संपूर्ण होने की घोषणा कर देते।

## निष्कर्ष

पूरे शोध से यह निष्कर्ष प्राप्त होता है कि गौरी पंडित प्रत्येक दल की अनिवार्य आवश्यकता हैं। जनतंत्र के मूल स्तंभ न दल हैं, न हाईकमान बल्कि गौरीजी ही हैं। उनकी आदर्श चुनाव अभियान शैली से प्रत्येक चुनाव का एक ही परिणाम निकलता है- गौरीजी की भारी मतों से विजय। अतः प्रत्येक नागरिक को चाहिए

कि वह गौरीजी के जनतंत्र को पुख्ता करने के यज्ञ में अपनी आहुति दे तथा राजनीतिक दलों को चाहिए कि गौरीजी के आदर्श अभियान को अपने संविधान में स्थान देकर वास्तविक जनतंत्र स्थापित करने में अपना योगदान करें।

॥ इति शुभम् ॥

'इति शुभम्' पर ही पुस्तिका का मज़मून ख़त्म हो गया था। उस पर से प्रिंट लाइन ग़ायब थी तथा प्रजातंत्र की मुद्रित शब्द-शक्ति के साए में 'आज़ादलोक' नई 'अंगड़ाई' ले रहा था। यह पुस्तिका नहीं, चुनावी हवन की प्रथम आहुति का मंत्रोच्चार था। यह मलबे की गंध नहीं, राष्ट्रीय मतदान महायज्ञ की एक सौ आठ कुंडी यज्ञशालाओं का धुआँ था जो (राजकुमारी) ईमानदारी के आपातकाल, स्थगित तथा कुत्तागाड़ियों में सवार छिटपुट क्रांतियों तथा विज्ञापन खाकर मस्ती छाननेवालों के आकाश को पवित्र कर रहा था। मुझे यह मलबे की गंध लगी थी, तो शायद इसलिए कि मैंने एक चूहा मारा था। वो भी ऐसा, जिसके मारे जाने का किसी को न तो पता था, न शायद किसी को उससे कोई मतलब ही रह गया था। एकमात्र सच्चाई यह थी कि मुझे मलबे से भले ही गंध आती हो,राजा नया जनादेश चाहता था। देश जानता है कि उदासी, चिंता और विद्रोह-सबकी एक ही औषधि है-जनादेश।

अब मेरे पल्ले अख़बार के हाथ जोड़े हुए अंग-अंग के मुस्कुराते चित्रों से भरपूर इश्तहारों से अटे पड़े चुनाव परिशिष्ट थे या वही सड़क थी, जिस पर मेनहोल मुंह खोले, बड़ी शान से बज-बजा रहे थे।

तेज़ाब-भीगी हथेलियों में, मुट्ठी में बंधी तीलियों के भाग पकड़ने के पुराने आत्मानुभव की हूक ने मुझे अख़बार की डेस्क और 'फ़ील्ड' के बीच भिन्नाते हुए राष्ट्रीय महायज्ञ की समाचार-कथाओं के बीच ढकेल दिया। इन्हीं कथाओं में से एक वह भी थी....

## संदर्भ और टिप्पणियाँ

१. 'धर्म' का अर्थ है धारण करना (देखिए : हिंदी शब्द सागर, पृ. १८); धर्म का अर्थ कर्तव्य से भी लिया जाता है (देखिए : वही पृ. वही)। यदा-यदा ही धर्मस्य ग्लानिर्भवति भारत....(देखिए : वेदव्यास कृत महाभारत/श्रीकृष्ण उपदेश/भगवद्गीता/संदर्भ) इससे सिद्ध होता है कि भारत में धर्म की ग्लानि की प्रवृति नई नहीं है, पुरातन है। यहा धर्म के हौए से तात्पर्य उसी प्रकार के कर्म से लिया गया है, जैसा मनुस्मृति

पर उपलब्ध पं. शहाबुद्दीन की टीका में वर्णित है।

२. 'नाक़ाबिल' होना परिस्थिति के अनुरूप तय होता है (देखिए : मेरे अनुभव, जे. मिश्र पृ. ८; माई एक्सपरीमेंट्स विद ट्रुथ; कर्नल अंतुले, पृ. १)।

३. 'अख़बार' प्रजातंत्र का चौथा खंभा है। खंभे से फटकर नृसिंह निकले थे। इसी आशा में कि वे निकलकर किसी हिरण्यकश्यप को मारेंगे, अख़बार के कई संस्करण निकालने का प्रचलन है। सरकार और विपक्ष दोनों स्वयं को प्रह्लाद तथा एक-दूसरे को हिरण्यकश्यप जान, खंभे खड़े करते हैं (देखिए : जर्नलिज्म एंड जर्नलिस्ट, अकबर एंड अरुण, पृ. ३८)। कुछ अख़बार स्थानीय होते हैं जो सिर्फ विशेषांक निकालते हैं। विज्ञापन, लाइसेंस एंव अख़बार एक ही आत्मा के तीन पहलू हो सकते हैं (शोधकर्ता के अप्रकाशित लेख से)।

४. 'प्रेस विज्ञप्ति' एक अचूक अस्त्र है। सामान्यतया श्रद्धांजलि, विरोध, स्वागत, मनोनयन, चयन आदि में इसका उपयोग होता है। इसमें समय की बचत होती है, सभाएं नहीं करनी पड़तीं, प्रचार-प्रसार तुरंत होता है। उत्तम जनसेवी की परीक्षा उसकी वर्ष-भर में जारी विज्ञप्तियों से होती है (देखिए : शूतया सफलता पाएं, सेवकराम, एम.एल.ए. (रिटा.), पृ. ७)

५. 'महाप्रलय' आम तौर पर मनुस्मृति तथा जयशंकर प्रसाद कृत कामायनी में वूणत है। परंतु इसक विशिष्ट उदाहरण (स्व.) आर. नारायण लिखित जनतायन में प्राप्त होता है। प्रलय के अतिरिक्त 'तूफ़ान' भी एक घटना है, जो ऐसे समय में समाहित ही होती है। तूफ़ानी प्रक्रिया क्या है, यह सलीम ख़ान वूणत एक पटकथा से जाना जा सकता है।

६. मल्लयुद्ध में दो वीर अखाड़े में उतरकर तय कर लेते हैं कि किसकी जीत होगी। कु छ प्रदर्शन युद्ध भी होते हैं। इस तरह के आयोजन का फ़ायदा यह होता है कि समस्त फ़ौज को नहीं लड़ना पड़ता। इसलिए जो कुछ होता है वीर के नाम पर होता है। जो जीतता है, लोग उसकी तरफ़ हो जाते हैं। (देखिए : मॉर्डन एंड एंशियंट मल्लयुद्ध, पृ. ६, राम जी महाराज (रिटा. एम.पी.)। भारतवर्ष में चुनाव की मूल अवधारणा यही है। सामान्यत : वीरों के चित्र ही इसमें प्रमुख भूमिका निभाते हैं (दिखिए : उपर्युक्त, पृष्ठ वही)।

७. तलवार से फैसला राजा के जीते-जी हो तो संकट विकट हो जाता है। कुमारों का युद्ध पिताश्री का फंदा भी हो सकता है। (देखिए : न्याय-राज की उपलब्धियां, चौधरी डी.लाल, पृ. २५)।

८. 'जनता' लोकतंत्र की मूल है, यह अब्राहम लिंकन की परिभाषा से प्रकट होता है। किंतु उसकी शक्ति उसके नेताओं में निहित होती है। वह टी.वी. देखती है और फटे टाट पर सोती है। इस प्रकार जनता बहुत त्यागशील है (चुनाव और जनता को उपयोग करने के नुस्खे, पृ. १०)। जनता-साड़ी और जनता-पार्टी भी होती है। दोनों में यह समानता है कि सस्ती बनती हैं और कुछ ही समय में फट जाती हैं ताकि नई बन सकें। (मैमोरीज ऑफ १९७७, एम. देसाई, पृ. २८)।

९. उत्सवप्रियता भारतीयों का प्रमुख लक्षण है। यहां जन्म और मृत्यु दोनों समारोहपूर्वक मनाए जाते हैं। समारोहों पर सरकार से संबद्ध व्यक्तित्वों को विशेषाधिकार प्राप्त हैं। राजप्रमुख स्वयं अपने अवकाश, उत्सव की तरह मनाते हैं (पिक्चर्स ऑफ अंडमान एंड लक्षद्वीप, एक अनाम प्रत्यक्षदर्शी, पृ. १२)। 'अपना उत्सव' एक सांस्कृतिक समारोह है, जो परायों को दिखाने के लिए मनाया जाता है। चुनाव-उत्सव एक उच्च श्रेणी का उत्सव है, जिसकी तैयारियां छः माह पूर्व से ही होती हैं। (शोधकर्ता के अप्रकाशित लेख से)।

१०. सौदा एक कठिन कार्य है, तथापि चुनाव में यह खूब होता है। श्रेष्ठ सौदागर ज्यादा से ज्यादा लोग खरीद सकता है (मेरे विधायक, बी. लाल, पृ. १३१)। सौदों में विधायक बचाना कठिन काम है। (मुख्यमंत्री की डायरी, आर.हेगड़े, पृ. ९)

११. उन्नायक पहले स्वयं उन्नति करके फिर राष्ट्र की प्रगति में अपना अमूल्य योगदान करते हैं। नीचे के स्तर पर और ऊपर के स्तर पर उन्नायकों की अलग-अलग श्रेणियां हैं। ऊपर के स्तर पर कुछ लोग पं. नेहरू को उन्नायक मानते हैं। यह स्थिति सरकार बदलते ही बदल जाती है। प्रत्येक सरकार के उन्नायक अलग-अलग होते हैं, परंतु 'ग्रासरूट लेवल' पर उन्नायक की एक ही श्रेणी होती है। यह श्रेणी कोयला खदान (धनबाद) से लगाकर बीहड़ों (चंबल) तक पाई जाती है (देखिए : देशी राजनीति का भौगोलिक अध्ययन, डॉ. एस. देवसिंह धनबादवाले, पृ. ३१)।

१२. सेवा शब्द से फलित प्राप्त होता है, मेवा (देखिए : मुहावरे व लोकोक्तियां)। मूलतः सेवा अपने आराध्य की जाती है। इसके कई प्रकार हैं जिनमें पक्ष में बयान जारी करना, विरोधियों के गुप्त संबंधों का पर्दाफाश करना, गुप्त संबंध यदि न हो तो स्थापित करना, तत्पश्चात भंडाफोड़ करना, यज्ञ-तंत्रादि की व्यवस्था करना, शपथपूर्वक मृत्युपर्यंत सेवा का वचन दोहराना आदि (देखें : राजनीति के गुह्य सूत्र, एस. स्वामी, पृ. ७)। वचन स्थायी नहीं होते (देखिए : जनतायन, 'अच्छे सेवक के कर्तव्य एवं अधिकार' अध्याय, (स्व.) आर. नारायण, पृ. ८)।

१३. जेल जाना और छूटना महत्वपूर्ण घटना है। इससे व्यक्तित्व में क्रांति आती है। जेल जाने का कारण चाहे जो रहा हो (देखिए : सत्यकथाएं, एच. मस्तान, पृ. ९)।

१४. अविवाहित रहने से तात्पर्य स्कैंडल-विहीन रहना नहीं है। यह एक सुखद स्थिति है जिसमें पुत्रवधू की हत्या-आत्महत्या जैसे झंझट नहीं खड़े होते (देखिए : सुरक्षित कैरियर के सूत्र, अज्ञात, पृ. १६)

१५. इश्तहार की संख्या ही प्रत्येक नेता की संपत्ति तथा निष्ठा का पैमाना है (एक लोकोक्ति)

१६. उद्घाटन-विहीन जीवन बगैर पूंछ के पशु या राजनीति-विहीन नेता के समान है (उद्घाटन कला, एक अनुभवी, पृ. ८)

१७. पालना विशिष्ट व्यक्तियों द्वारा ही संभव है, चाहे श्वान हो या लठैत (सत्य की खोज, बिहारीदास, पृ. ३)

१८. कर्म और खेल, एक ही सिक्के के दो पहलू हैं। भाग्य इन पर निर्भर करता है। यदि

कोई व्यक्ति अपनी दैहिक क्षमता तथा मानसिक स्थिति का खेल न खेले, तो उसकी पराजय निश्चित है। गौरीजी प्रारंभ से ही अखाड़े गए और पढ़े-लिखे सहयोगियों को साथ रखा, इससे जो कर्मयोग प्राप्त हुआ वही सभाओं और मतदान केन्द्रों पर काम आया (श्री गौरी पंडित अभिनंदन ग्रंथ से)

१९. अखबार वह छापते थे, जो गौरीजी सप्लाई करते थे। इसकी पुष्टि शोधकर्ता ने स्थानीय पत्रकारों से की। उनका कहना था कि वे जो स्टोरी देते हैं, उनकी पुष्टि के लिए समस्त सबूत भी बनवाकर सप्लाई करते हैं। तथ्यपूर्ण और खोजपरक समाचार-कथा की मांग देखते हुए उनकी यह सेवा पत्रकारिता में स्मरणीय योगदान है। खोज-दर-खोज नामक साप्ताहिक के अंक-८३ के अनुसार किसी के पक्ष में या विरोध में समाचार-कथा बनाना बहुत श्रमसाध्य और विशिष्ट कला है। ऐसे पत्रकार बिरले ही होते हैं। कोऑपरेटिव सोसायटी के रजिस्टर से लगाकर चंदे की रसीदों तक पर उन्हें मेहनत करनी होती है। उचित ब्लॉक बनाने पड़ते हैं, गवाह पैदा करने होते हैं, तब जाकर कहीं एक स्टोरी बनती है। पत्रकारिता की भाषा में इस कला को कथा बोना या स्टोरी प्लांट करना कहते हैं। बाद में इससे कई फल प्राप्त होते हैं।

२०. भ्रांतिमान अलंकार की पुष्टि भी इससे होती है-सारी बिच नारी है कि नारी बिच सारी है। सारी की ही नारी है कि नारी की ही सारी है। यहां, जहां सारी है वहां चुनाव तथा जहां नारी है वहां गौरी पंडित समझना चाहिए। (श्री गौरी पंडित अभिनंदन ग्रंथ के 'अवतार पुरुष' अध्याय से)

२१. तनाव घटाने के लिए पहले तनाव उत्पन्न करना जरूरी होता है। कुछ तनाव एक पक्ष के लिए फायदेमंद तथा शेष तनावग्रस्त दो पक्षों के लिए हानिकारक हो सकते हैं, किन्तु राजनीति तो लाभ का ही व्यवसाय है। अच्छा राजनीतिज्ञ तनाव को बराबर रखने में सफलता प्राप्त करता है (द अयोध्या मिरेकल, 'भूमिका' एक अनुभवी)

२२. टेलीविजन पर दो ही दैनिक कार्यक्रम होते हैं, तथा दोनों ही सर्वाधिक लोकप्रिय हैं, पहला 'समाचार बुलेटिन' तथा दूसरा 'न्यूज बुलेटिन'। लोकप्रियता के तीसरे क्रम में महाभारत धारावाहिक आता है जिसे साप्ताहिक कार्यक्रम के रूप में देखा जाता है। इन कार्यक्रमों की साझी विशेषता संघर्ष, देशद्रोह, घात-प्रतिघात, ओज आदि गुणों का बखान है (सर्वेक्षण ८९, भारत सरकार, पृ. ७)।

२३. प्रेरणा हमेशा अंग्रेजों से प्राप्त होती है। अधिकारी या पार्टी लीडर जो खाता है कर्मचारी को भी अपने स्तर पर (कार्यकर्ता सहित) खाना चाहिए। नेता की छवि. कार्यकर्ताओं की छवि है। नेता का स्थायित्व, कार्यकर्ताओं का स्थायित्व है, अतः सच्चा आदमी चरित्र भी नेता के पास रखकर आता है (कमीशन कैसे खाएं?, एक अनुभवी, पृ. १)

२४. इस्तीफे जो मांगते हैं, वही देते हैं। जो आदमी मांगे जाने पर इस्तीफा दे दे वह कायर है। कुर्सी बैठने के लिए बनी है, उसे किसी भी हाल में इस्तीफे से छोड़ना नहीं चाहिए। शास्त्री जी ने इस्तीफा दिया, क्योंकि कुर्सी पर उन जैसे व्यक्ति से काम नहीं चल सकता था। आजकल कुछ लोग इस्तीफे का इंतजार करते हैं, इस्तीफों से बन जाते हैं और इस्तीफों से ही डूब सकते हैं। इस्तीफों से आदमी पवित्र बन

सकता है, यह गैरसरकारी झूठ है (वी.पी., करप्शन एंड माई फुट, एक सच्चा कांग्रेसी, पृ. १०)।

२५. 'मुद्दा' एक अमूर्त भाव है और रूप बदल लेने वाली जिन्स भी। इसका उठना ही पर्याप्त होता है। उसे हल करने की नहीं उछलने-भर की जरूरत होती है (देखिए: हाऊ टू फाइट करप्शन (स्व.) आई. गांधी, पृ. ९)। कभी-कभी मुद्दों में आदमी बन जाता है, मगर आगे उसे ऐसे मुद्दों से ही हटाया जा सकता है। अतः जरा-सी ढील से पैरों तले जमीन खिसक जाती है (मिस्टर क्लीन, आर. गांधी, पृ. १०८)

२६. चिट्ठी से चरित्र बताना पुरानी परंपरा है। जब कुछ न कर सकें, तो भी चिट्ठी काम आती है। कुछ चिट्ठी लिखते ही इसलिए हैं कि वह उजागर हो सके। कुछ चिट्ठियां लीक होती हैं और कुछ लीक करवाई जाती हैं। चिट्ठी बुढ़ापे का बड़ा सहारा है (कुछ यादें, कुछ बातें, पं. के.पी. त्रिपाठी, पृ. ९)। कुछ चिट्ठियां बहुत दुख देती हैं (खत, जो न लिखे, वी. सिंह)। एच. मस्तान लिखित इलाहाबाद स्टोरी एवं एच. गौडा रचित आत्मा की आवाज में भी चिट्ठियों के क्लासिक उदाहरण प्राप्त होते हैं।

२७. मंडलीकरण राजनीति में सांगठनिक सफलता हेतु किया जाता है। जेल जाना या पार्टी नेतृत्व के लिए जान तक देने वाले श्रेष्ठ मांडलिक दुर्लभ हैं। कोयला खदान या वन क्षेत्रों में अभी भी यह प्रजाति पर्याप्त है और अन्य क्षेत्रों में उसका विकास हो रहा है (देशी राजनीति का भौगोलिक अध्ययन, डॉ. एस. देवसिंह, धनबादवाले, पृ. ३)

२८. हिंदी फिल्में युगदृष्टा हैं। एक 'कुली' किस प्रकार 'शहंशाह' बनकर इंसाफ कर सकता है, एक चोर किस प्रकार पुलिस की खटिया खड़ी कर सकता है, अमीर लड़की का अपहरणकर प्रेमिका बनने पर कैसे मजबूर किया जाता है, लाइसेंस आदि के बिना हथियार तथा गरीबी के बावजूद कार कैसे चलाए जा सकते हैं.... आदि सात समंदर पार के करिश्मों में पारंगत होने के लिए इन्हें देखना बहुत आवश्यक है। राजनीति से निष्कासित, लोग इसलिए होते हैं कि उनके चरित्र पर उंगली उठाई जाती है किंतु फिल्मों में चरित्र पर उंगली उठाने की क्षमता के बिना जीना धिक्कार है। (सुपरस्टार का आत्मकथ्य, मूल लेखक अज्ञात-एक वरिष्ठ पत्रकार, पृ. ६)

२९. संवाद सलीम-जावेद और कादर खान अच्छे लिखते हैं। वर्तमान समय में उनकी लेखनी से निकले शब्द जन-जन की पुकार हैं। अंग्रेजी साहित्य के अध्ययन से इनके स्वरूप को और चमकाया जा सकता है ('पामेला' मुहावरे के नाना प्रयोग, प्रो. क. तिवारी, पृ. ६)। श्रीनांथ कल्पराय कृत जोर सो बोलो, जो भी बोलो नामक किताब में भी संवादों के अद्भुत उदाहरण उपलब्ध हैं। राष्ट्रीय पर्वों के अवसर पर दिए गए भाषणों में भी इस विषय-शिल्प का प्रयोग देखा गया है।

३०. छवि वही, जो दूरदर्शन बनाए (एक लोकोक्ति)। कभी-कभी अच्छी छवि भी दुश्मन हो जाती है। पहले वह काम आती है, फिर लोग उसे अपने काम में लेने लगते हैं, अंत में उस छवि को धो-कूटकर ऐसा बना देने की कोशिश करते हैं कि छवि बनाने वाले को छठी का दूध याद आ जाए (चंद्रशेखर : माई ओल्ड फ्रेंड, वी. सिंह, पृ. २)

३१. बिंब-विधान का आचार्यों ने बड़ा महत्व बताया है। संसद की कार्रवाई के दौरान भी भाषा

में इसकी उपयोगिता के विविध प्रभावोत्पादक उदाहरण देखे जा सकते हैं।

३२. अपरिग्रह का अर्थ है संचय करने की प्रवृत्ति न रखना। मैंने कभी संचय नहीं किया, यहां तक कि सत्ता भी अपने पास न रखी, बेटों को बांट दी। खेत, मकान वगैरह से जो आता है, वह सेवा के लिए ऊर्जा पाने में ही जाता है (सुबह की सैर के लाभ, चौधरी डी.लाल. पृ. ३)। कुटिया में रहने का सुख, स्टूडियो में अनुपम है। (अध्यात्म: मेरा प्रथम प्रेम, एन.टी. आर.राव, पृ. १०)

३३. संपत्ति क्या है? विपक्षियों के लिए हल्ला मचाने का साधन और अफवाहें फैलाने का माध्यम है। यदि एक पायलट अपने यहां इटली का संगमरमर लगा सके, तो इसका मतलब, समझ न आने जैसी बात क्यों हो? इतना वेतन तो देश में पायलटों को मिलता ही है कि वे 'स्विमिंग पूल' भी मेंटेन कर सकें (प्रतिपक्ष : एक भ्रमित संस्था, स. शर्मा, पृ. ९)

३४. मौलिक अधिकार उपयोग करने के लिए सहायता की जरूरत होती है। राजनेता, जनता को इसमें सहायता पहुंचाते हैं, ताकि चुनाव जीत सकें। बाद में वे अपने मौलिक अधिकार का उपयोग करते हैं। नेता तथा जनता के मौलिक अधिकार अलग-अलग होते हैं। इनके विस्तृत उल्लेख पढ़ें-कांग्रेसी राज की उपलब्धियां (एक पूर्व कांग्रेसी), जनतायन (आर. नारायण), राजनीतिक धर्म (बी. ठाकरे), सुबह का भूला (वी. शुक्ल), चुप है चिड़िया (जी मेनका) आदि पुस्तकों में।

## दुःस्वप्न / आठ

मतदान का राष्ट्रीय महायज्ञ : एक झलक राजमार्ग पर दौड़ती वही असली हीरो वाली!

# अंतिम संक्षेप

वह कथा ऐसी थी, या कहें वैसी ही थी।
मैंने उसे आज के अखबार में देने का फैसला किया था।

एक प्रदर्शित किए जाने योग्य 'सात्विक-आलस्य' के बावजूद, कहीं-न-कहीं प्रजातंत्र के प्रति दो-चार वक्तव्य दे देने की जो ऊर्जा बची रहती है, उसे सिर्फ एक कार्टूनिस्ट के हवाले कर देने के बजाय, मैंने यह 'सात्विक कसम' खाना बेहतर समझा कि अब अपने सामने पूरी तरह वह चिट्ठा खोल लूँ। राष्ट्रीय मतदान महायज्ञ की कई चवन्नी-छाप झलकों में वह झलक एक ही थी।

यह समाचार-कथा मुर्गी के काँपने से शुरू होती है।

वह पोलिंग-बूथ में घुस गई थी और उसके पैरों तले मतपत्रों का ढेर था। सामने एक डिब्बा रखा था। एक सुदर्शन युवक कुछ ऐसा काम कर रहा था जिससे उसे संतोष होता होगा। मुर्गी, अपनी जिंदगी में यदा-कदा थिएटर के मूँगफली-क्लास में घुसती रही थी और प्रेम चोपड़ा या डैनी किसी लड़की के साथ अपना रोल निभाते समय जैसे संतुष्ट दिखाई देते थे, वैसे ही भाव युवक के चेहरे पर था। मुर्गी सोचती थी कि अब हीरो आएगा और सीन पूरा हो जाएगा। हीरो-जैसा एक पुलिसवाला अंदर आया। मगर, मुर्गी ने देखा कि फिल्म जैसा यहाँ कुछ नहीं हुआ। 'प्रेम चोपड़ा' और 'पुलिसवाला' दोनों एक ही काम करने लगे। मुर्गी को 'शॉक' लगा। वह काँपने लगी। उन दोनो के हाथ में रखे मतपत्र

अब खत्म हो गए, तो पुलिसवाले की निगाह मुर्गी की टाँगों तले, बचे मतपत्रों पर गई। मुर्गी की स्थिति फिल्मवाली लड़की-सी हो गई। मगर पुलिसवाले की 'लड़कियाँ', मुर्गी की टाँगों के नीचे बिखरी पड़ी थीं। पुलिसवाले ने नेत्रों की सरकारी मिचमिचाहट दी और मुर्गी से पूछा-

"कौन से वार्ड से ?"

मुर्गी चुप।

"अरे, मतदाता सूची में नाम है कि नहीं?"

मुर्गी फिर खामोश।

"देख, तेरे हिस्से की मुहर लग गई। तू चिंता मत कर, घर जा। आराम से अंडे दे। तेरा नेता चुन लिया गया है।"

इतने स्पष्ट आश्वासन के बाद भी, जब मुर्गी में चेतना का संचार नहीं हुआ, तो 'मुख्य' युवक को लगा कि किसी भले घर की मुर्गी है। उसे मतपत्रों से कुछ विशेष लेना-देना नहीं है। सिर्फ जिज्ञासावश बूथ में घुस आई होगी। अब, शर्म से गड़ी जा रही है। वह ऐसी शर्म देखने का काफी अनुभवी था।

जैसे, उसे साबुत छोड़ रहा हो, वैसे दया-भाव के साथ उसने हस्तक्षेप किया।

"यह बूथ भी वैसा ही है, जैसे और बूथ हैं। सब जगह यही हो रहा है। नेता चुना जा रहा है। इसमें कोई विशेष बात नहीं। तू, क्यों इधर-उधर अकेली भटक रही है। क्या तुझे अपने मुर्गे का विधुर होना अभीष्ट है?"

मुर्गे का उल्लेख आते ही, मुर्गी की जुबान खुली। उसने कहा-"मुहल्लों में मारा-मारी मची हुई है। वोट-वोट की चीख-पुकार है। हमारा दड़बा टूट गया। अफरा-तफरी में पता नहीं 'वे' कहाँ खो गए। मैंने सोचा ईमानदार हैं, कहीं बूथ की लाइन में न लग गए हों!"

"लाइन हो तो लगे उसमें। रे मुर्गी! तेरा मालिक कौन है? जो, यह जानकर भी कि आज की तारीख में यही लिखा है, तुम्हें पहले ही समाप्त न कर गया?"

"मेहमसिंह.... मेरा मालिक मेहमसिंह।"

"मेहमसिंह की मुर्गी है।" पुलिसवाले ने मुस्कान फेंकी। वह बरसों से 'मेहमसिंह' की मुर्गियाँ चटखारता आ रहा था। यह मुर्गी उसे अछूती लगी। मेहमसिंह-जैसों के साथ यह खराबी होती है कि, वे हरियाणा में रहें या बिहार में, सिर फुटाने के लिए आगे हो जाते हैं। पुलिसवालों और उनके साथी-संगातियों के साथ यह खूबी होती है कि हरियाणा में हो या बिहार में, मेहमसिंह-जैसों को

समान वेग, वज़न तथा वांछा के साथ लाठी के संरक्षण में ले आते हैं।

" मेहमसिंह कहाँ गया था, जब मोहल्ले में मारा-मारी मची?" युवक ने मुर्गी से सवाल किया।

"वोट डालने जा रहा होगा," जवाब पुलिसवाले ने दिया।

"नहीं, वो सोच रहे थे, वोट किसे दें?" मुर्गी आपत्तियाई।

"यही गलती हो गई। वोट से समझ का क्या रिश्ता?" पुलिसवाले का खयाल था कि इस तरह की फिजूल खयाली में ही मेहमसिंह-जैसे मारे जाते हैं। यह क्या कम है कि राजाजी ने नए संशोधनों से मुर्गे-मुर्गियों तक को वोट के हक दिलवा दिए। जब कह दिया था कि तुम्हारे वोट डल जाएंगे, तुम्हें तकलीफ उठाने की कतई जरूरत नहीं। मगर पत्थर फेंका और नीचे सिर रखकर शान से खड़े हो गए। अब भुगतिए संविधान के मौलिक अधिकार और चुकाइए नीति निर्देशक तत्वों को कर्तव्य के सूद समेत।

मेहमसिंह की मुर्गी का एक पंजा, 'पंजे' पर था और दूसरा 'चक्र' पर। अगर रेखागणितीय पैमाने जारी करके हिसाब लगाएँ तो चोंच 'शेर' पर जाती थी और पिछला हिस्सा 'उगते सूरज' पर । बाकी जिस्म पर तीर-तलवार, फूल-पत्ती वगैरह 'कवर' कर सकते थे। अगर कवर के ही संदर्भ में सोचा जाए, तो एक मतपत्र में पूरी मुर्गी लपेटकर ले जाई जा सकती थी।

मुहर लगाने को उत्सुक नौजवान दुविधा में पड़ गया। मतपत्र पर अपने प्रिय चिह्न को मुहर लगाकर डिब्बे में डाले या उसमें मुर्गी लपेटकर साथ ले जाए? प्रिय उम्मीदवार का एक वोट कम करें या मेहमसिंह की मुर्गी? उसने मुर्गी से पूछा, "ईमानदारी से बोल। अगर तुझे वोट देना होता तो किसको देती?"

मुर्गी ने हिम्मत की, "मतदान तो गुप्त होता है। चाहे जिसे देती। जीतनेवाला मेरे ही वोट से जीतता। मगर, ये थोड़े ही बताया जाता है कि किस पर मुहर लगाई।"

"तू भोली है," नौजवान ने सार्टिफिकेट दिया।

इस पारितोषिक वितरण समारोह का मुख्य अतिथि पुलिसवाला था, लिहाजा ताली के अंदाज में तसदीक करते हुए उसने कैमरांकित होने लायक मुद्रा में कहा, "सचमुच बहुत भोली है।" फिर दोनों हँसे, "तू इतनी साफ बात कर रही है, तेरा कोई ताऊ या पोता है कि नहीं? बात के हिसाब से तो होना चाहिए।"

मुर्गी ने कहा, "हम मुर्गे-मुर्गियों का क्या ताऊ और क्या पोता? ये सारे लफड़े तो पॉलिटिक्स में चलते होंगे।"

"ये पॉलिटिक्स शब्द कहाँ सीख आई?"

"हमारे मेहमसिंह हैं न, वो जब भी पिटकर घर आते हैं- यही कहते हैं- पॉलिटिक्स हो गई। बस इसी से...."

"और कुछ जानती है उसके बारे में?"

"....."मुर्गी ने 'न' में गर्दन हिला दी। फिर एकाएक बड़बड़ाई, "मैं एक दफे राजधानी जानेवाली सड़क की तरफ चुग्गा-परिक्रमा के लिए निकल गई थी, तो मेरे 'उन्होंने' खूब डाँटा था। कहा था- पता नहीं चलेगा और 'पॉलिटिक्स' हो जायेगी। कहीं ताऊ के बंगले में पकती दिखेगी। इस बार तो ईश्वर ने बचाया। अब कभी उस रूट की तरफ रुख मत करना। फिर यह भी कहा- इधर मिनिस्टरों के चिरंजीवी होटल-होटल घूमते हैं। छेड़ेंगे। तुझे कुछ हो गया तो मैं क्या करूँगा? यहाँ मुर्गे-मुर्गियों के बीच भली.... मिनिस्टर वालों का खतरा तो नहीं हैं।"

पुलिसवाला हँसा, नौजवान चहका, "मैं छेडूँगा।"

फिर, मुर्गी काँपने लगी, "तो, तुम मिनिस्टरवाले हो?"

"नहीं, मिनिस्टरवाले को बनानेवाले हैं। ये बना रहे हैं।" नौजवान ने मुहर बताई, जैसे 'विजयी विश्व तिरंगा' गा रहा हो। मुर्गी की घिग्घी बँधना ही थी, बँध गई। जैसा कि हीरोइन का एक स्थायी संवाद होता है, घिग्घी बँधने से पहले, एकमात्र चीख, मुर्गी ने अपने मुर्गे को पुकारते हुए मारी।

पूरा पोलिंग-बूथ मुर्गी की दशा से द्रवित हो उठा। फिल्मों में ऐसा होता है कि सीन तो इतना ही हृदयद्रावक होता है, मगर दर्शक 'पुलिसवाले' या 'नौजवान' की भावना से एकाकार हो जाते हैं। यहाँ इसका उलटा हुआ। बूथ के पर्दे-दीवार, नायिका मुर्गी की भावनाओं से एकाकार हो रहे थे। क्योंकि वे सिने-दर्शक नहीं थे, जो हीरो के आने पर पाला-बदल कर लेते।

यहाँ विलेन ही होरो थे और पोलिंग-बूथ की यही त्रासदी थी।

नौजवान ने हाथ छोड़ दिया, मुर्गी दम लगाकर उछली।

'कूँ' -'कूँ' की मद्धिम ध्वनि भी जान बचाने के अंतिम प्रयत्न में करती हुई फड़फड़ाकर भागने-बचने लगी। उसकी पड़फड़ाहट के झोंकों से मतपत्र उड़ने लगे।

पुलिसवाले को लगा, यह हंड्रेड परसेंट बूथ छापने का रेकार्ड नहीं बनने देगी। उसने मेहमसिंह को ऐसी बदजात मुर्गियाँ, जिन्हें पोलिंग-बूथ में अवारागर्दी की कुटेव पड़ गई हो, पालने के लिए परंपरागत गाली जड़ी और अगले ही पल

उसके अनुभवी हाथों में मुर्गी की गर्दन थी।

गर्दन मरोड़ने के लिए होती है, मरोड़ दी गई। 'गर्दन-मरोड़ी-मुर्गी' की निश्चल देह मतपत्रों के 'बैकग्राउंड' में सरकारी कर्जे से बनी किसी आर्ट फिल्म का अद्‌भुत 'सीन' पेश कर रही थी। 'पंजे', 'चक्र', 'कमल' से लगाकर 'उगते सूरज' तक खून के छींटे चमक रहे थे।

'शॉट ओ.के.' का संतोष नौजवान के चेहरे पर फैल गया। मुर्गी को उसने एक मतपत्र में लपेटा, शेष मतपत्रों पर मुहर लगाकर डिब्बे को प्यार किया, मतपत्र में लपेटी मुर्गी बगल में दबाने से पहले उस पर भी एक 'मुहर' ठोंकी और दोनों उठ खड़े हुए।

उस दिन, दस्तावेज बताते हैं, इलाके के हर पोलिंग-बूथ से मेहमसिंह की मतपत्र में लिपटी मुर्गी, बिल्कुल बगल में दबी हुई, सद्‌गति को प्राप्त हुई। बाद में, जीत की खुशी में ये मुर्गियाँ खाने में बदल गईं। आँकड़े बताते हैं कि हर बूथ पर ९९ प्रतिशत मतदान हुआ। यह जो एक प्रतिशत प्रति बूथ का घाटा था, वह मुर्गी लपेटने में गए मतपत्रों की वजह से हुआ था।

जहाँ जीत का खाना चल रहा था, उसके बाहर मुर्गियों पर से जो मतपत्र हटाकर फेंके गए थे, वहाँ मेहमसिंह खड़ा उन मुर्गी-कफनों को इकट्ठा कर रहा था। उसने उन्हें इकट्‌ठा करके दोनो हाथों में पर्वत की तरह उठाया और राजधानी मार्ग की ओर दौड़ लगा दी, जहाँ सात्विक कसमों का एक अजायबघर है, जिसमें टिकट लेकर लोग छुट्टी का मजा लेने कभी-कभार इकट्ठे होते रहते हैं। वह चीख रहा था-

"जीत गया भई जीत गया.... मेहमसिंह जीत गया...."

"जिंदाबाद-जिंदाबाद.... मेहमसिंह जिंदाबाद...."

शायद यही वक्त रहा होगा, जब पहले पेज पर एक रोचक 'अंतिम संक्षेप' घिसकर कंपोज में डाला गया-

"न्यूयॉर्क में सर्वाधिक अंडों का इस्तेमाल। विश्व का सबसे बड़ा केक बनाया गया। उल्लेखनीय है कि ये अंडे एक प्रवासी भारतीय के पोल्ट्री फॉर्म पर उत्पादित किए गए थे। केक का टुकड़ा खाते हुए उक्त भारतीय ने कहा कि भारत में चुनाव के नतीजे आने पर वह इस विश्वविख्यात हो चुके पोल्ट्री फॉर्म की चुनी हुई मुर्गियाँ नई सरकार के सदस्यों को भेजेगा ताकि वे उनके अंडों से विजय का केक बना सकें।"

राजमार्ग की तरफ 'असली हीरो', जिसने अब जाकर अपनी एंट्री ली थी,

हाथों में मुर्गी कफन उठाए भाग रहा था।

''मेहमसिंह जिंदाबाद।''

मैंने यह खबर फाइल करने का फैसला किया। मगर जब मैं दफ्तर से बाहर हुआ तो एक समाचार-कथा, जो एडीटर के हिसाब से किसी का दो रुपए का पर्स मारने से ज्यादा महत्व की नहीं थी, अनछपी मेरे बाएँ जेब में दिल के ऊपर खुँसी हुई थी। एडिटर ने मुझे घूर कर देखा और बाहर का रास्ता दिखा दिया। पूरा दफ्तर सूबाई मंत्रिमंडलों के सदस्यों की जीवनियाँ तैयार करने में भिड़ गया था।

मैंने सोचा, मेरे शहर से राजधानी तक दौड़ते हुए जाने में मेरे हीरो को जितना वक्त लग सकता है उतने में तो ये देश कितने ही नए सूबाई मंत्रिमंडलों को शपथ दिला चुके होंगे।

कहते तो हैं कि राजमार्गों पर मेनहोल या तो नहीं होते या खुले नहीं होते। पर मुझे भरोसा नहीं है। पर मुझे यह भी भरोसा नहीं हो राह था कि असली हीरो उर्फ मेहमसिंह की यह एंट्री, स्याह रातों में कुछ किए बिना ही गुम हो जाएगी। ऐसी रात, जो पहले पेज का लतीफेनुमा अंतिम संक्षेप नहीं होती।

## दुःस्वप्न / नौ

...तो, रात हुई सरकार की!

# खिरती हुई आँख

मुख्यमंत्री अचानक चीखकर उठ बैठा। वो घोर अमावस की बीतने जा रही रात थी। पसीने में नहाया चेहरा लिए, वह अपने बिस्तर से उठा और आईने तक कदम-कदम चलकर आया।

अँगुलियों से छूकर उसने यह महसूस करने में ही काफी वक्त लिया कि, आईना साबुत है। धीरे-धीरे, एक-एक करके चेक करने की कोशिश की कि हाथ, सीना, आँख, पैर अपनी-अपनी जगह बचे हुए हैं। हालांकि वह अपनी आँखों में आँखें डालकर नहीं देख सका, मगर उन्हें बची-बची नजर से देखने में वह कामयाब हो गया।

जिस तरह वह चीखा था, राजकर्मचारी, सेवक, प्रहरी उस किस्म की चीख के अभ्यस्त नहीं थे। इस किस्म की चीखें शहर में, गली में या राजमहल के बाहर हो सकती थीं। इसलिए मुख्यमंत्री की इस चीख को अपना भ्रम मानकर, महल में कोई हरकत नहीं हुई।

यह महसूस कर चुकने के बाद मुख्यमंत्री को तसल्ली हुई कि उसकी इस किस्म की चीख दर्ज नहीं की गई है। वरना, एक बेहद घटिया संदर्भ में उलझाकर, शर्म उसे जकड़ सकती थी। शर्म से बचने की खुशी में उसने एक गहरी सांस ली और आईने से पलटकर फिर बिस्तर पर चला आया।

बिस्तर का एक कोना था और कोने पर सिकुड़ा हुआ मुख्यमंत्री। जैसे कि

फिल्मों में याद के लिए नीले-काले निगेटिव-सीन, चीख-पुकार के साथ क्षण-भर के लिए बनाए जाते हैं और संबंधित पात्र पीड़ा-भाव से पागल दिखाई देता है, वैसे ही मुख्यमंत्री की आँखों के पीछे रह-रहकर वह दृश्य 'नीला-काला निगेटिवनुमा' कौंधता था और वह उसे जज्ब करता जाता था।

जब जज्ब करने की क्षमता एक बारगी खत्म हो गई, तो फिर उसकी चीख निकल गई। मगर, इस बार उसकी चीख अनुत्तरित नहीं रही।

फोन पर जनतंत्रीय कार्यमंत्री दस्तक दे रहा था। अपने गुस्से की तमाम सीमाओं को ध्वस्त करते हुए, एक अच्छे प्रशासक की भांति उसने मंत्री का निवेदन सुना।

दूसरी ओर से आ रही आवाज पर पहले उसे शक हुआ था- बिलकुल उसी की आवाज लगती थी। इस अजूबे से, पलंग का वह कोना और सिकुड़ा-सिकुड़ा लगने लगा था। मगर, अपने प्रशासकीय अनुभव की घुट्टी के सहारे उसने जल्दी ही अगली आवाज पर अपना रौब कायम कर लिया।

मिमियाता हुआ मंत्री तुरंत मुख्यमंत्री से मिलना चाहता था। वजह...? पूछते ही उसका स्वर हकलाने की स्थिति में चला जाता था। जब दो बार ऐसा हो गया, तो मुख्यमंत्री पलंग से उठ खड़ा हुआ। काँपती टांगों से छूटते हुए काबू के साथ उसे ढाई अक्षर ही सुनाई दिए-"ख.वा... ब..."। अपनी सारी शक्ति एकत्र करते हुए, चोगे पर चिल्लाया-"चले आओ...।"

मुख्यमंत्री को अपनी परछाई एक मरगिल्ले जानवर की-सी दिखाई दे रही थी, जो रह-रहकर सिहर उठती थी। उसे लगा कि, अब अगर वह बिस्तर पर बैठता है, तो परछाई भी उसके साथ बैठ जाएगी। खड़े रहने में फर्श की दूरी ज्यादा सुविधाजनक थी और बैठने में चादर की करीबी खौफनाक। अगर वह, जहाँ और जैसे खड़ा था, उसकी दिशा में टांगें बढ़ाते हुए परछाई से छूटना चाहे, तो अंत में, सामने आईना आ जाएगा। जाहिर है, आईने से रू-ब-रू होने की गलती वह दुहराने की स्थिति में कतई नहीं था।

उसने इरादा किया कि वह रौशनी की तरफ चेहरा करके फर्श पर ही बैठ जाए। इससे आईना दूर रह जाएगा और परछाईं के साथ चलने का खतरा भी टल जाएगा। धीरे-धीरे पैरों को मोड़ते हुए उसने फर्श पकड़ा और बैठने में कामयाबी हासिल कर ली।

जब जनतंत्रीय कार्यमंत्री कमरे में दाखिल हुआ तब मुख्यमंत्री घुटने मोड़े, एक संत-चिंतक की मुद्रा में फर्श पर बैठा हुआ था। मरगिल्ले जानवर

की शक्लवाली परछाई के प्रभाव से उसने उबरने की जो कोशिश शुरू की थी, उसका नतीजा देनेवाला साहसिक अंत मातहत के अंदर आने के बाद हो गया।

मंत्री का चेहरा रिरिया रहा था। आँखें सुर्ख हो रही थीं। जिस्म तप और काँप रहा था। हर बार वह जीभ से ओंठों को छुआता, मगर झुलसन बढ़ती जाती।

उसने अपनी इस मुद्रा से मुख्यमंत्री को ऊर्जा दे दी। मुख्यमंत्री ने आँख उठाए बगैर सबसे पहले एक राष्ट्रीय किस्म का सवाल किया–

"कहो, क्या बात है?"

"एक खतरनाक,ख़्वाब देखा मैंने..."

"कैसा ख्वाब?"

"वो... बार-बार आँखों के पीछे चक्कर लगाता है।"

"कौन?"

हालांकि यह 'कौन' इस तरह फेंका गया था जैसे कोई बहुत भारी अस्त्र हो, मगर वह एक थाली की तरह 'झन्न' करता हुआ माहौल में गिर गया। झन्नाटे को बंद करने के लिए तत्काल, उठती-गिरती थाली को जमीन पर दबा दिए जाने के बाद मुख्यमंत्री ने आँखे उठाई। जनतंत्रीय कार्यमंत्री जो कुछ बयान कर रहा था, वह हू-ब-हू वही था, जो खुद उसने देखा था- खूबसूरत मुख्यमंत्री का देखा बदसूरत ख्वाब–

"उसके नाखून दरक गए हैं
गर्दन ढुलक-ढुलक जाती है
वह रह-रहकर गोल चक्कर में पलटियाँ खा रहा है
उसकी आँखे मटमैली थीं
पंख स्याह
...और चोंच बदसूरत भोंथरी तलवार की मानिंद।
पंछीराज जनतंत्र की वह शक्लो-सूरत... उफ
वह खौफनाक तस्वीर..."

मुख्यमंत्री को एक पल के लिए डर की ठंडी लहर ने कँपा दिया और उसे लगा कि कहीं उसकी अपनी परछाईं से उछलकर सामने न आ जाए। मगर मुख्यमंत्रित्व के प्राकृतिक गुण से जनतंत्रीय कार्यमंत्री की मातहती बची रही और वह एक जोरदार ठहाका लगाने में कामयाब हो गया। उसने कहा–

"एक जनतंत्रीय कार्यमंत्री को इतना कायर नहीं होना चाहिए। तुम एक

तरक्कीपसंद सूबे के इज्जतदार मंत्री हो। कोई अगर सुनेगा भी कि तुम ऐसा ख्वाब देखते हो और कांपते हो, तो सूबे की सरकार की बड़ी बदनामी होगी। जरा समझदारी और हिम्मत से काम लिया करो, नहीं तो मुझे मंत्रिमंडल में फेरबदल करने के वास्ते, महाराज के पास इजाजत लेने जाना पड़ जाएगा।

इतना काफी था। मंत्री ने गर्दन झुका ली। उसकी झुकी गर्दन पर अपने भय का बोझ हलका करते हुए मुख्यमंत्री ने आदेश दिया, "अब से, हम रोज जनतंत्र की तबीयत खुद देखने आया करेंगे। रस्सियों को साँप बनाकर खेलने में अब हमारा भी मन ज्यादा नहीं लगता, इसलिए सुबह का वह नियमित खेल बंद, और यह नया काम शुरू।"

आदेश के बाद आदत के अनुसार जनतंत्रीय कार्यमंत्री चला गया और मुख्यमंत्री बैठा रहा। चूँकि भोर का उजाला फैल गया था इसलिए उसे लगा कि उसकी मरगिल्ले जानवर की-सी परछाईं खत्म हो चुकी होगी।

इस भरोसे को मन में दृढ़तापूर्वक धारण कर, उसने 'जनतंत्र-गाह' की तरफ रूख किया। वहाँ जनतंत्र, जो कि रोज भोर के वक्त चिहुँकता हुआ दर्ज किया जाता रहा था, आज चुप पाया गया। धुकधुकी के बावजूद उसने पंछी की ओर देखा। वह एक तरफ टकटकी बाँधे देख रहा था। मुख्यमंत्री ने मिलान करने की कोशिश की कि सपने और सच में कितने का फर्क है मगर, वह यह हिसाब पूरा नहीं कर सका और डरता-डरता लौट आया।

अब वह नित्यप्रति इसी तरह जाने और देखने लगा। रातें, उसकी फर्श पर संतमुद्रा में रौशनी की तरफ चेहरा किए हुए, गुजरती थीं और सुबहें पंछी को देखने जाने में। इस दौरान उसने मानना शुरू कर दिया था कि भोंथरी तलवार-सी चोंच, दरके हुए नाखून और स्याह रंग, सपने से हटकर सच में तब्दील हो चुके होंगे। हालांकि आम तौर पर वह पंछी को देखने जाता था मगर देखने का उद्देश्य पूरा किए बगैर ही लौट आता। इसके बावजूद उसकी आँखों के पीछे जनतंत्र की भयावह होती जा रही सूरत पलटियाँ खाती रहती।

इसी दौरान उसकी, अपनी परछाईं के आकार के प्रति भी भयपूर्ण उत्सुकता जस की तस बनी हुई थी। आईना उसने कमरे से हटवा दिया था और सफेद वस्त्रों का उसके दैनिक जीवन में निषेध हो गया था। यह सफेदी उसे अकड़ती हुई लगती थी। कभी-कभी वह स्क्रीन में बदलकर उसकी परछाईं दिखाने पर भी उतारू हो सकती है। सफेदी के और भी कई खतरे थे, जिन्हें उनकी चकाचौंध से

प्रेम करते हुए भी, वह उठाना नहीं चाहता था।

लेकिन, वह आँख का सच जरूर जानना चाहता था। क्योंकि इस अकेली चीज के प्रति वह बहुत संवेदनशील था। जनतंत्र की आँख कैसी है, यह जाने बगैर उसे 'डर' बनाए रखने में खुद के सामने खासी बेइज्जती महसूस होती थी।

–जब यह बेइज्जती का एहसास हद पार कर गया, तो उसने जनतंत्र की आँख में, एक सुबह, झाँक ही लिया।

–मगर, मुख्यमंत्री की नजर, भरभराकर, सड़े मकान की तरह ढेर हो गई।

–पंछी की आँख, मिट्टी की तरह कण-कण खिर रही थी।

–ढेर हुई नजरों को मलबे की तरह समेटता मुख्यमंत्री बगैर प्रोटोकोल की परवाह किए, आरामगाह में दौड़ता हुआ आया और पड़ गया।

–अगर वह राजधानी में राजा को खबर करता, तो अक्षम मुख्यमंत्री की तरह बर्खास्त हो जाता।

–उसने एक करीबी मुख्यमंत्री को फोन किया।

–उस मुख्यमंत्री ने दूसरे करीबी मुख्यमंत्री को फोन किया।

–हर मुख्यमंत्री ने हर मुख्यमंत्री को फोन किया।

–सबने घोर अमावस की बीतती राह वही सपना देखा था।

–सबकी परछाइयाँ मरगिल्ले जानवरों की शक्ल में बदल चुकी थीं।

–सबके कमरे से आईना हटा दिया गया था और सबके-सब सफेद रंग को अपनी दिनचर्या में निषिद्ध कर चुके थे।

–सभी ने, आज ही जनतंत्र की आँखों में झाँकने की कोशिश की थी और पाया था-"उसकी आँख, मिट्टी की तरह, कण-कण खिर रही है....।"

## दुःस्वप्न / दस

...कि चिंता फैली गली-गली

# दो कौड़ी के

वही छः कॉलम की पहली 'लीड' और हाफ तक पहुँचती लंबी दो कॉलम की तस्वीर। सोलह पॉइंट की चौड़ाई में फैले हुए इन्ट्रों के अक्षर विशेष संवाददाता की विशेष मेजर में टीप और एजेंसियों की रपट में अखबार के राजधानी स्थित ब्यूरो की सूचनाएँ मिलाकर पेश किया गया विराट समाचार।

राजा के चेहरे पर 'ओजभरी' उदासी छाई हुई थी। वह गेंती उठाए जमीन की छाती पर प्रहार कर रहा था तस्वीर जिस समय क्लिक हुई थी, उस समय जमीन पर प्रहार हो चुका था। गेंती आसमान में राजा के हाथों उठी हुई थी। तस्वीर में मौजूद शेष लोग वैसे ही मुस्कुरा रहे थे, जैसे कि किसी हेयरकटिंग सैलून या विद्युत शवदाहगृह के उद्‌घाटन-अवसर पर मुस्कुराते थे, यह आह्वान करते हुए कि आम जनता इसका ज्यादा लाभ उठाए। जहाँ प्रहार का गड्ढा था, उस पर राजा के संदेश के साथ दस्तखत छपे हुए थे। दस्तखत में एक 'मात्रा' कुछ इस तरह घूमी थी कि वह एक रोटी में बदल गई थी। अगर सपाटे से वह तस्वीर देखने की कोशिश की जाती तो शुबहा होता कि गड्ढे में रोटी पड़ गई है। और अगली गेंती उसे बेधती हुई तली में जा पटकेगी। इस लिहाज से गेंती का नुकीला सिरा आसमान से गिरने ही वाला था कि दृश्य कैद कर लिया गया।

संदेश था- "चिंता मत करो।"

मैंने देखा, अखबार के रजिस्ट्रेशन नंबर से लगाकर प्रिंट-लाइन तक शब्द चिंतियाते दिखे, इसके अलावा और कोई कोशिश 'प्रबंध'-संपादक ने नहीं की थी। अखबार सचमुच विराट चिंता-अभियान का उद्घाटन कर रहा था।

कमरें में सूचनाएँ कभी-कभी कचरे की शक्ल में इकट्ठी हो जाती हैं, जिन्हें झाड़ू लगाने के आलस्य या उनके बहाने घर में कुछ होने के अजाने संतोष का शिकार हो जाने की वजह से बिखरा रहने दिया जाता है। ऐसी ही कुछ सूचनाओं में गाड़ियों का वक्त में चलना और शक्कर के भाव का गिरना भी था। इरादा हुआ कि अखबार को भी उन्हीं के साथ डाल दिया जाए।

कहने को तो, जब से मेरे हाथों उस चूहे की मौत हुई थी, तभी से व्याख्याएँ, सूचनाओं में बदलने लगी थीं। इसीलिए अब मैं सूचनाएँ नहीं, तीलियाँ इकट्ठी करने में लगा हूँ।

यों शब्दों के सिलसिले में मेरी मुश्किल खासी हो गई है। शब्दकोश अपनी मोटाई खो चुका है। पिछली जेब में डाल लेने के लायक डायरी की साइज में घट चुकने के बाद भी, उसके कुछ पन्ने कोरे पड़े हैं। मैं तलाश में हूँ कि वे भर जाएँ। सब तरफ दुम हिलानेवाले शब्दों की भरमार है। मैं जोरों से चाहने लगता हूँ कि इनमें से कितनों का कत्ल किया जाए? फिर एक खयाल उतरता है कि दुमवाले शब्दों के कत्ल की जरूरत ही क्या है? जब वे दुम हिला सकते हैं तो दुम दबा भी सकते हैं। उनकी हैसियत नापकर मैंने, उनकी चिंता छोड़ दी। अब सारी चिंताएं राजा के हाथ में गेंती की नोंक पर थीं।

राजा का संदेश था, "चिंता करो।" जिस जनतंत्र नामक पंछी की कूक से मुल्क खुशहाल रहता आया था, उसके नाखून, चोंच, पंख और आँख के लिए चिंता करो। प्रांतीय जनतंत्र-कार्यमंत्रियों के साथ भय की सामूहिकता से साहस प्राप्त कर चुके मुख्यमंत्रियों ने अपने-अपने पंछी राजधानी में ला जमा किए थे। राजा अपने मुख्यमंत्रियों की इस हरकत पर निश्चित ही मुसीबत में पड़ गया होगा- मैंने अपने स्तर पर विचार किया। यदि यह मुसीबत कुछ सलीके से आती तो आज राजा पंछियों के स्वस्थ-सुंदर चित्रों की प्रदर्शनी का अवलोकन कर रहा होता।

अखबार को हाथ में लेकर मैंने तय किया कि उसे दीवार पर एक चिंता-पोस्टर की तरह चस्पा कर दिया जाए। मगर दीवारों पर न जाने क्या हावी था कि वे पोस्टर पकड़ती ही नहीं थीं। पता नहीं इस कमरे की दीवार में और उस पुल के सामने की जगह में क्या फर्क है? वहाँ अश्लील पोस्टर भी ऐसे चिपक जाते

हैं, जैसे अब वे किसी दूसरे पोस्टर के हटाए न हटेंगे। यहाँ स्टील कंपनी के जारी किए हुए बाँसुरी के पोस्टर भी नहीं चिपकते।

मुझे बताया गया था कि पोस्टर चिपकने-चिपकाने के पीछे एक खास तहजीब होती है। कुछ दीवारें, कुछ दीवारों पर पोस्टर लगानेवाले और कुछ पोस्टर के पीछे खड़ी स्थितियाँ....। सन्नाटे रचता हुआ अखबार मेरे हाथ में था पर उसे दीवार पर पोस्टर बनाने की मेरी कोशिश नाकाम रही।

आखिरकार हाथ से निकल कर अखबार कमरे के बीचोंबीच फर्श पर चित पड़ गया। मैं खड़ा हुआ। पैरों की परछाईं से अखबार के ज्यादा से ज्यादा कॉलम कवर करने की कोशिश में, खबर के विस्तार में डूबने-उतराने लगा।

पुरानी दीवार पर तिड़ककर गिरने को निकल आए पलस्तर की तरह कुछ खबरें मुख्य से चिपकी-लटकी हुई थीं।

अखबार के प्रथम संस्करण में शायद व्यवस्थित रूप से चिंता न हो सकी हो, वह रात दस बजे ही छपकर चला जाता है। सिटी संस्करण में लेटेस्ट अपडेट की गुंजाइश है। सिटी एडीशन में उसमें एक बाक्स भी डाल दिया गया था, जिसमें जनतंत्र और चिंता को लेकर आज लिखे गए संपादकीय की सूचना सहित इस बात का ऐलान था कि अखबार एक विशेष परिशिष्ट निकालने जा रहा है, जिसमें जनतंत्र पर चिंताते हुए पठनीय, संग्रहणीय और रोचक जानकारी सम्मिलित होगी। 'रोचक' शब्द पर इस तरह से जोर दिया गया था कि सारी चिंता सपरिवार उसी पर केंद्रित हो गई थी। अखबार ने हैसियतदार लोगों की चिंता व्यक्त करने के मुद्दे को मद्देनजर रखते हुए इश्तहार की रियायती दरों का फैसला भी किया था। अब तक इस किस्म की रियायतें वैवाहिक वर्गीकृत विज्ञापनों और अंतिम संस्कार रस्मपगड़ी-उठावना तक ही सीमित थीं।

कुल मिलाकर मुझे अपनी परछाईं से अखबार के कालम कवर करने के दौरान, एक बर्फानी ठंडक में चपेट लिए जाने जैसा कुछ महसूस हुआ। मैं पीछे हट गया। हवा नहीं थी, अखबार फड़फड़ा भी नहीं सका।

कुछ चोर-खयाल मेरे पास मुस्कुराते हुए प्रस्ताव पेश करते दिखे। जैसे मैं एक चिंता-संगठन बना लूँ और एक लघु-पत्रिका निकाल दूँ, जिसे सांस्कृतिक किस्म के शालीन विज्ञापन और अनुदान मिल जाएंगे। असली चिंताग्रस्त और नकली चिंताग्रस्त की पहचान पर आलेखों की श्रृंखला भी चलाई जा सकती है। कुछ 'पाठक मंच' सरकारी सहयोग से, स्थानीय स्तर पर चिंता-साहित्य को लेकर समीक्षा-गोष्ठियां जारी रख सकते हैं। इस विचार के पीछे एकाएक, कई फेलोशिप,

पीठ, प्रोजेक्ट, 'हें-हें' करते हुए चक्कर काटने लगे। जैसे सांस्कृतिक प्रेत किसी कॉलोनी का नक़्शा पास करवाना चाहते हों। उनके पास उन बिलों की कापियाँ भी थीं, जो एक कलाकार को जनतंत्र की छोटी-छोटी मूर्तियाँ गढ़ने के एवज में भुगतान किए गए थे। वे, बिल इस तरह हवा में लहराते थे कि मद स्पष्ट न दिखे, मगर रकम के आखिर में लगे कई शून्य दिख जाएँ।

वे कई और भी चीजें हवा में लहराते थे, जिनमें आलोचना की भाषा का चमत्कार और एक मारक किस्म का संयमशील आर्यजनत्व पैदा करने की तरकीबें शामिल थीं। उनमें कुछ अंगुलियाँ भी शामिल थीं, जो गेरू और कोयले को 'सिंथेटिक कलर' में बदलने के लिए बेताब थीं। ये सब मिलकर कला के खूबसूरत जंगल की सृष्टि करती थीं, जिसमें कलाकार तेंदुओं और भेड़ियों की तरह आजाद रहकर प्रकृति की गोद में विचर सकें। जहाँ पर्यावरणनाशी नासमझ आदमियों का प्रवेश निषिद्ध हो। जंगल का जंगलत्व उसके जस के तस फूलते कानून में निहित हो।

फिर, धीरे से एक और चीज लहराई गई, जो बाकी पर छाती जा रही थी- 'चिंता'।

सारे खयाल गायब हो गए और सिर्फ यही चिंता रह गई। अखबार ज्यों का त्यों पड़ा रहा। राजा के हाथ आसमान में गेंती उठाए हुए जमीन की तरफ आना चाह रहे थे।

उस गेंती का हर प्रहार गड्ढे को निरंतर गहरा करने के लिए था। वह गड्ढा, नींव में तब्दील होगा और नींव पर खड़ा होगा 'चिंता-घर'। फड़फड़ाते, साँसें गिनते जनतंत्र की चिंता के लिए वहाँ देश-भर के कलाकार, लेखक, बुद्धिजीवी इकट्ठे होंगे। वे इस बात पर 'काम करेंगे' कि जनतंत्र को क्या हुआ है और अब क्या किया जाना चाहिए?

मैं पीछे हटने की बजाय आगे बढ़ा और मैंने दो कौड़ी के पत्रकार की तरह भाषा में अराजकता और अभद्रता झोंक दी। उसी झोंक में अखबार को रोल करते हुए, उपलब्ध तीलियों में से एक की मदद से आग लगाकर खिड़की के रास्ते कमरे से बाहर फेंक दिया।

अब मैं सड़क पर रहूँ या कहीं और, मेरे लिए कुछ फर्क नहीं रह गया था। हर सड़क मेरे लिए राजधानी पहुंचती थी और शहर-भर की चोक हो गई ड्रेनेज लाइनों में मेनहोल का महत्व बखानने की झूठी तसल्ली कतई साथ नहीं दे रही थी। जब चिंताएँ बड़ी हो जाती हैं, तब चूहों की हत्याएँ कौन नोट कर करता है?

## ख़्वाब के दो दिन

मैंने पहली फुर्ती से 'जनतंत्र–स्पेशल' के जनरल डब्बे में बोरों की तरह भरे हुए लोगों के बीच दौड़ते हुए पनाह ली।

लोग पायदान से लेकर टॉयलेट तक भरे हुए थे। लेकिन फिर भी न जाने कहाँ से काफी जगह निकल आई। मैं राजधानी जा रहा था। 'असली हीरो' की याद और बचे हुए पसीने के तेजाब में बदल जाने की जबर्दस्त तलब लिए हुए....।

## दुःस्वप्न / ग्यारह

हमीं अस्तो, हमीं अस्तो, हमीं अस्त!
यहीं है, यहीं है, यहीं है!!

# चिंताघर

राजधानी की छाती पर भव्य 'चिंताघर' खड़ा हो गया था। चिंताघर क्या था एक साक्षात संस्कृति-तीर्थ था।

शिखर-कलश पोतकर उतरे ख्यात चित्रकार ने कैमरों और सवाल पूछनेवालों के प्रति परस्पर-विरोधी रुख अपनाते हुए, बीड़ी सुलगाने में ज्यादा दिलचस्पी दिखाई। मैंने बीड़ी के लिए थोड़ी-सी आग उपलब्ध करा दी, ताकि वह मेरे लिए कुछ संदेश दे सके। उसकी आँखों में खासी सुर्खी थी और साँसों में खासी परेशान करने लायक बू। दाढ़ी अपने हिसाब से विस्तृत थी जिसमें रह-रहकर वह उँगलियाँ फँसा लेता था। बाएँ कान में उसने एक कुंडल पहन रखा था, जबकि दायाँ कान कोरा था। इस अंतर के बीच खड़े फ्रायड से उलझने की बजाय मैंने कुछ रेडीमेड सवाल करने का फैसला किया।

"आप अभी-अभी शिखर की पुताई करके उतरे हैं..."

"पुताई? माइंड योर लैंग्वेज। भागो यहाँ से।"

आधे सवाल पर झिड़क दिए जाने की यह अदा उस बड़े कलाकार की प्रिय स्थिति रही आई थी क्योंकि वह समझता था कि कला की प्रतिष्ठा को ऐसी ऐरी-गैरी श्रद्धा से बचाए रखना जरूरी होता है जो पेंटिंग को पुताई कह कर नष्ट करती हो। मैंने अपनी ओर से यह कोशिश की कि वह समझ जाए कि मेरे सवाल

रेडीमेड हैं और श्रद्धा का उनसे कोई संबंध नहीं हैं, लिहाजा उसे ऐरी-गैरी और संभ्रांत श्रद्धाओं के विभाजन में जाने की कतई जरूरत नहीं है।

वह इस पर कृपालु हो गया-''एक सवाल पूछ सकते हो, सिर्फ एक सवाल!''

मैंने कहा, ''दो तो पूछना ही पड़ेंगे।''

''नहीं, सिर्फ एक।''

''ठीक है मैं दो पूछूँगा, आप सुविधा से एक चुन लीजिए।''

दाढ़ी के गुच्छों को गाँठ की तरह घुमाते हुए उसने अनंत में किसी अदृश्य पतंग का पर्यवेक्षण करने की मुद्रा बना ली। अब वह मूड में आ गया था।

मैंने पहला सवाल पेश किया, ''जब सत्ता फौजी वर्दी में आती है, तब ज्यादा खतरनाक होती है या संवेदनशील कलाकर्मियों के दल के साथ आती है तब ?''

उसने हाथ को हवा में घुमाकर ऐसे बनाया जैसे किसी भेड़ को गड्ढे में धकेलनेवाला हो, ताकि शेष भेड़ें उसके पीछे हो लें।

''अब दूसरा नहीं। यह एक नहीं, दो सवाल हैं। तुम बहुत चालाक दिखाई पड़ते हो। मैंने कहा था, एक सवाल का जवाब दूँगा, सिर्फ एक का।''

''यह एक ही सवाल है।''

''चालाक मत बनो। सवाल के दो टुकड़े करो।''

''टुकड़े करने से यह आधा ही रह जाएगा।''

''मैं जवाब नहीं दूंगा।''

''खैर जाने दीजिए। मैं दूसरा सवाल सामने रखता हूँ।''

''सवाल कर चुके, अब दूसरे के लिए मैं वचनबद्ध नहीं हूँ।''

''मैं पूछना चाहता हूँ कि 'चिंताघर' का शिखर आपने ही क्यों पोता?''

वह आगबबूला हो गया। अदृश्य-सी कोई जादुई लिपि हवा में लिखने लगा, फिर मुझ पर झपटते-झपटते रुका। उसका बस चलता, तो वह शायद तेंदुआ होना पसंद करता, अपने जंगल में प्रसन्नतापूर्वक विचरता हुआ या जरूरत पड़ने पर गाँव की गौशालाओं में जानवरों की पीठ खसोटकर वापस जंगल में लौटता हुआ। उसकी मुद्राएं बताती थीं कि वह गांव में जाकर तेंदुए द्वारा गायों की पीठ खसोटने को उसका निजी कर्म मानता रहा होगा और जंगल में डकार लेते हुए घूमने-फलने-फूलने को सार्वजनिक कर्म। दोनों को मिलाकर देखना, उसकी नजर में जड़ता और टुच्चाई के सिवाय कुछ नहीं था। जो लोग निजी जीवन और कलाकार की कला को एक साथ तौलना चाहते हैं, वे कला के दुश्मन होते हैं।

मैंने उसे बाकी अखबार वालों के भरोसे छोड़ दिया और 'चिंताघर' में प्रवेश कर गया।

कोई नाखूनों पर काम कर रहा था और कोई आँखों या पंजों पर। कहीं नाटिकाओं का मंचन प्रस्तावित था, कुछ रंगों में चिंतित थे और कुछ कविताओं पर काम कर रहे थे।

एक कवि, जनतंत्र पर कविता लिखने की प्रक्रिया में पड़ा था। उसने बताया, "कुछ पंक्तियाँ लिखी जा चुकी हैं, शेष पर काम चल रहा है।" थोड़ी-सी चिरौरी के बाद उसने अब तक लिखा हुआ पढ़ा-

"…. ब्रश डुबाकर चल पड़े हैं वो<br>
पहली उड़ान / राकेट-सी<br>
कहाँ जनतंत्र,<br>
फँसाए गड्ढे के गाँव में पाँव /<br>
चिड़िया से पूछे बगैर<br>
अफसर जले अलाव<br>
कहाँ जनतंत्र<br>
भीम-पलासी में / जादुई लिपि में<br>
चुप्प…. अँधेरा घुप्प<br>
कहां जनतंत्र<br>
कहाँ जनतंत्र….।"

कवि के चेहरे पर उदासी थी। उसने पिछले दिनों ही अपनी पहचान बनाई थी। विश्वास किया जाता था कि वह एक संभावनाशील रचनाकार है। जो जितने दिन कविता पर काम करे उसकी संभावनाशीलता उसी मायने में बढ़ती जाती है। इस सरकारी सांस्कृतिक मान्यता की पृष्ठभूमि में वह काफी रियाजी किस्म का जीव रहा था। एक बार वह दो वाक्यों की कविता पर महीनों काम करता रहा। मेरी इच्छा हुई कि उससे पूछूँ-'इस कविता पर कितने दिन काम चलेगा?' मगर, पूछने से कोई फायदा नहीं था। यह सिर्फ कविता का ही नहीं, बल्कि चिंता का प्रश्न था और, चिंता की अवधि तब तक जारी रह सकती थी, जब तक चिंता-घर खड़ा रहे।

काम करते कवि को छोड़ते हुए मुझे किसी आलोचक-प्रजाति की पुस्तक के फ्लैप जैसा लगा। इस आलोचकीय कसैलेपन के बावजूद मुझे चिंताघर में बहुत कुछ देखना था।

यहाँ जो खुला था, वही बंद भी था और जो बंद होते हुए खुलता भी दिखाई दिता था। इसलिए यह टिप्पणी कतई मुश्किल थी कि किसे किस अवस्था में माना जाए। जो भी वहाँ काम कर रहा था, वह एक सूत्र से बँधा था। सूत्रधार ने कोई नियम-पुस्तिका नहीं बना रखी थी, कि ऐसी चीज खुली और ऐसी चीज बंद मानी जाएगी। इससे जब भी कोई उलझन खड़ी होती-सब खामोश रहते। जब सूत्रधार अपने हिसाब से बात समझ लेता, तब घोषित हो जाता-''यह खुली'' / ''यह बंद''। इस घोषणा के बाद सबका फर्ज था कि खामोशी भंग करके समूचे वातावरण में उस घोषणा का पक्ष घोल दें। हालाँकि मैं काफी देर तक 'एक फटे छाते और उस पर लटके हुए जूतों' को लेकर दिमागी जद्दोजहद करता रहा, मगर बाद में मुझे बताया गया कि यह एक उल्लू है और बाद में, ऐसा कई जगह हुआ कि मैं किसी को 'फटा छाता और जूता' भर समझता, मगर वह कोई और 'उल्लू' निकल जाता।

मैं सावधान हो गया। मैंने समझना कम करके सिर्फ देखना जारी रखा।

रौशनी बहुत कम थी, मगर ऐसी, जिसे सुखद कहा जाता है। झील थी। लोग थे। मंच था।

मंच पर कोई बेहोश पड़ा था।

बेहोश पात्र को ''जनतंत्र-जनतंत्र'' संबोधित किया जा रहा था।

चिंता-शैली का कोई नाटक हो रहा था। दर्शकों में पात्र थे और पात्रों में दर्शक। ऐसे ही एक दर्शक-पात्र ने धीरे से मेरी तरफ ब्रोशर खिसकाया।

ब्रोशर जेब में रखकर मैं नाटक देखने लगा।

कः ये मर गया?

खः इसका मरना सूरज की मौत

गः अब मुल्क का क्या होगा?

घः इसका मरना अंधेरे की पैदाइश

गः मुल्क बचाओ! मुल्क बचाओ!!

मैंने नाटक से ध्यान हटाकर ब्रोशर की तरफ देखा। एक लंबा नोट था और चींटियाँ रेंगती हुई चित्र बना रही थीं। एक पल को मन ने एक चालू झटका दिया कि ब्रोशर की सामग्री टीप कर एक कला-समीक्षा ठोंक दी जाए।

मगर, मंच पर मच रही चीख-पुकार ने मेरा ध्यान भंग कर दिया। तलवारें लिए चार कवि-पुलिसवाले 'रोजनामचा' चिल्ला रहे थे और जनतंत्र-पात्र को रौंदते हुए पूर्व-पात्र मंच से कूद रहे थे। मुझे लगा, जैसे ब्रोशर की चींटियां उतरकर मंच

के सामने रेंगने को हैं। और हथेलियों में पसीना फिर से गाढ़ा होना चाहता है।

च का इलाका छोड़कर मैं मैदान की तरफ चला आया।

-ख्यात चित्रकार ने मैदान-भर के आकार का एक श्वेत-वस्त्र बतौर कैनवास बिछवा रखा था।

- इसी साल इनाम पाई एक लोकनर्तकों की टोली के पैरों में किस्म-किस्म के रंग लगे।

- ख्यात गायक ने राग छेड़ा- जनतंत्र बहार।

राग छिड़ते ही टोली के थिरकते पैरों की तूलिका ने मैदान के विराट कैनवास पर अद्भुत संगीतमयी जनतंत्री चित्रकृति रच दी। इस चिंता-पेंटिग को देखते ही सबका मन नाच उठा। संस्कृति-विभाग के इंचार्ज अफसर ने रोमांचित होकर चित्रकार को निहारा और एकदम विलायती क्रिटिक के मौलिक अनुवाद में खुशी से चीख पड़ा। गायक की बाँछे, चित्रकार की दिशा में खिल गईं।

चिंताघर की दीवारों से चिंता के पक्ष में उत्साह छलकने लगा। अफसर को ऐसा लगा, जैसे जंगल खुलकर अपनी वाली पर आ गया हो। उसके मन में तेंदुए अपनी पूरी लंबाई से छलांग लगाने लगे। हाथी झूमने लगे। भेड़िए भिड़ने लगे। सियारों ने मुँह ऊँचा कर लिया। और, अजगरों ने हिरनों को निगलने के लिए सारा जोर लगाना शुरू कर दिया।

इस बार मैंने हथेलियों के तेजाब को तीली नहीं जलाने दी। चिंता-घर से निकलते हुए, द्वार पर तेजाब-हथेलियाँ छाप दीं। ग्राम भारती का विशेषज्ञ सरकारी संस्कृतिकर्मी कह सकता था कि कुछ धर्मपरायण डाकू डाके से पहले पूर्वसूचना बतौर घर के बाहर दरवाजों पर हाथ के छापे लगा दिया करते हैं या जब गाँवों में दैवी प्रकोप होता है तो अनजानी हथेलियाँ दरवाजों पर छप जाने की अफवाहें फैलती हैं। लोग कहते हैं, चुड़ैलों की अदृश्य उपस्थिति का भी अचानक किसी दरवाजे पर उभर आए हाथ के निशानों से पता चलता है।

यह किसी प्रकोप की पूर्वसूचना थी या नहीं, मैं नहीं जानता। मैं बस इतना महसूस कर सकता था कि 'असली हीरो' की तलब मुझे बेहद भड़काए डाल रही थी। चिंताघर पर छपे दो हाथों से हल्का धुआं निकल रहा था।

## दुःस्वप्न / बारह

दो सितारों का सड़क पे है मिलन,
राज की बात

# तसल्ली नंबर दो

द्वार पर हथेलियाँ छापकर मैं मुड़ा ही था कि-

"रुको।"

उसने आवाज दी।

मैं रुका, वह तेजी से मेरे पास आया। पिछला दरवाजा खोल दिया गया था। मैं अंदर बैठ गया। कार चल पड़ी। गाड़ी में उस समेत हम कुल चार लोग थे। स्टियरिंग पर वह खुद था। मैं रीजनल था, वो सब नेशनल थे। इन दिनों, राजधानी में वे अपने-अपने स्तर पर 'रीजनलों' की तलाश में लगे हुए थे। मेरे बारे में उन्हें कुछ लग गया था। हालांकि इसे वे 'सहयोग भावना' और 'स्नेह' इसी तरह बनाए रखें'-किस्म का मोड़ देने की कोशिश कर रहे थे मगर उनके तौर-तरीकों से यह समझना एकदम मुमकिन था कि पिछले दिनों से कोई नेशनल काम कर रहे थे। मुझे उन्होंने किसी अजाने-अनूठे कृपा भाव से अपनी कंपनी के योग्य समझा था।

वह, जिसने आवाज दी थी, दो दिन से मेरा 'परिचित' से 'दोस्त' होने की प्रक्रिया में पड़ा था। मगर, जब भी वह प्यार की बात करता, मुझे उसकी आँख चुगली खाती दिखाई देती। हालाँकि कुछ ही मिनटों में मैंने अपने-आपको इस बात का अभ्यस्त कर लिया कि उस चुगली-दृश्य को इस तरह पचा जाऊँ कि वह अपनी उच्चता के बावजूद दिए जा रहे प्रेम-दान की अवमानना न पकड़ सके। उसे लग रहा था, मैं तैयार हो रहा हूँ। इसलिए उसने मुझे ट्रीटमेंट देना जारी रखा।

''किसी ने बताया कि तुम इससे पहले कभी राजधानी आए ही नहीं?''

''नहीं आया।''

''मगर ऐसा नहीं है कि तुम अनजाने हो। तुम्हारी भाषा, तुम्हारा मुहावरा, इधर राजधानी में हम लोग नोटिस लेते रहे हैं। इतना ऊपर पहुंच गए, तुम्हें कभी-कभार राजधानी आते रहना चाहिए था।''

पहले यानी उसके बाई ओर बैठे पत्रकार ने कहा, ''बहुत कम लोग होते हैं जो आत्मा को बचाए रख सकते हैं। या चमक-दमक से बचते हैं। आप बिरले आदमी लगते हैं। राजधानी क्यों आएँ? क्या जरूरत है राजनीति के भ्रष्टाचार में मुखौटों से रू-ब-रू होने की। कई दफे मैं सोचता हूँ- क्या जगह है ये....।''

मैं चुप रहा।

दूसरे ने कहा, जो मेरे बाईं ओर बैठा था-''कस्बे में आदमी जड़ों से जुड़ा हुआ होता है। राजधानी क्या है? महानगर क्या है? जो सचमुच कलम के धनी हैं, वे वहीं से आते हैं, जहाँ खड़े हैं। जाहिर है, आप जैसा आदमी यहाँ क्यों आएगा? नहीं आना चाहिए। मगर, लोग आते हैं। आप नहीं आए, यह आपकी उस ताकत का सबूत है, जिसे मारा नहीं जा सकता। वरना लोग, खुद इसे खत्म करने का इंतजाम कर सकते हैं- करते हैं।... हैरत है... आपको मिलकर ऐसा लगा जैसे...''

वह भाषा में इस तरह हो गया, जैसे जड़ों को हाथ में स्थापित कर लेना चाहता हो। बातचीत की धन्य-शैली का इस्तेमाल करते हुए उसने यह एहसास दिलाने की कोशिश की कि मैं किसी ऐसे महान उद्देश्य या संकल्प की वजह से अब तक राजधानी नहीं आया होऊँगा, जिसका आत्मा, एक सुनिश्चित भावुकता और / या किसी क्रांतिकारी बहिष्कार से ताल्लुक होगा।

''नहीं'', मैंने कहा, ''आने का कोई मौका ही नहीं मिला।''

तीनों ने ठहाका लगाया, ''बहुत खूब। इसे कहते हैं सादगी। यहाँ स्नॉबरी का आलम ये है कि किसी को भी एक चिंदी मिल जाए तो खानदानी दर्जी होने का प्रचार करवाने लगेंगे।... वो क्या नाम है उसका....।'' उसने पूछा, पहले ने नाम बताया और फिर तीनों ने कहा, ''पट्ठा, इंडिया इंटरनेशनल में एक पैग पर उपलों की गंध, खूब लाल-लाल पंछी और माँ के हाथ की कच्ची-पक्की खुशबूदार रोटियाँ पैदा कर लेता है।''

फिर एक ठहाका लगा।

वे तीनों मुझे सादा, ईमानदार और निष्कपट साबित करने की कोशिश में लगे

रहे। इस प्रक्रिया में उन्होंने कई स्नॉब, बेईमान और छली कलमबाजों की मिसालें पेश कीं। बस्तर का संबंध बिस्तर से जोड़ते हुए वे एक कलमजीवी पर तंज करने पिल पड़े और मेरे जैसे 'सहज दुर्बल प्राणी' के राजधानी आने के संस्मरणयोग्य उल्लेखित करने लगे।

गाड़ी शहर से बाहर हो गई। वे अपने-अपने अखबारों की हैसियत पर बोलने लगे थे। उन्हें शायद शक हो गया था कि मैं उनके भाषा-सौंदर्य पर बराबर मुग्ध नहीं हो पा रहा हूँ। इसलिए, सीधे एक फार्म पर गाड़ी रोककर मुर्गे-बीयर के प्रस्ताव पर उतर आए। भाषा के अप्रभावी हो जाने पर दाँत और पेट का इस्तेमाल उनकी नजर में सर्वश्रेष्ठ विकल्प रहा होगा। यह अजीब बात थी कि वे मुझ जैसे मामूली और रीजनल अखबारनवीस पर अपनी समूची नेशनल प्रतिभा जाया कर रहे थे।

शायद वे प्रयोग कर रहे हों? जैसे किसी टीके की ईजाद आदमी के लिए होती है और उसे पहले बंदरों पर और बाद में तीसरी दुनिया के मुल्कों पर आजमाकर देखा जाता है। मैंने कंधे उचकाए। उन्होंने कंधों पर हाथ रख दिए। हाथ रखे-रखे हम खेत के बीचोंबीच आ गए।

उसने कहा, "आजकल हम एक प्रयोग कर रहे हैं। अभूतपूर्व प्रयोग है, ये देखो....," मिट्टी हाथ में लेकर उसने उँगलियों के बीच मसल दी, "मिट्टी कैसी भी हो-काली, पीली, रेतीली। हम उसमें उगने लायक बीज तैयार कर रहे हैं। तमाम खिलाफ मुश्किलों के बीच जो बीज मिट्टी में जाकर पौधे में बदल जाए। पौधों की फसल बने और फसलों को हम मुल्क के लिए मुहैया करा सकें।"

मैं सुविधापूर्वक कंधे नहीं उचका सका क्योंकि उनके हाथ बराबर वहाँ बने हुए थे। मैंने सिर अलबत्ता हिला दिया। वे मुझे आगे ले गए।

वहाँ फसल लहलहा रही थी। लहलहाती फसल देखकर वे बहुत रोमांचित हुए। खेत में एक मादक गंध थी, जैसे अफीम नाच रही हो। वह बोला, "वहा हम पोलिटिकल न्यूज उगाते हैं।"

दूसरे ने स्पष्ट किया, "हालांकि लैब में थोड़ी-बहुत रासायनिक क्रियाओं के बाद इसी के फल के रस को 'सोशल न्यूज' में भी 'कनवर्ट' किया जा सकता है, लेकिन हमने एक नया बीज भी बना लिया है। वह प्योर 'सोशल' देता है।"

"वैसे, हम कोशिश कर रहे हैं कि इनका संकर बीज बनाकर कुछ नयापन लाएँ, मगर उससे पहले, इस 'कल्चरल न्यूज' पर काम चल रहा है।"

तीसरे ने अपनी जेब से कुछ बारीक सफेद-मटमैले दाने निकालकर हथेली पर फैला लिए।

सांस्कृतिक खबरों के बीज हथेली पर कांप रहे थे। उसने स्पष्ट किया कि जल्दी ही हम इस प्रयोग में कामयाब हो जाएंगे कि पोलिटिकल-सोशल-कल्चरल न्यूज का ऐसा मिला-जुला बीज तैयार कर सकें कि तीनों में फर्क ही खत्म हो जाए। यानी एक ही बीज से जो फसल कटेगी, उसे हर एक कोण से जस्टीफाई किया जा सकेगा। एक ही वक्त में कोई राजनीतिक खबर, सांस्कृतिक खबर भी हो सकेगी और सामाजिक भी। मुल्क को ऐसी ही खबरों की जरूरत है।

वह अपनी आँखों को बहुत छोटी करते हुए मेरे करीब लाया और बताने लगा कि इन दिनों खबरों की इन किस्मों को कहाँ-कहाँ 'प्लांट' करके प्रयोग जारी रखे हुए हैं। उसका अपना अखबार खबरों की ये किस्में सप्लाई करने का खास सेंटर भी था और उसका सारा वक्त सही इलाके मे सही खबरें फैलाने में ही बीतता था।

मुझे एक सवाल उठाने की इच्छा हुई, 'आपका टर्नओवर क्या है?' मगर, मैंने कहा, ''खबरों की अगर ऐसी हालत हुई, तो एक दिन उसकी तस्करी शुरू हो जाएगी।''

वह बहुत जोरों से हँसा, ''यानी क्वालिटी इतनी बढ़िया और क्वांटिटी इतनी कम...।''

तभी शेष दो अपने साथ कुछ कामगार लेकर लौटे। उनमें से एक कामगार तपाक से मिला, हाथ मिलाकर अलग कोने में ले गया।

''कैसे हो?'' मैंने पूछा।

मैं उसे जान गया था। वह पहले मेरे जैसा ही रीजनल रहा था। कुछ ही साल हुए नेशनल होने राजधानी चला आया था।

''बहुत मजे में। कुएँ से निकल आया। अब बहुत करने को है, रिलेशन है, स्टोरी है, बाईलाइन है, पैसा है और आजादी है। वहाँ क्या था? जैसे अखाड़े में दंड पेले जा रहे थे।''

''सचमुच... वहाँ क्या है? मगर जरा मुझे यह बताओ कि इन दिनों खास क्या कर रहे हो?''

''तुम देख ही रहे हो, खबरें उगाने के अभियान में लगे हुए हैं।'' वह भरपूर आत्मविश्वास के साथ यह बताने लगा कि 'वहाँ' कैसे लोकल लीडरों और

अफसरों-सेठों और चमचों के समीकरण में फँसा रहता था। वहाँ दम घुटता था और हर चीज में अखबार के मालिक के अलावा सीधे कुछ भी करना मुश्किल था। यहाँ वह एक क्रांतिकारी सरकारी फ्लैट में 'आधारभूत अधिकार' की प्राप्ति और इंटरव्यू-केन्द्रित एक्स्क्लुसिव स्टोरी एकसाथ पकड़ लेता था। वह मुझे खबर क्रांति के रास्तों पर विस्तार से समझाइश देने लगा। अंतिम निष्कर्ष में मौजूदा सरकार उसकी नजर में, खुद क्रांतिकारी थी और इस तरह विपक्ष अप्रासंगिक हो गया था। इस असहायता को छिपाने के लिए विपक्ष प्रतिक्रांतिकारी भ्रमजाल पैदा करने की कोशिश कर रहा था। और उसके जाल को निरंतर ध्वस्त करने के लिए खबरो में वाजिब मार की अनिवार्य आवश्यकता उपस्थित हो गई थी ताकि, लोग छद्म-क्रांति की चपेट में न आ सकें। चिंता-अभियान में हर क्रांतिधर्मी को लग जाना चाहिए।

''बाई द वे.... इस देश को जिस बदलाव की जरूरत है, वह प्रेस के बगैर मुमकिन ही नहीं है। और हमारा जिम्मा है कि हम राजा का साथ दें, देश बचाएँ.... देश में सच की तमीज बाकी रखी जाए।''

सिगरेट सुलगाकर उसने धुएँ के छल्लों की तरह निष्कर्ष उगल दिए। मुझे लानेवाले तीनों, हमें लालच भरी नजरों से देखने लगे। मेरे परिचित कामगार ने उन्हें अदब से कहा,''इन्हें बता रहा था कि, वहाँ रहकर जो शोषण ये भुगत रहे हैं और समझ नहीं पा रहे हैं, वह सहने का अब वक्त नहीं रहा है। भाषा बदल गई है, कोण बदल गए हैं। सिर्फ 'रचनात्मक पत्रकारिता' के नाम पर दिए जा रहे नशे में रहना और लिजलिजेवाद में फँसकर मर जाने के यथार्थ को समझना पड़ेगा अब भाषा में आग होना चाहिए। खुला-खुला लिखना पड़ेगा.... फैसले देना पड़ेंगे...। सिर्फ अड़तालीस पॉइंट का 'ये हुआ-वो हुआ' नहीं चाहिए, उस पर बीस पाइंट का मुद्दा भी चस्पा होना चाहिए.... कि इसलिए यह हुआ-तो वह क्यों नहीं हुआ?''

वह यह कहते-कहते न जाने क्या-क्या हो गया। मुझे अपना कमरा, खिड़की और उसका बाहर याद आया। जमीन पर पंजे, माहौल में गुरगुराहट, घूरे का ढेर और प्रोफेसर आर्य की बेटी की गोद। चूहा और कुत्ते!

कहीं इस खेत के सूत्रधार खबरों का कारपोरेशन न चलाते हों। मुझे इस गंभीर स्थिति में भी एक हल्का-फुलका सवाल सूझा, ''फी खबर, रेट क्या होता होगा?''

कामगार कुछ उत्तेजित हुए मगर बोले नहीं।

उसने कहा, ''हम तुम्हें सब बताएँगे। हालाँकि इस किस्म के व्यावसायिक सवाल को खड़ा करना ठीक मानसिकता का प्रतीक नहीं है। बावजूद इसके, मैं तुम्हारी तारीफ करूंगा, बेहद 'बोल्ड' हो। चलो छत पर चलें।''

छत पर खबरें सूख रही थीं। मुझे बताया गया कि एक खास तरह की रासयनिक प्रक्रिया से गुजारकर सुखाने के बाद, ये कभी खराब नहीं होतीं। ये खबरें जब चाहे, इस्तेमाल की जा सकती हैं, कोई नोटिस नहीं आ सकता, संपादक-संवाददाता सुरक्षित रहते हैं और वांछित छवि बनाई या खत्म की जा सकती है।

गजब माहौल था। निरापद खबरों का छत पर फैला हुआ संसार और जमीन पर पकी-झूमती 'फसल-खबरें, 'थ्रेशर में जातीं, साफ होतीं 'उपज-खबरें' और हँसिये लेकर टूट पड़ रहे 'खबर-कामगार'।

रूमानी होते हुए भी वह आर्थिक प्रश्न को प्रमुखता के साथ पेश करते हुए बोला, ''जाहिर है, इतने बड़े काम के लिए बहुत सारे दिमाग और काफी कुछ फंड चाहिए। मुझे मालूम है तुम्हारा अगला सवाल यही होता, क्योंकि सैद्धांतिक रूप से तुम बहुत 'खाटी' आदमी हो। हम तुम्हें इसी वजह से प्यार करने लगे हैं। 'ईमानदार' शक उठाना भी हर एक के बूते की बात नहीं होती। तुम इस बूते के आदमी हो इसलिए हम तुम्हारे सवाल का जवाब दिए बिना नहीं मानेंगे।''

मेरी कोई भी प्रतिक्रिया न होने के बावजूद लंबे-लंबे उद्धरणों, पहचाने हुए और अजनबी भारी-भरकम नामों, आरीदार तर्कों और सन्नाटेदार संदर्भों, हेडलाइन-एडिटोरियल और स्पेशल कालमों के साथ उसने सिद्ध कर दिया कि भामाशाह और बुलाकीदास ब्रदर्स के जीन्स एक ही है और इन जीन्स के उद्योगपतियों की भाँति-भाँति की 'स्पीशीज' राष्ट्रसेवा के लिए उपलब्ध हैं।

''कभी-कभी ऐसा होता है,'' उसने समझाया, ''कि हम संकीर्णता के घेरे में इतने फँस जाते है कि सैद्धांतिकता की कुल्हाड़ियाँ उसी को नष्ट कर देती हैं, जिसकी रक्षा के लिए हम चलाने की बात कर रहे होते हैं। हमें फर्क करते आना चाहिए। एक जिद और झोंक ही नहीं, आखिरी सिरे पर खड़े नतीजों पर भी नजर रखना चाहिए। मैं तो यहाँ तक सोचता हूँ कि हमारा मकसद जब प्राप्त हो जाएगा तो उसके बाद उपलब्ध नेतृत्व शेष सारी विकृतियों का खात्मा कर डालेगा। इसलिए, पहली जरूरत मकसद पाने की है। यदि उस तक पहुँचने के लिए हमें सीढ़ियाँ चाहिए, तो हम यह माँग छोड़ सकते हैं कि वे काले पत्थर की बनी हुई हों या लाल पत्थर की। अब अगर हम किसी पूँजीपति के रिसाले को चला रहे

हैं, तो उसमें अपनी इच्छा की चीज छापकर उसी के मंच का इस्तेमाल, पूंजीपरस्तों के खिलाफ भी कर लेते हैं।''

वह रह-रहकर फसल की तरफ देखता था और जमींदार की तरह खुश होता जाता था। उसके शेष साथी मुझे भी तर्क देकर समझदार बनाने में जुट गए। वे खबरों के सेम्पल दिखाते और उनके 'कंटेंट्स', 'साइडइफेक्ट', 'डोज' आदि पर विशेषज्ञ-राय देते जाते। आखिर वे मुझे एक बड़े हॉल में ले गए।

''यहाँ चिंतामूलक खबरों की कटाई-छँटाई, संपादन और पैकिंग हो रही है,'' उसने बताया। कई मेजें थीं और उनके पीछे कई कामगार।

''मुल्क के चुने हुए प्रतिभावन कलमकर्मी यहाँ इकट्ठे हैं और जनतंत्र की चिंता में डूबे हुए मुल्क की खातिर, श्रेष्ठतम खबरों के निर्माण और आपूर्ति में जुटे हुए हैं।''

मैंने व्यस्त कामगारों की शक्लें देखीं-वे सब चेहरे उसके ही थे। हमशक्ल। वही आँख, वही हाथ, वही कलम। वह मेरी नजर को ताड़ गया, ''जब व्यक्ति एक मकसद को आत्मसात कर लेता है, तो सबकी आत्मा एक हो जाती है और शक्ल भी।''

कुछ कुर्सियाँ खाली पड़ी थीं। उनमें एक ऊँची, ज्यादा चमकदार और खूबसूरत थी। उस तरफ इशारा करते हुए उसने कहा,''मैं चाहता हूँ तुम वहाँ बैठो। 'चिंता-घर' और 'जनतंत्र' की बीट तुम्हें ही देखना चाहिए। ये तमाम लोग तुम्हारे मददगार रहेंगे। फाइनली, कापी देखना और काम बाँटना.... सब जिम्मा तुम्हारा होगा।''

मुझे महसूस हुआ कि मेरी पलकों में बुखार उतर आया है। शायद किसी अँगरेजी फिल्म से मारा हुआ हिंदी की एक चालू फिल्म का सीन होगा- जो मेरे दिमाग में कुछ क्षण के लिए कौंधा।

बॉस-हीरो ने हाथ में गुड्डा लिए हुए कोई रद्दी चुटकुला सुनाया और सामने कुर्सियों पर बैठे एक्स्ट्रा ठहाका लगाने लगे। जिसने नहीं लगाया, वो गद्दार की तरह चीन्ह लिया गया। फिर हीरो ने एक बटन दबाया, और उसकी कुर्सी आग के एक दरिया में उलट गई। कुछ ही पलों बाद कुर्सियों के पीछे बने शीशे के केबिन में वह आदमी मोम के बुत में तब्दील होकर हमेशा के लिए खामोश हो गया। 'एक्स्ट्राओं' की भीड़ आतंक को और गहरा करते हुए, हीरो के कदमों में झुक गई....।

सीन गायब।

मैंने बाहर चलने का इशारा किया। वह खुशी-खुशी मुझे बाहर ले आया। गेट तक पहुँचते-पहुँचते वह मुझसे इस तरह पेश आने लगा था कि मैंने आना तय कर लिया है और मैं चिंता-घर डेस्क का सर्वश्रेष्ठ इंचार्ज साबित होऊँगा और अब वह इस ओर से चिंतामुक्त है।

"इन्हें छोड़ आओ, जहां ये कहें....।" उसने ड्राइवर को आदेश दिया। फिर मुझसे मुखातिब हुआ, "विश यू आल द बेस्ट। कल से तुम्हारी ड्यूटी शुरू। यह कार तुम्हारे ही चार्ज में रहेगी और एक फ्लैट भी तय कर दिया है। तुम वहाँ शिफ्ट हो सकते हो।"

मैंने कोई जवाब नहीं दिया। पिछला दरवाजा खुला, बंद हुआ, कार लौट चली। मुझे लगा जैसे अभी-अभी कोई खबर बजाय बीज के बम में बदल गई है।

मेरे मुँह में ढेर सारा थूक भर आया। पैर बार-बार, बुरी तरह थरथरा रहे थे। मैं थूक सकता था, एक तरफ का शीशा उतरा हुआ था। मगर, मैं ऐसा नहीं चाहता था कि गाड़ी में बैठे हुए सड़क पर थूकूँ। बहुत जोरों से इच्छा हुई कि इसका ठीक उलटा हो।

पहले इशारे से गाड़ी रुकवाकर, मैं उतर गया और दूसरे इशारे से गाड़ी वापस चली गई। अपनी हर एक टिप्पणी के पारंपरिक अंत की तरह पहली तसल्ली के लिए मैंने अपना मुँह खाली कर दिया।

तसल्ली नंबर दो के सिरे को पकड़ने के लिए मैं छटपटाने लगा। मुझे तीलियों, तेजाब और प्रिय शब्दों की जबर्दस्त तलाश का दौरा पड़ रहा था। तलब तेज से तेजतर होने लगी। मैं उसी तेजी में कई-कई सीढ़ियाँ उतरता चला गया।

आखिरी सीढ़ी पर पैर रखते ही अंधेरे के टुकड़े में से उछलकर एक आकृति मेरे पास आ खड़ी हुई। मुझे देखती ही उसकी आँखें चमकने लगी, साँस धौंकनी की तरह चलने लगी, हाथ ऊपर की तरफ उठे और दौड़कर वह मुझसे लिपट गया। वह मुझे चूमता जाता था और चिल्लाता जाता था-"मेहमसिंह जिंदाबाद... जिंदाबाद... जिंदाबाद...!" एक हाथ से उसने कागज के बहुत सारे छींटदार पर्चे, ढेर सारे मुर्गी-कफन निकाल-निकालकर हवा में उछालने शुरू कर दिए थे और, दूसरे हाथ से वह मेरा हाथ पकड़कर आसमान में उठाकर चीखता था-"जिंदाबाद ....जिंदाबाद.... मेहमसिंह जिंदाबाद!"

अपना असली हीरो आ मिला था।

तसल्ली नंबर दो भीतर तक गहराते हुए बाहर फूटी-मेहमसिंह जिंदाबाद!

## दुःस्वप्न / तेरह

ख़बर के पूरी तरह पकने के पहले

# भद्रलोक में पर्चा

राजधानी में रेड अलर्ट था। मैं और मेरा असली हीरो उसी इमारत के आसपास लगातार बने हुए थे, जिसकी फेंस भी सांस्कृतिक 'ऑपरेशन चिंता' के सरकारी भभके छोड़ रही थी। हमारे हाथ कसकर एक-दूसरे को थामे हुए थे, असली हीरो की निगरानी, साथ और हिम्मत ने मेरी आस्थाओं का बारूद भी बम में बदल दिया था।

बँगले का वह संस्कृति-अधिनायक देश को ऋण देनेवाले ऑपरेशन की तैयारियों में जुटा हुआ था। उसे देख कर लगता था कितना मोहक होता है जनतंत्र की चिंता में मिलीटरी की शक्ल में कविता का इस तरह उतर आना।

उसने उदासी उठाई और दिन का पहला घूँट हलक से नीचे उतारा।

हम दोनों नजर रखे हुए थे- पिछले कई दिनों से वह सुबह के वक्त उदासी ही ले रहा था। इसके बाद कहीं से कुछ उग आने की प्रतीक्षा में बँगले-भर का सघन निरीक्षण करने निकल आता।

पीली-पीली ताजा धूप को चेक करते हुए वह सोचता कि अगर इसकी गरमाई वह छीन सकता तो क्या होता? उसे कोफ्त, नाराजी और तनाव न पैदा होते हों, ऐसी बात नहीं थी। लेकिन एक ही वक्त में वह तीनों के साथ होते हुए भी चौथी स्टेज-शुद्ध प्रसन्नता में दिखाई दे सकता था। अपने समूचे अकेलेपन में भी वह इतना ही सतर्क था लिहाजा फूल, दूब, डोरियाँ, तार, खंबे और चिड़ियाएँ

तक इस बात को नहीं पकड़ सकते थे कि वह किसी ऐसे अवसाद से भरा हुआ है, जो चेहरे पर नहीं है। उदासी हाथ में लिए-लिए वह लॉन में उतर आया था। पौधे थे, और नहीं भी थे। फूल थे और नहीं भी थे। दूब थी और नहीं भी थी। वह अपने हिसाब से आसपास फैली चीजों का विश्लेषण करने लगा। शायद वह लॉन में आईना लाना ठीक नहीं समझता था, वरना वह हर फूल देखने के ठीक बाद, उसका इस्तेमाल करता। कभी उसकी सूरत मुगल बादशाहों के पोर्ट्रेट का आभास देने लगती थी और कभी देश के किसी प्रधानमंत्री का। कुछ फूलों को देखकर वह 'किसी' मुख्यमंत्री जैसा भी हो जाता। मगर यह इक्का-दुक्का दफे ही हुआ होगा। जैसा कि तय था, इस बात को कोई नहीं पकड़ सकता था, वही महसूसता था। उदासी के और घूँट लेकर वह इस चेहरे के विशेष गुण पर विचार करने लगा।

उसे हैरत हुई कि गुड़हल के फूल, घंटी जैसे होते हुए भी मार्क्सवादी होने का दावा करते दिखाई देते हैं। मंदिर में मार्क्सवाद पैदा करते इस फूल को देखकर उसे कई सरकारी नौकरी कर रहे कवि-कहानीकार याद आ गए जो कहानी में उतने ही व्यवस्थाविरोधी थे जितने नौकरी में व्यवस्थाप्रिय।

एक वक्त जब वह सच्चे साहित्यकारों की लिस्ट पर दस्तखत कर प्रमाणित कर रहा था, उसे खयाल आया था कि अंततः अफसर को ही कवि क्यों नहीं होना चाहिए? जो लोग शब्दों में बह जाते हैं, उनसे बेहतर वे होते हैं जो शब्दों पर अपना प्रशासन चला सकें। कविता में अफसरी और अफसरी में कविता उसे हमेशा आकर्षित करती थी। इसलिए आम तौर पर उसने कोशिश की थी कि जो कवि थे, वे अफसर-स्तर पर पहुँच जाएँ। जहाँ ऐसा न हो सका वहाँ उसने अफसरों को कवि-स्तर पर पहुँचा दिया।

साहित्य और कला के आई.एस.आई मार्क लगाते हुए अक्सर उसने इस बात को नोट किया था कि तबादले और बेटियों की शादियों जैसे कविता-सेक्टर के मामले, प्राइवेट सेक्टर के होते हुए भी, पब्लिक सेक्टर पर दूरगामी प्रभाव डालते हैं। इसलिए, जब उसने इस बात के लिए दिमाग बना लिया कि अब कविता का उत्पादन पब्लिक सेक्टर में ही होगा, इस उद्देश्य की प्राप्ति के लिए बुनियादी काम प्राइवेट सेक्टर से ही शुरू किया गया था। अब तक कई बेटियाँ, बहुओं में बदल गई थीं और तबादलों के मामले में निश्चिंतता व्याप रही थी। नतीजे में देश खामोशी से कविता के राष्ट्रीयकरण की तरफ जा रहा था।

वह एक-एक क्यारी के करीब जाता था और संकर फूलों या परदेसी जात के फूलों के अनुवाद में खुश हो जाता था। आधुनिक और अंतर्राष्ट्रीय आलोचना के समर्थ औजारों से विश्लेषण का आनंद उठाते हुए उसने बेहद कलात्मकता के साथ धुंध पैदा की। धुंध मोहक थी, उसने यह निष्कर्ष दर्ज कर उदासी का घूँट फिर से भरा। सांस्कृतिक संकट से चिंतित एक लेखक संघ का पर्चा उसके पैर तले दबा हुआ था।

पर्चे को उठाकर उसने हाथ में लेने की जरूरत नहीं समझी, क्योंकि ऐसे पर्चों के जवाब में तो उसके पैर और जमीन के बीच के तीसरे हिस्से उर्फ जूते के तले के तर्क और अध्ययन आतंक से ही काम चलाया जा सकता था। इस पर्चे में उसे भद्रलोक का प्रतिनिधि शातिर सांस्कृतिक तानाशाह ठहराया गया था, जो मीडियाकरों की फौज के साथ सामाजिक विकलांगता को दबा-ढँककर सत्ता-पुरुषों को सांस्कृतिक छवि सप्लाई कर रहा था।

उसे हँसी आ गई। छवि सप्लाई करने का ठेका अगर कमीशन पर दिया जा सकता तो? वह तेवर में वाम होकर सोचने लगा, तो कई चेहरे हाथ आए। मन ही मन उसने उन्हें एक-दूसरे से भिड़ाया, लड़ाया, उछाला, गिराया और एक पंक्ति में टाँग भी दिया। वे जब उसके करीब होते थे तो उनकी आँखों में एक पिघली हुई लिजलिजी प्रेम-परत पड़ी होती थी, जो जरा दूर होते ही, सख्त होकर तिड़कने लगती। वह इसका मजा लेता रहा था। चेहरे,चाहे जितने रौशनीदार और लहकते हुए हों, जनतांत्रिक उदारवाद के तहत वह उनका स्थान, उनकी आलोचना, उनकी श्रद्धा, उनकी आशंका.... सब कुछ सुरक्षित रखने की तकनीक इस्तेमाल करने की कूवत रखता था।

पर्चा, जो पैर में दबा था, उसकी तरफ अपने कोने उठाकर, गिलहरी की तरह हाथों में कुछ थामकर, मुँह से लगाता-सा लगता था। समंदर में पुल बनाने के वक्त 'धूल' डालने से उपजे प्रेम की बदौलत, पीठ पर राम-उँगलियों के फिर जाने से बनी धारियों का एक मुँहसुना किस्सा गिलहरी की याद के साथ-साथ जेहन में चला आया। यह तुलना उसे बेकार लगी क्योंकि इससे पर्चे को अनजाने ही महत्व हासिल हो सकता था।

पर्चे दबाए-दबाए उसने कई मोर्चों पर विचार किया। वह खुद ही मोर्चे खुलवाता, फिर उनके खिलाफ मोर्चा खड़ा करता और इस तरह एक मोर्चा-खेल चलता। उसे बड़ा आंनद आता। लॉन में यों तो हरी-सुनहरी दूब थी, कुछ देसी-परदेसी पौधे थे और वह खुद था। मगर, सचमुच सिर्फ यही नहीं था। प्रोजेक्ट

थे, उन्हें पेश करनेवाला था, उन्हें स्वीकृत करनेवाला था, उनकी वित्तीय अनुमति देनेवाला था, उन्हें सम्मानित करनेवाला था.... वह था और वही था।

पर्चा लिखनेवालों में जो भी थे, उन पर मन ही मन टिक किया। उनमें से अधिकांश पर काफी पहले उसने पर्चे पढ़वा रखे थे। अब उनका, उसके लिए कोई महत्व नहीं रह गया था। इक्के-दुक्के नाम ऐसे थे, जिन्हें उसने कभी 'उज्ज्वल संभावना' कहा था, अब उनकी संभावनाओं का कोई अर्थ नहीं बचा था। टुच्चा पर्चा और 'टुच्चे पर्चेबाज'.... उन पर वह इतनी देर क्यों विचार करता रहा? उसने सोचा, इस मौके के लिए कुछ शर्म भी होना चाहिए। लेकिन, वह तो ड्राइंगरूम में भूल आया था।

उसने एक साँस में ही सारी उदासी खाली करके लॉन से ड्राइंगरूम की तरफ रुख किया। पैर हटते ही पर्चा हवा में उड़ा और तैरता हुआ खिड़की में जा अटका।

ड्राइंगरूम सें सैट लगा हुआ था। कैरेक्टर आर्टिस्ट बैठे हुए थे। इस डायरेक्टर की एंट्री ने माहौल में जान डाल दी। लेकिन जान डालने का मतलब उस अफरा-तफरी से नहीं था, जो आम तौर पर समझी जाती है। यह एक कलात्मक प्राण संचार था।

आर्टिस्ट अपनी-अपनी जगह फ्रीज हो गए, जो जहाँ भी था, कोने में, दाएँ या बाएँ... खड़ा हुआ या पड़ा हुआ। एक कलात्मक अनुशासन के तहत!

सधे हुए कदमों से वह माहौल में उतरा। बीच में पड़े खूबसूरत और नर्म गद्दोंवाले तख्त पर उसके बैठते ही सीन बदल गया।

कुछ कुहनियाँ तख्त पर टिक गईं, पैर बाकायदा जमीन पर फैले हुए, धड़ अधझुका जमीन और तख्त के बीच। कोनेवाले कुछ आगे खिसक आए। एक परछाईं अलबत्ता दरवाजे पर खड़ी अटकी रही।

उसने पहचान लिया,'संभावनाशील नौजवान कवि।'

इशारा पाकर, वह परछाईं भी अंदर चली आई।

उसने कुछ रुपए जेब से निकाले और परछाईं की जेब में धर दिए, "अपनी कोई-सी कविता अगले महीने के बुलेटिन में दे देना।"

कमरे में बिखरे कैरेक्टर आर्टिस्ट बोले-"वाह-वाह!"

किसी दक्षिण भारतीय बैनर की हिंदी फिल्म के पिता जैसे एक पात्र ने कहा, "एक रचनाकार के आत्मसम्मान को सुरक्षित रखते हुए उसे आर्थिक विपन्नता से उबारना कितना बड़ा काम है। और यह हुआ है। वह कविता लिखता है,

कविता छापी जाएगी। पूरे सम्मान से छापी जाएगी। लेकिन अभी उसे रुपयों की जरूरत है। वह सही जगह जाता है। उसका आत्मसम्मान जहाँ बचा रहे और संकट भी हल हो जाए। यहाँ उसकी आवश्यकता समझी गई, उसका सम्मान किया गया। दान जैसी सामंती वृत्ति के विरुद्ध पारिश्रमिक की यह शैली मूल्यों के संरक्षण और अभिवर्द्धन की एक अजानी कड़ी है।''

कई हाथ हवा में उठ गए जैसे अगला बुलेटिन तुरंत कविता छापकर पारिश्रमिक का जस्टिफिकेशन कर रहा हो। परछाईं ने कोर्निश किया और कमरे में नहीं रही।

उसने मुट्ठी खोली और डस्टबीन में उसकी 'रीढ़' डाल दी। एक वक्त था, जब वह ऐसी रीढ़ें एक कमरे में जमा करता था। धीरे-धीरे उसे लगा कि इतने लोग अपनी रीढ़ देने को तैयार हैं कि उनके स्टोरेज का झंझट खड़ा हो जाएगा। तब से वह उन्हें तत्काल डस्टबीन के हवाले करने लगा था।

आर्टिस्ट उसके निर्देश की प्रतीक्षा करने लगे। 'चिंता' की एक बहुत बड़ी बोतल खोलकर उसने सबके गिलासों में थोड़ी-थोड़ी ढाल दी। चिंताएँ टकराकर एक ही साँस में गलों के नीचे उतर गईं।

सबके हाथों में अपनी-अपनी स्क्रिप्ट थी। सब अपने संवाद काफी पहले से जज्ब कर चुके थे। स्क्रिप्ट पर कुछ लिखा हुआ नहीं था, क्योंकि वह अभी कुछ बोला ही नहीं था। जो कुछ उनके हाथ में था, वह महज एक कोरापन था, जिस पर लिखवाने के लिए तैयार खड़े थे। जो उन्होंने जज्ब किया था वह कोरेपन की भूमिका थी।

वह खड़ा हो गया और 'चिंता-घर' का मॉडल गोद में उठाए-उठाए धीमे-धीमे चलता हुआ कमरे का चक्कर काटने लगा।

राज-गायक

राज-कवि

राज-मिस्त्री

राज-पेन्टर

राज-कारपेन्टर

राज-रंगकर्मी

राज-रंगरेज

राज-रक्षाकर्मी

राज-पत्रकार

राज-लम्बदार

वह सूची उगलता था और उसका अनुवाद होता जाता था।

जन-गायक

जन-कवि

जन-मिस्त्री

जन-पेन्टर

जन-कारपेन्टर

जन-रंगकर्मी

जन-रंगरेज

जन-रक्षाकर्मी

जन-पत्रकार

जन-लम्बदार

हर शब्द के साथ उसका चेहरा वही हो जाता था, जो 'शब्द' था। कैरेक्टर आर्टिस्ट उन शब्दों को हवा में तैरते हुए पकड़ लेते थे और 'स्लो-मोशन' में अपनी-अपनी जगह लौट जाते थे।

उसने 'चिंता-घर' का मॉडल, कमरे के बीचोंबीच रख दिया। बाएँ हाथ को 'चिंता-घर' से छुआए-छुआए दाएँ हाथ से चिंता की बोतल पूजा के कलश की तरह झुका दी। चिंता की धार गिरती जाती थी और अनुयायी अंजुरि भर-भर पीकर हटते जाते थे।

उसने अपने किए की परंपरा डाल रखी थी कि वह हर 'पहचान' के पीछे एक चमत्कार देता था। बोतल खत्म होते ही सब किसी चमत्कार की प्रतीक्षा करने लगे।

बोतल फेंककर उसने जेब से एक फोल्डर निकाला, हवा में हिलाया और वह फोल्डर एक पंछी में बदल गया। अनुयायी आँखें, हैरत से फैल गईं। सब चिहुँके-"जनतंत्र! अहा जनतंत्र!"

कोरस गान की नर्म और तैरती हुई ध्वनि धीरे-धीरे एक चक्कर में गोल होती हुई कमरे की छत की तरफ बढ़ने लगी।

-उसने नजरें फेंकी, पंछी ने भी फेंक दीं।

-उसने गर्दन घुमाई, पंछी की गर्दन भी उसी दिशा में मुड़ गई।

-उसने हाथ हवा में उठाकर गिराया, पंछी ने पंजा लहराकर रख दिया।

-उसने पंख की शक्ल में हाथ फैलाए, पंछी ने अपने डैने फैला दिए।

–उसने हाथ बाँधे, पंछी के डैने सिमट गए।

–उसने गले पर हाथ लगाया, पंछी के कंठ से मधुर ध्वनि फूट निकली।

कोरस गान की नर्म और तैरती हुई ध्वनि के वृत्त को छत से मिलाते हुए, पंछी का स्वर हौले-हौले कमरे में नई सृष्टि रचने लगा।

वह जितना आनंदित होकर झूमता, पंछी भी उतना ही आनंदित होकर झूमने लगता। दोनों लगभग नृत्य करते हुए, कमरे में घूमने लगे। दोनों की ही 'स्टेप्स' इतनी लयबद्ध और एकात्म थीं कि यह फर्क करना मुश्किल हो गया कि मूल मुद्रा किसकी थी और अनुकरण मुद्रा किसकी?

आवाजें तेजतर होती हुई, धीमी हुई और आखिर में, बहुत मुलायम अंदाज में फर्श पर उतरते हुए अपनी तरलता की सीमा में फैल गई। आर्टिस्ट मंत्रमुग्ध से उसमें नहा उठे। उसने आँखों को अनंत का 'एंगल' दिया और बाँहे बाँधकर तख्त से टिक गया। पंछी ने 'चिंता-घर' पर पंजे ठहरा दिए और खुद भी अनंत का 'एंगल' ले लिया।

एक मदिर-मदिर ठहराव था।

एक मोहक खामोशी थी।

रौशनी की तासीर में एक रेशमी साँवलापन था। तभी खिड़की फड़फड़ाई और उसका एक पल्ला खुल गया। तीखी रौशनी का दायरा हवा सहित अंदर आया और अपने साथ अटका हुआ पर्चा भी साथ ले आया।

"पर्चा...?" वह तूफानी गति से उठ खड़ा हुआ। उसकी और पंछी की आंखें सुर्ख हो गईं। मुश्किल से दो झपट्टों की जरूरत पड़ी, पर्चा कमरे में पतंग की तरह तैरने का पहला सफर भी तय नहीं कर सका कि उसके हाथ में था।

उसे याद आया लॉन में उदासी का एक पैग, अपना पैर और उसके तले दबा वही पर्चा!

वह जिसे 'रिजेक्ट' कर आया था, वह जिसे मिट्टी में लिथड़ा छोड़ आया था, 'वह' जिसे 'वह' मानने का कोई कारण नहीं था। वह, उसकी अनंत मुद्रा को तोड़ता हुआ पतंग की तरह तैरना चाहता था?

अब वह और कुछ सहन नहीं कर सकता था। सिवाय इसके कि पर्चा राख हो जाए। नतीजन पर्चे की राख, 'चिंता-घर' के सामने पड़ी थी। पंछी बेतहाशा उत्तेजित था। उसने फड़फड़ाते हुए, हवा का एक तेज बवंडर पैदा कर दिया। राख गोल चक्कर में बदलकर हवा में घूमने लगी। पंछी, ज्यों-ज्यों फड़फड़ाता था, चक्कर और तेज होता जाता था।

वह गुस्से में नीचे बैठ गया और एकटक देखने लगा। पर्चे का एक अधजला टुकड़ा अलग पड़ा था जिस पर वाक्य का एक ही शब्द बच रहा था- 'भद्रलोक'।

ठीक इस मौके पर खिड़की का पल्ला तोड़कर हमारा असली हीरो मेहमसिंह भीतर कूदा। मैं भी उसके साथ पीछे-पीछे कमरे में था। पहली दृष्टि में लगता था-राजनीति की कई ड्रेनेज लाइनें आकर संस्कृति के इस महालय में खुल गई थीं। हमें एक कोने में खड़े बोन्साई विधायक-चूहों, विधायक-बिल्लियों और विधायक-शेरों का एक झुंड नजर आया, जो अपने सिरों पर मेनहोल के ढक्कन उठाए सामूहिक कविता पढ़ रहे थे।

पंछी फड़फड़ाना स्थगित कर मेहमसिंह के कंधे पर आ बैठा। पर्चे की राख का गोल चक्कर इसके साथ ही धीरे-धीरे नीचे उतरा और मेहमसिंह की उँगली पर एक चक्र की तरह टिक गया।

याद आया मुझे वह चूहेवाला एक हत्याकांड अनायास, वे सड़कें, वे मेनहोल, वह राजमार्ग, वे अखबार के फड़फड़ाते पन्ने। स्याह रातों में पुल पर वो स्थगित क्रांतियाँ, वो जनतंत्र पंछी की चिंता में भिड़े कला के कारिंदे और खबरों की खेती में व्यस्त महान अखबारनवीस। सबको धोता हुआ मेहमसिंह आज की 'मेनलीड' पर खड़ा था। उसकी उँगली पर टिका चक्र, कमरें में मौजूद गर्दनों पर घूम-घूमकर लौट रहा था। उसके कंधे पर बैठा पंछी लगातार चिहुँक रहा था।

उस क्षण न मुझे किसी सकारात्मक रवैये का प्रबंध संपादकीय सदमा था, न मेहमसिंह को मुर्गी-कफनों का।

'ऑपरेशन चिंता' के सांस्कृतिक सेनापति का महाकाव्यात्मक विस्तार धुँधुआ रहा था।

एक अग्नि वसंत था।

हमने हाथ के अँगूठे उठाए, पैर चटखाए! मेहमसिंह की आँख में दहकते फूल चटखकर और खिल गए।

मैंने हेडलाइन बनाने की इच्छा भीतर उबलती हुई महसूस की। हीरो ने न जाने कैसे यह जान लिया और चिल्लाया-"अभी रुको। खबर का पूरी तरह पकना बाकी है! आज तो पूरे अखबार की प्रेस कॉपी मैं लिखूंगा।"

## दिवास्वप्न

---

आठ कॉलम, पचपन सेंटीमीटर

उन कैदखानों के नाम जहाँ मेरी जिंदगी के दिनों को
रातों में बदल दिया गया।
उन हथकड़ियों के नाम जिनसे मुझे दुल्हन बनाया गया।
उन फाइलों का जिक्र जो मेरे रक्षकों ने तैयार की।
उन सभी गालियों की सूची जिनसे मुझे
सम्मानित किया गया।
ये सबकुछ मैं जैतून के तने पर
खोद डालूँगी॥

**तौफ़ीक़ ज़्याद**

# आठ कालम, पचपन सेंटीमीटर

यह तय करना अब कोई मायने नहीं रखता कि यह प्रेस था या मैदान। चट्-चट् करती लकड़ियाँ चटख रही थीं। बीच-बीच में कुछ फटता-सा था, जो चिंगारी तिड़ककर लपटों से निकलती हुई आसपास गिर जाती थी। गहरे भूरे रंग में काला मिलाते-मिलाते हो ग़या एक कत्थई-कत्थई-सा सीन था। पीली लपटें ऊपर सिरों पर जब धुएँ से मिलती थीं, तो कसैलेपन में भी एक तरह की तल्ख़ी के लिए मिलती होंगी। कुछ देर में नई लकड़ी डाल दी जाती और किसी पोली लकड़ी के जलने पर सुरसुराहट होती तो वह मेरी ओर देखकर दाँत चमकाता,"चुगली हो रही है।"

मेरे पास भी चमकाने के लिए दाँत थे। वह सहमति पाकर फिर लकड़ियाँ ठीक करने लगता।

"आज क्या सपना देखा?"

"एक एडिटोरियल।"

"तुमने मुझे सबकुछ ऐसा पिला दिया है कि मुझे शक होने लगता है कि मैं भी किसी अखबार में तो काम नहीं कर आया। सारे हल्ले, सारे बोल..."

"बेहतर हुआ, तुम सचमुच अखबारनवीसी न कर पाए।"

"क्यों?"

तड़ाक्... आग से गरम कोई पत्थर का टुकड़ा फूटा। आग के कुछ टुकड़े घेरे के आसपास आ गिरे।

''क्योंकि मुझे खुद अब उस भाषा पर भरोसा करने में मुश्किल हो रही है। अलबत्ता, जो जीभ बढ़ी है, उससे बा-आसानी छुटकारा नहीं होता।''

''भरोसे के मुताल्लिक फैसला हम करेंगे। तुम तो सपना कहो....''

''लंबा एडिटोरियल था।''

''क्या लिखा था?''

''मेहमसिंह जिंदाबाद!''

वह एक हौलनाक हंसी हंसा।

''तुम्हें कल के सपने में एक डबल कालम आया था-मेहमसिंह जिंदाबाद! परसों के सपने में सिंगल कालम था-मेहमसिंह जिंदाबाद!! अब एडिटोरियल आया है, अब से पूरा अखबार आया करेगा।''

दो बार पत्थर गर्म होकर एकसाथ फूटे-तड़ाक्-तड़ाक्.... उसने दो लकड़ियां और झोंक दीं।

''तुम्हें, मेरे जिंदाबाद होने के सपने आते हैं। मुझे किसी के मुर्दाबाद होने की 'फर्स्टलीड' का सपना आता है?''

उसने पूछते हुए कमीज की कालर का मैला चीकट कोना मोड़ा, खोला, मोड़ा और छोड़ दिया। इन दिनों वह मेरी ही तरह कालर के नुकीले सिरों पर आलपिन खोंसे रहता था। एक आलपिन निकालकर उसे हथेली पर खड़ा करते हुए, वह एक चालू फिल्म गीत, जो किसी लोकगीत का बंबइया संस्करण था, गुनगुनाने लगा जिसका अर्थ था- कभी पानी आएगा, बालम नहीं आएंगे, सब छेड़ेंगे, मै गीत गाऊंगी, बूंदों से शिकायत करूंगी, रो-रो के कहूंगी कि ऐसा क्यों हुआ, ... क्या बालम, सचमुच ऐसा होगा कि मुझे ऐसा विरह गीत गाना पड़ेगा? तुम मत जाना, तुम मत जाना।''

बीच गुनगुनाहट में अचानक वह चिल्लाया,''चुप्प! बालम-बालम लगा रखा है। तेरा बालम झूठा है बहत्तर पॉइंट का। एक सौ बीस पॉइंट का। दो सौ चालीस पॉइंट का। चार सौ अस्सी पॉइंट का....''

मेरी आंख की पुतलियों में नाचती दिखती लपटों को और-और देखते हुए/ जलती लकड़ियां और करीब करते हुउ मेहमसिंह फिर वही हौलनाक हंसी हंसा- ''चिंता मत करो, मैं खबर की लीड बना रहा हूं। फॉन्ट की साइज बोल रहा हूँ।''

मैंने आदत के मुताबिक अपने बालों में उंगलियों को डाल दिया, फिर उन उंगलियों को बालों में फिराते हुए गर्दन, सीने, होंठ और आखिकार आंखों तक ले जाकर रूक गया। इस तरह शायद मैं सीने और आंखों के बीच एक संतुलन

कायम कर लेता होऊंगा, क्योंकि इस तरह बालों में उंगलियां डालकर, उन्हें फिराकर लाने के बाद मुझे अक्सर लगता था कि सीने में जो कुछ उफन रहा होता था वह घुल-घुलकर रगों में यकसां फैलने लगता था। इस तरह भीतर के उफान का वेग पूरे जिस्म में बँट जाता।

वह इस स्थिति को तुरंत पकड़ लेता था।

"घुलने दो। और घुलने दो," वह प्यार से बोला।

"मुझे सवाल आ रहे हैं।"

"जवाब भी आएंगे।"

'ओ-ओ' करके जब उल्टी आने लगती है तो पीठ पर हाथ फिराने से बड़ी तसल्ली होती है। मगर सवाल आने की बात सुनकर उसने मेरी पीठ पर जब हाथ फिराना शुरू किया तो वह कुछ तसल्ली देने और कुछ उत्तेजित करने के सम्मिलित अंदाज में था। उसका यह अंदाज मेरी ताकत को बिखरने से रोकता था। कभी-कभी ऐसा लगता था, जैसे उसका हाथ नहीं सान है, जिस पर मेरी धार तेजतर होती जाती है।

वह पैर के अंगूठे से आग के साथ उछाला-उछाली खेलने लगा।

फिर एक अंगारा हाथ में उठाकर अंटी की तरह दूसरे अंगारे पर निशाना साधकर बोला, "जवाब इस तरह आएंगे।"

अंगारे पर अंगारा गिर गया।

"तुम्हारी जेब में जो डायरी रहती आई है, वह कहां है?"

"जहां होनी चाहिए थी।"

"यानी जेब में नहीं रही?"

"पता नहीं, कैसे आज सुबह चिंताघर में, यह कैसे हुआ। जेब में सिर्फ जिल्द रह गई और जितने शब्द थे सबके-सब यह कहते हुए गायब हो गए कि हम काम पर जा रहे हैं।"

धधकती लपटों की रौशनी और गर्मी मिलकर उसके माथे पर पड़ी पसीने की बूंदों को सुनहरी झांई दे रहे थे। उसने निचला होंठ ऊपर के दांतों में दबाया और ठोड़ी को खिंचाव देते हुए मुक्त भी कर लिया।

"लो शब्द काम पर गए।"

"सांस्कृतिक डोम जब राजा की चिंता में सरकारी ड्यूटी बजाते हुए लाशें घसीटकर तहखाने में दबाने और उनकी जगह नए जिस्म सप्लाई करने में व्यस्त हो जाते हैं जब उनकी कला-प्रदर्शनियों के फोल्डर भी करेंसी में बदल जाते हैं।

"और तभी हमारे शब्द काम पर जाते हैं।"

"शब्द काम पर गए...."

उसने यकायक एक दिल दहला देनेवाला ठहाका लगाया और उठ खड़ा हुआ, "सुनो रे भाइयो! सुनो रे भाइयो!! हे भारत भाग्य विधाता!! शब्द काम पर गए!"

फिर बड़ा-सा अंगारा हथेली पर नचाते हुए मेरी तरफ मुखातिब हुआ, "पूछ जरा, कंपोजिंग सेक्शनवालों से, कि पॉइंट की आखिरी सबसे बड़ी साइज उनके पास कौन-सी है?"

मैं खड़ा हो गया। अंगारा मेरी तरफ फेंका गया और मैंने उसे वापस फेंक दिया। हम अंगारा-अंगारा खेलने लगे। सारी ताकत हथेलियों के जरिये अपना जोर बताने लगी।

हर शॉट के साथ वह कहता-

....खोल पहला पेज

....खोल चौथा पेज

....खोल फीचर पेज

....खोल खेल पेज

....खोल व्यापार पेज

....खोल देस-परदेस के पेज

एक पेज, एक शॉट।

लपटों की नेट पर उछला अंगारा।

चिंगारियों की कंपोजिंग से बनता हुआ अखबार।

तभी किसी जहरीले बनैले फूल की गंध-सी बहुत ही मीठी और तेज सीटी गूंजती हुई आई। उसने झपटकर उस आवाज को दांतों से पकड़ लिया। आवाज दांतों की पकड़ से छूटने के लिए सिर पटकने लगी। इस कोशिश के बावजूद, वह घुरघुराहट में तब्दील होती जा रही थी। जैसे किसी खतरनाक आदमखोर बनैले जानवर की गर्दन चाकुओं की बाड़ में फंसकर, बावजूद बचाव की तमाम कोशिशों के हलाक हो रही हो।

आवाज को मार कर, उसने थूक दिया।

"पेस्टर को बुलाओ, अब पेज लगेंगे।"

मैंने एक लपट उठाई और हवा में फैलाकर उसे पेज की शक्ल दे दी।

उसने सक्रोध हवा में हाथ लहराया और ऐसा लगा, जैसे एक पूरी की

पूरी ट्रेन इंजिन की तरफ से पकड़कर हवा में लटका ली हो।

"ये 'जनतंत्र-स्पेशल' है 'शिरीमान' पत्रकरी जी! इसमें हमारे सूबेदार अपना मरा हुआ जनतंत्र पंछी नए-नकोर से बदलवाकर 'राजधानी' से 'राजधानियों' की तरफ जाते, कितने सुंदर लग रहे हैं। हमारे राजनीतिक बालम, चार कॉलम की फोटू वाले! और सांस्कृतिक बालम भी - दर्जेदार कला के नमूने, स्केच और पेंटिंग भी चार कॉलम वाले। इनके 'चिंता-घर' की तरफ से सांस्कृतिक गारंटी है कि अब इस पंछी की आंख स्थायी है, जो हमेशा सबकुछ देखकर भी नहीं खिरेगी, गला स्थायी है जो हर हाल में मीठा ही गाएगा, नाखून स्थायी हैं जो हर हाल में पैनापन बरकरार रखेंगे। सदी का सबसे बड़ा चमत्कार, अमर जनतंत्र। संस्कृति विभाग का मौलिक माल....।" उसने नजरों से आसमान की तरफ एक बिजली की धार फेंकते हुए मेरी तरफ रूख किया।

मैंने देखा, अचानक उसकी आंखों में डबडबाहट उतर आई थी। सब कुछ थिर हो गया। एक थरथराहट अलबत्ता पेज में बदलती लपटों में कायम रही। एक हाथ में ट्रेन को आग पर लटकाए-लटकाए, दूसरे हाथ से उसने खबरों की ब्रोमाइड इकट्ठी कर लीं। इस दौरान निचले होंठ को बाईं तरफ से दांतों में दबाकर धीरे-धीरे मुक्त करते हुए उसके चेहरे पर दुर्लभ मुस्कान चली आई, "हिटलर के पास कला-संस्कृति होती तो नाजी बंदूकें यहूदियों को कविता की मौत मारतीं।....कविता की मौत....कितनी खूबसूरत.... जैतून की पत्तियों में गंधक का तेजाब।"

उसने हाथ छोड़ दिया।

जैसे ढेर-से कौए आतंक की दीवार सहित उड़ते चले गए। धधकती आग में धीमे-धीमे गिरती 'चिंता-स्पेशल' को देखते-देखते उसकी आंखों ने डबडबाहट पर एक गहरी चमक के साथ कई चित्र बनाए।

वह खिल उठा।

मैंने देखा एकदम खुले-खुले उजले डैनों में हवा भरते हुए एक मुर्गी उसके पैर को प्यार से चोंच मार रही थी। ढेर सारी मुर्गियां 'कूं-कूं' करती हुई डैने तौल रही थीं..... एक रौशनी थी फैली हुई..... उनकी चोंच में पर्चे दबे हुए थे....एकदम उजले....सिर्फ एक निशान लगते ही वोट में बदल जाने को फड़फड़ाते हुए। मेरे पीछे एक विराट समूह था.... शब्द.... शब्द....और शब्द। खिले, हरहराते, नन्ही-नन्ही बांहें ऊपर उठाए निकलते हुए।

उसने कहा, "फ्रंट पेज लगाओ।"

लपट, जो पेज थी, मैंने हवा में बिछा दी। पूरा फ्रंट पेज यानी आठों कालम /पचपन सेंटीमीटर!

पेज, जो जमीन हो गया।

चोंच में दबी पर्चियों ने उस पर मास्टहेड, फर्स्ट लीड, सेकंड लीड से लगाकर एंकर तक सबकुछ रच डाला।

उस मुर्गी ने फिर उसके पैर में प्यार से चोंच मारी।

मेरी बांह उठाकर वह बच्चों के भोलेपन में जोरों से चीखा /किलक उठा–"मेहमसिंह जिंदाबाद!"

रूमी ने झूमकर कहीं दूर से गाया–

*कब्र से मेरी अगर गेहूँ जो उगता*
*गर रोटी पकती उससे, नशा बढ़ता*
*गँवाती होश लोई, पगलाता नानबाई*
*और चूल्हा भी नग़मे मस्तानों के गाता!*

# ख़्वाब दो

# चौदह साल बाद

***रूमी ने फिर यूँ कहा–***

*तुझको डूबता दिखता है लेकिन उग रहा है*
*दिखती क़ैद क़ब्र में, असल में रूह की रिहाई*
*है कौन दाना जाकर ज़मीन में फिर उगता*
*नहीं, इन्सान के दाने के लिए शुब्हा क्यों हो?*

# कॉमरेड गोडसे

*आस के सिरहाने रखी डायरी में मिले बाकी सफे*
*पढ़ने से पहले आभार... फिल्मकार रामगोपाल वर्मा,*
*मोबाइल कंपनियों की रिंगटोन प्रणाली और*
*आलोचक सुधीश पचौरी के 'पोमो' उर्फ पोस्ट मॉडर्न*
*बिम्बात्मक उत्प्रेरण के लिए*
*और उनके साथ*
*मीडिया, राष्ट्रीय स्वयंसेवक संघ तथा कम्युनिस्ट पार्टी के*
*मेरे उन तीन मित्रों के लिए*
*जो सचमुच, प्राणों से प्यारे भारत के लिए*
*अपने-अपने तरीके से, पूरे ईमान के साथ, दिल से,*
*सपने सच करना चाहते थे, चाहते हैं।*

मुझे डर है...अगर मेरा सपना सच हो गया, तो
जीने के लिए मेरे पास बचेगा ही क्या?

***पाओलो कोएलो***

*अॅल्केमिस्ट*

बाएं से उड़के दाईं दिशा को गरुड़ गया
कैसा शकुन हुआ है कि बरगद उखड़ गया

*दुष्यंत कुमार*

# दाग़, द फ़ायर!

लीलाशंकर ने फटाक से किताब बंद कर दी। उसने टिम्बकटू के एक महान आर्टिस्ट की बुकलेट का दाहिना हिस्सा तीन रंग की कुतियाओं के मोहक कॉम्बीनेशन से बनाया था। दो कुतियाएं उड़ाकर उनका रंग बदलने की प्रक्रिया जारी थी कि जटाशंकर ने एंट्री मार दी।

लीलाशंकर को बुकलेट बंद करना ही था वर्ना जटाशंकर के साथ दो बातें हो सकती थीं – एक तो यह कि वह दुनिया भर में यह प्रचार कर सकता था कि कुतियाएं कहां से उड़ाई गई हैं या फिर वह कह सकता था कि वह खुद चार रंग की कुतियाएं बनाकर ही आ रहा है, जिसे वह कल पूरा करके लीलाशंकर को ही भेंट करना चाहता था। दूसरी बात होती तो चल जाता, मगर पहली बात होती तो उसे यह समझाने के लिए लगना पड़ता कि दरअसल कुतियाएं टिम्बकटू के आर्टिस्ट की कॉपी मारकर नहीं उठाई गई हैं, बल्कि क्या संयोग है कि टिम्बकटू में भी वही हो रहा है जो करमपुरा में हो रहा है। लेकिन, लीलाशंकर को एक भी बात की जरूरत नहीं पड़ी। जटाशंकर ने उसकी कुतियाएं देखी ही नहीं, बल्कि यह पूछा कि रंगों की यह नई खेप काफी जानदार मालूम होती है, क्या पिछली इंटरनेशनल कंपनी ने प्रदर्शनी आयोजित करते वक्त दी थी? लीलाशंकर ने कहा, 'रंग तो रंग हैं।

वे कहां प्रायोजित या नेशनल-इंटरनेशनल होते हैं। वे तो बस आर्टिस्ट के हाथ से मिलते हैं और पूरी सृष्टि के हो जाते हैं।'

जटाशंकर ने कलात्मक हें-हें किया।

लीलाशंकर ने आध्यात्मिक हा-हा किया।

दोनों आश्वस्त हुए कि दोनों की स्टाइल मौलिक है और वे एक-दूसरे की नकल नहीं कर रहे हैं, बल्कि दोनों मिलकर बाकी सबको नकल साबित कर सकते हैं, क्योंकि हें-हें तथा हा-हा के अलावा शेष बची हो-हो या ही-ही की संभावनाएं मिलकर खोजी जा सकती हैं। वे अपने ब्रशों और कलमों के साथ देसी कट्टे भी रखते थे। हालांकि चलाते हुए उन्हें सिर्फ ब्रश और कलम देखा गया था।

जटाशंकर और लीलाशंकर के बीच इस मौसम की यह पहली मुलाकात थी। हवाएं निर्मल वर्मा के उपन्यासों की तरह चल रही थीं और कुछ अंगरेजी नामों तथा ऊटपटांग संदर्भों के बावजूद स्पष्ट था कि वे प्रेम को रेत में साफ-सफेद हड्डी की तरह एकदम चमकता हुआ महसूस कर रहे थे।

दोनों प्रेम करते थे। दोनों करमपुरा में रहते थे। करमपुरा में एक कत्ल हो गया था। जटाशंकर ने जब लीलाशंकर के कुतिया चित्रांकन के दौरान प्रवेश किया था तो उसके पास कत्ल का ही मुख्य समाचार था। कत्ल की कथा कुछ यों थी कि चित्रकूट इलाके के पास की मस्जिद में नमाज पढ़कर निकल रहे प्यारे मियां का खून हो गया है। उसके बाद से काफी तनाव है। तनाव के कारण खोजे जा रहे हैं, कत्ल के कारण का पता नहीं चला है। अलबत्ता प्यारे मियां की लाश के पास लीलाशंकर की पेंटिंग का एक ब्रोशर पड़ा मिला है। ब्रोशर पर सूअरों की भीड़ वाला वह प्रख्यात चित्र बना था, जिसमें पीछे निकलते सूरज में उस लेखिका की छवि मानी जाती थी जिसे लीलाशंकर आमतौर पर सीधे नाम से संबोधित करते हुए *बेटी जैसी* कहते थे और *जीवन में कभी फिल्म बनाएंगे तो अपनी हीरोइन उसे ही बनाएंगे* जैसे प्रतापी वचन व्यक्त करते रहे थे।

लीलाशंकर के हाथ से टिम्बकटू वाली किताब छूटकर रंगों में गिर पड़ी। छींटे उड़कर कैनवास पर जा लगे, जहां कुतियाएं बनी हुई थीं। छींटों ने उन्हें टिम्बकटू की नकल से हटकर ओरिजिनल में बदल दिया।

'प्यारे मियां की लाश के पास मेरा ब्रोशर क्या कर रहा था?' लीलाशंकर की कांपती आवाज़ में सवाल मरियल कुत्ते की तरह उठा।

जटाशंकर ने कहा, 'तुम्हें कितनी बार कहा है, जब सूअर और गायें बनाना हो तो ध्यान रखा करो। इससे अच्छी तो 'वह औरत' सीरीज थी जिसमें तुमने सिर्फ काली

पेंसिलों से वो चित्र बनाए थे, जो मैं कॉलेज के दिनों में टॉयलेट में कोयले से बनाता हुआ पकड़ा गया था।'

लीलाशंकर की मरियल आवाज़ में *वह औरत सीरीज* के बैल घूम गए और उसने कत्ल की खबर से बने डरावने माहौल के बावजूद अश्लीलता के ताज़ा झोंके को सेंसर नहीं होने दिया। पर, जटाशंकर के लिए यह समय कला के उत्कर्ष से ज्यादा कत्ल की खबर का था। देसी कट्टा जेब में दबाए-दबाए उसने कहा-

'सोचो? प्यारे मियां का कत्ल हुआ है। पड़ोस में सूअर का चित्र मिले तो टेंशन बढ़ेगा कि नहीं?'

'अच्छा होता, *वह औरत सीरीज* का ब्रोशर मिलता। कोई लफड़ा तो नहीं होता। शौचालय स्टाइल के कोयला-चित्रों की औरत से शौचालय के आस-पास घूमने वाले सूअरों के चित्र ज्यादा खतरनाक होते हैं।'

लीलाशंकर के भीतर का कुत्ता और मरियल हो चला!

जटाशंकर ने कहा, 'आर्टिस्ट तो सूअर और औरत दोनों को पचा ले और किसी को पता भी न चले। पर मस्जिद, प्यारे मियां, कत्ल और वहां तुम्हारे सूअर...! यह कॉम्बीनेशन कोई ठीक नहीं है। तुम्हें सावधान करने आया था। लोग इकट्ठे हैं। पंचनामा चल रहा है। चीजों की लिस्ट बन रही है। मुसलमान भी इकट्ठे हैं और थानेदार भी खान है। चित्रकूट मुहल्ला हिंदुओं का है पर मस्जिद के बाद तो क्या हिंदू रह जाता है?'

'तुम वहां गए थे?'

'मैं तो नहीं गया, मुझे राठी रिपोर्टर ने फोन करके बताया। आदमी क्राइम नहीं देखता, कल्चर देखता है। पर कल्चर वाले कत्ल में फंसें तो ध्यान भी रख लेता है।'

लीलाशंकर ने तत्काल सर्टिफिकेट दिया, 'राठी, नेशनल लेवल की चीज़ है। ऊपर जाएगा। मैंने ही उसे रिपोर्टिंग की प्रेरणा दी थी। वह आज क्राइम और कल्चर एक साथ देख पा रहा है, तो कल कॉमर्स भी हैंडल कर लेगा।'

अपराध में संस्कृति का व्यापार मिलता देख जटाशंकर पलटा, 'हां भई, तुमने तो हुसैन को पेंटिंग सिखाई, प्रीतिश नंदी को कॉलम लिखना सिखाया। घासीराम यादव को स्वतंत्रता संग्राम सेनानी बनाया, लवंगलता को कवयित्री बनाया, रज्जू को जेब काटना और घनश्याम दर्जी को सूट सिलना सिखाया, मगर स्साला वो सूअर क्यों बनाया जो प्यारे मियां की लाश के पास पड़ा मिला?'

लीलाशंकर के भीतर का कुत्ता ऐसे कराहा जैसे हाईवे पर सड़क का आखरी छोर पार करते-करते ट्रक निचले हिस्से पर पहिया मार गया हो।

ख़्वाब के दो दिन

भीतर कांय-कांय! चेहरा सांय-सांय!! पर, राठी रिपोर्टर पर किए एहसानों की बारूद से मन के देसी के कट्टे में कहीं गरमी बाकी पड़ी थी!

कट्टा निकला, *स्साले सूअर!*

धाड़ करके गोली कैनवास की कुतियाओं के पार होकर दीवार में जा लगी।

अब जटाशंकर ने अंतिम रहस्योद्घाटन किया-

प्यारे मियां की मौत भी देसी कट्टे से हुई है।

बाहर राठी रिपोर्टर खड़ा है।

# जाली नोट

प्रेम प्रकाश मेहरा के पास हजार काम और तीन पीए थे। कुर्सी के पीछे एक महान प्रेरणा लिखी थी–

*रहिमन प्रीति न कीजिए जस खीरा से कीन।*
*ऊपर से तो दिल मिले भीतर फांकें तीन॥*

प्रेम प्रकाश रूपी खीरे का, तीन फांकों रूपी *पीएओं* से कोई आध्यात्मिक संबंध था या नहीं, कहना मुश्किल है, पर इतना तय है कि रहीम कवि के कथन प्रेम प्रकाश के दफ्तर को जबर्दस्त प्रेरित करते थे। वे लगभग हर बातचीत का अंत इस तरह से करते थे कि आपको कह रहे हों– *रहिमन धागा प्रेम का मत तोड़ो चटकाय। जोड़े से फिर ना जुरै, जुरै गांठ पड़ि जाय।* कहना न होगा कि उनकी एक धागा फैक्टरी भी चलती थी। कमरे के भीतर का माहौल रेशा-रेशा था। लगभग प्रत्येक दीवार पर गांठों वाले धागे लटक रहे थे और प्रेरणा देते थे कि तोड़ने के बाद गांठों को लगाते रहना चाहिए, ताकि कोई भ्रम न रहे कि टूटने के बाद यहां गांठें नहीं लगाई जातीं या धागे साबुत बने रहने के लिए बने हैं। गांठ वाले धागे वास्तुशास्त्र के हिसाब से यांग और यिंग नामक चीनी ऊर्जाओं का संतुलन करते हुए *प्रेमजी* को फेंगशुई के *लाफिंग बुद्धा* बनाते थे।

## ख़्वाब के दो दिन

प्रेम प्रकाश को कई शौक थे। उनमें से एक समाज में प्रकाश फैलाना था। उनकी टॉर्च फैक्टरी भी थी और वे अखबार भी चलाते थे। लोग आदर से उन्हें पीपीएम कहते थे।

हालांकि यह नाम का सार संक्षेप था मगर प्रेमजी को जानने वाले उसे 'पक्के पटाऊ पहलवान' का संक्षिप्तीकरण करार देते थे। मेहरा का 'एम' सुविधाजनक अर्थों के लिए छोड़ दिया गया था। बाजवक्त 'महानता' भी इसमें आ जाती थी। पर यह अपने-अपने अनुभव की बात थी, क्योंकि एक दलाल तो कमरे में घुसते ही उन्हें प्रेसीडेंट और प्राइम मिनिस्टर का संयुक्तावतार पीपीएम कहता पैरों में पड़ जाता था। पी-पक्के चोर, पी-परम चालू तथा एम-महा सफल भी प्रचलित अर्थ थे, परंतु सबसे ऊपर लोकमान्यता थी कि वे पी-पी-एम अर्थात परम पवित्र महाज्ञानी हैं जो पानी भी घर का उबला हुआ पीते हैं, क्योंकि रहीम ने कहा है- *पानी गए न ऊबरै मोती, मानस चून!*

प्रेमजी आज वह बोतल पूरी पी गए फिर भी मोती की चमक उठ नहीं पा रही थी, मानस उद्वेलित था, चूने से गरम भाप निकल रही थी। सेकुलर आदमी थे, तीन दिन से समझ में नहीं आ रहा था कि मिलादुन्नबी का जो मुशायरा उन्होंने तय किया था, उसकी कमेटी में मुस्लिम सोसायटी के सारे बंदे क्यों नहीं इकट्ठे हो पा रहे। पता चला था कि उस आइडिया को चुराकर कुछ और कम्पीटीटर अखबार वाले भी वैसे ही मुशायरे के इंतजाम में लग गए थे ताकि मुसलमान बंट जाएं और इनका मुशायरा फ्लॉप हो तो जनता में संदेश जाए कि मुसलमान असल में किसके साथ हैं।

प्रेमजी वैसे परेशान होने वाले प्राणी नहीं थे। उन्हें कुछ भी असंभव नहीं जान पड़ता था। बेशक वे नेपोलियन नहीं थे, लेकिन सन् 2010 के आठवें शनिवार की आधी रात को फ्रांस और स्पेन अगर लड़ जाएं तो फ्रांस को जीतने के लिए क्या करना चाहिए इसका पक्का प्लान बनाकर दे सकते थे। उनके विरोधी इसीलिए घबराते थे। सबसे बड़ी बात, जैसे नेपोलियन की डिक्शनरी में 'असंभव' नहीं था, इनकी डिक्शनरी में 'शर्म' नहीं थी। बस एक बार शरमाए थे तो शादी हो गई। उसके बाद से वे शरमाना घर पर छोड़कर आते हैं, असफलताओं को लतीफे की तरह सुनाते हैं और सफलताओं को लतीफों की तरह साबित कर डालते हैं।

खीरे की तीन फांकें यानी तीनों पीए सामने खड़े थे। तीनों के पास एक ही जवाब था, 'सर, अभी हो जाएगा।' सर के पास एक ही निष्कर्ष था, 'तुम्हें

उठाकर बाहर फेंक दूंगा।' वजह : अभी तक यह क्यों तय नहीं हो सका कि आफताब मियां को उदयराम उठाके लंच पर लाएगा और हरे वाले बैनरों की उर्दू चैक करवाएगा।

पीए प्रथम का कहना था कि आफताब मियां के पास उदयराम को जाना था। उदयराम का मोबाइल ऑफ है। मोबाइल का काम पीए नंबर टू के जिम्मे था। पीए नंबर टू का कहना था कि वह मौसेरे भाई की सगाई में चला गया था। इसकी पीए नंबर थ्री को पक्की जानकारी थी, क्योंकि सगाई की बात पिछले महीने ही आपसे स्वीकृत करा ली गई थी। पीए नंबर थ्री का निवेदन था कि सगाई की सच्चाई वह बाद में बताएगा, पर वह अपनी त्वरित बुद्धि का उपयोग करते हुए खुद उदयराम के घर चला गया था। घर से पता चला कि उदयराम खुद आफताब मियां के घर गए हैं। आफताब मियां के यहां तलाश करने पर पता चला कि वे समाज के ही किसी लफड़े में अचानक घर से निकल गए हैं। इसलिए एक बैनर तो तैयार है, पर उसकी उर्दू चैक हो जाए तो कॉपियां अभी दो मिनट में छापकर खड़ी कर दें।

तीसरे की सूचना में तथ्य पूरे होने के बावजूद निष्कर्ष शून्य था। प्रेम प्रकाश मेहरा ने इस पर एक संस्कृत का श्लोक सुनाया, जिसका अर्थ कुल मिलाकर यह था कि बंदरों से दोस्ती का मतलब घोंसला उजाड़ना है। मगर हरामखोर जमाने की मजबूरी है कि बंदरों से बनाके रखनी पड़ती है। तुम तीनों ज़िंदगी भर घोंसले नहीं बना सकते।

पीपीपी चीखे, भाग जाओ!

तीनों निहायत नजाकत से बाहर होते-होते गए जैसे पैर की आवाज़ भी हुई तो ब्रह्महत्या हो जाएगी।

मोबाइल के चार सेट सामने थे-एक रिलायंस, एक टाटा, एक हच, एक ऑरेन्ज; पर पहली बार प्रेम प्रकाश ने चारों के स्विच ऑफ करके लाफिंग बुद्धा की तरह हाथ ऊपर करके अंगड़ाई ली, पेट बाहर निकाला और म्यूट टीवी पर नाचती नंगी लड़की और रुपए बिखेरते खलनायक पर हंस पड़े-*मैं भी कितना हरामखोर हूं।*

अब वे 'वे' से 'वह' हो गए । 'थे' से 'था' हो गए।

जब भी 'वे' भीतर से बाहर, आत्मा से मिलकर आना चाहते थे, 'था' हो जाते थे।

*प्रेमजी थे, प्रेम प्रकाश था!*

गुस्से के बाद अक्सर आत्मस्वीकृति के साथ प्रेम प्रकाश हंसता था।

पुरानी फिल्मों का चैनल उसके यहां चौबीसों घंटे चलता रहता था। उसका मानना था कि वह आधारभूत रूप से बहुत अच्छा आदमी है। संघर्षों तथा जुझारू लोगों को पसंद करता है। अद्‌भुत आत्मशक्ति उसका सबसे बड़ा गुण है। वह सफाईपसंद है। व्यवस्था उसके जीवन का मूल मंत्र है। कत्ल से लेकर जूते की पॉलिश तक वह व्यवस्थित ढंग से करता है। पूरा मन लगाकर लिखित में योजना बनाता है। 'पॉइंट टू पॉइंट' अमल करता है। बस हरामी वक्त ने उसे हरामीपन का फैन बना दिया था। इन सब विशेषताओं के चलते ईश्वर से डरना उसका गुण बनता है। गणेशजी और लाफिंग बुद्धा खुशी, ऊर्जा और श्रद्धा के भंडार थे। फेंगशुई के जमाने में जब लाफिंग बुद्धा चले तो प्रेम प्रकाश ने उन्हें अपनी तोंद के हिसाब से नहीं, हाथों की अलसाई मुद्रा के हिसाब से प्रेरक पाया था। गणेशजी की तोंद पर वह बचपन में चिंतित होकर सोचता था कि एक चूहे पर वे कैसे बैठ पाते होंगे? बड़े होने पर उसे समझ में आ गया कि कुछ बातें तर्कों से परे होती हैं। तोंद वाले लोगों का काम चूहों की परवाह करना नहीं है। ईश्वर और मनुष्य में यही फर्क है। ईश्वर चूहों का भी ध्यान रखता है और मनुष्य चूहों का मामला ईश्वर पर छोड़ देता है।

*और आखिर, सब कुछ के बावजूद प्रेम प्रकाश मनुष्य था।*

प्रेम प्रकाश ने पाया कि चैनल पर अभी भी नाच चल रहा था और खलनायक नोट बिखेरे जा रहा था।

नोट नकली ही होंगे, प्रेम प्रकाश ने सोचा।

प्रेम प्रकाश को फटे नोट नकली लगते थे। वह बचपन में कैवंडर्स सिगरेट के पॉकिट काट-काटकर ताश और जाली नोट बनाया करता था। पत्थरों के सिक्कों से कक्षा पांच में उसने पॉकिट वाला जुआ शुरू कर दिया था। चमत्कार उसकी शैली थी। उसकी हार्दिक इच्छा थी कि एक दिन वह ऐसी प्रिंटिंग प्रेस लगाएगा जिसमें खूब सारे नोट छापकर पॉकिट वाले जुआघरों में चलाकर सबको चमत्कृत कर देगा।

प्रेम प्रकाश के पिता श्याम प्रकाश सरल आदमी थे। पुत्र प्रेम प्रकाश को कठिनाइयां आकर्षित करती थीं। श्याम प्रकाश की मृत्यु रविवार को हुई। सुपुत्र प्रेम प्रकाश बहुत निराश हुआ। कैसा बाप है। एक मौका भी देकर नहीं गया। काश, पिताजी सोमवार को मरते। सम्मान में सारे बाजार बंद कराके दिखाता। रविवार को सब खुद-ब-खुद बंद था। किसी को आने में तकलीफ

नहीं हुई। किसी को बहाना नहीं बनाना पड़ा। सरल और कठिन सब चले आए। पिता उसे एक ठीक-सा चमत्कार करने का मौका देकर भी नहीं गए।

प्रेम प्रकाश मेहरा ने जितनी भी ज़िंदगी जी थी, छंटे हुए बदमाश बुद्धिजीवियों या बुद्धिजीवी बदमाशों की सोहबत जरूर की थी। आत्माराम बांडिया के खिचड़ी बालों में अमरीशपुरी का चातुर्य उसे खानदानी जर्नलिस्ट और बदमाश बुद्धिजीवी दोनों के बीच का साबित करता था। जनहित उसका पुश्तैनी पेशा था। पत्रकारिता उसकी रग-रग में बसी थी। प्रेमजी जानते थे कि वह त्रैमासिक खंडहर टाइम्स का सलाहकार संपादक भी होता तो प्रादेशिक विरासत संरक्षण कमेटी का कोऑर्डिनेटर बने बिना नहीं चूकता। उसके लिए संरक्षण लक्ष्य था, मंच भले ही खंडहर हो। प्रेम प्रकाश को उससे प्रेम था क्योंकि खंडहरों के भीतर छुपे खजाने को लेकर सपने देखना प्रेमजी की पुरानी आदत थी। लेकिन चूंकि, प्रेम प्रकाश रणनीति के तहत खंडहरों को सार्वजनिक फ्रंट पर नहीं रखते थे, इसलिए उन्होंने बांडिया को रिलीफ फंड का इन्चार्ज बनाकर रख छोड़ा था। जब *पत्रकारिक रिलीफ* की जरूरत होती थी, वह खुद ही प्रकट हो जाता था। रिसेप्शनिस्ट का विश्वास था कि टेलीपैथी का आविष्कार इन दोनों की शख्सियत को देखकर ही हुआ होगा।

प्रेमजी ने संक्षेप में कहा, 'अब चक्रेश की बजाय पद्मेश को भिजवा दिया करेंगे।'

'...पर तय है कि दलाली शब्द किसे अच्छा लगता है? खुद दलाल को भी नहीं', बांडिया बोला, 'माना कि चंद्रप्रकाश बिल्डर दलाल था, है और रहेगा। पर हमें क्या मतलब? पॉलिटिक्स में कौन चोट्टा नहीं है? चक्रेश को यह सवाल पूछकर क्रांति बघारने की क्या जरूरत थी? अपने आराम से दौरा करो, दिल लगाकर घूमो, लौटकर एक रिपोर्ट ठोंको। बस, हो गया!' प्रेमजी ने उसका अंतिम संत-वाक्य फिर सुना, 'पर आप जानते ही हैं कि प्रेस के मामले में मैं कुछ बोलता नहीं। अपना फर्ज था बताना, बता दिया। मामला शांत भी करा देंगे, पर अपने लोग करेंगे तो दस बातें सुननी पड़ती ही हैं...।'

'बाबू बांडिया महाराज!' प्रेम बाबू अवतार में आ गए, 'आप ये सीएम हाउस संभालते रहना। पहले मिलादुन्नबी के मुशायरे का हाल ठीक कर लें। मुसलमान हिस्सों में बंट रहे हैं। सीएम हाउस उसमें क्या सरसों का तेल डालेगा?'

बांडिया को लगा–*प्रेमजी केले की तरह छिल गए हैं।*

केले के साथ यह है कि बीच से खा लो मगर छिलका गलत जगह गिर गया तो फिसलन के अवसर खुल जाते हैं। वह मुस्कुराया, 'दिल की बात कहूं?'

'क्यों नहीं? आपका-हमारा तो दिल का ही मामला है।'

यह वाक्य प्रेम प्रकाश दिन में पचास बार बोलते थे, जिसमें से कम-से-कम पचपन दशमलव पांच प्रतिशत लोग इसकी सच्चाई पर मर मिटते थे। जो इस पर नहीं मिट पाते थे, उनका दूसरी तरह से मिटना संभव था।

'हालांकि मैं रिपोर्टिंग के मामले में बोलता नहीं...'

'पर?'

'पर', बांडिया का परोपकारी पत्रकारी संत बिलबिलाया, 'आज यह जो प्यारे मियां का मर्डर हुआ है उसे हैंडल करते वक्त थोड़ा ध्यान रखना पड़ेगा।'

प्रेम प्रकाश निर्विकार रहे जैसे मर्डर सचमुच एक पत्रकारिक मामला है, और तभी उसने तय किया कि पत्रकारिता से अलग करके रखे गए रिलीफ फंड वाले बांडिया को रवाना कर देना चाहिए। उसका आज का वक्त खत्म हुआ।

प्रेमजी ने चारों मोबाइल उठाए। घंटी बजाई। पीए प्रथम आया।

प्रेमजी बोले, 'उल्लू के पट्ठों, मैं तुम सबका मर्डर कर दूंगा।'

परमश्रेष्ठ बांडिया उठकर, नमस्कारियाता हुआ निकल लिया।

पी.ए. ने कहा, 'सर मिर्ज़ा इस्माइल बेग आए हुए हैं।'

प्रेम प्रकाश ने मर्डर को स्थगित जैसा करते हुए तुरंत मिर्ज़ा को भीतर भेजने का निर्देश दिया। साथ में चाय लाने को भी कहा। पीए नंबर वन ने निर्देशानुसार चाय के लिए चपरासी को और रिसेप्शन के लिए पीए नंबर दो को संदेश दिया-'बाहर बता दो कि कोई फोन न दे। अभी बड़े मुस्लिम प्रतिनिधिमंडल की बैठक चल रही है। एक घंटे से पहले प्रेम बाबू फ्री नहीं होने वाले।'

मिर्ज़ा अंदर दाखिल हुए।

प्रतिनिधिमंडल के नाम पर उनके पास महज एक दाढ़ी और एक टोपी थी। घुसते ही अर्ज किया-

*साथ जिनका छोड़के हम साथ-साथ हो गए।*
*रस्सियों के बल थे, वो सच्चे सांप हो गए॥*

प्रेम प्रकाश भी किसी जमाने का बिगड़ा हुआ कवि रहा था। उसने स्वर्गीय आनंद बक्षी से दुश्मनी चुकाते हुए कहा–

*उल्फत के दुश्मनों ने कोशिश तो हज़ार की।*
*फिर भी नहीं झुकी जो उस नज़र को सलाम॥*

मिर्ज़ा ने वाह-वाह की।

प्रेम प्रकाश ने सारे मोबाइल ऑन करना शुरू कर दिए।

पहले वाले मोबाइल से ट्यून उठी, *अंखियों से गोली मारे... ।* प्रेम प्रकाश ने उठाया, 'क्या? मर्डर हो गया?' 'जी, हो ही गया।' उधर से किसी ने कहा!

प्रेम प्रकाश ने मिर्ज़ा की तरफ आंख दबाई, 'कोई जाली नोट था।...आप तो चाय लीजिए।'

नए-नए रिंगटोन की मोबाइल क्रांति के चलते बाकी तीन मोबाइल भी अलग-अलग धुन गाने लगे। हर रिंगटोन से फोन करने वाले का पता चल जाता था। वे नाम से नहीं धुन से पहचानते थे। उनकी हैसियत के हिसाब से प्रेम प्रकाश ने एक को कान से, एक को कंधे में दबाकर और एक वैसे ही होल्ड किया।

सब जगह मर्डर ही था।

मिर्ज़ा ने चाय उठा ली–

*सोचते थे छाप के चलते रहेंगे धुआंधार।*
*चली ऐसी कि जाली नोट की प्रिंटरी ही देखो चल गई॥*

प्रेम प्रकाश ने 'हो-हो' करते हुए पैर लंबे कर लिए। मिर्ज़ा जाली नोट की वह जालिम गड्डी थी जिससे मिलादुन्नबी का मुशायरा और अखबार का रेवेन्यू दोनों ऊपर उठाए जा सकते थे।

पी-पी-पी उर्फ पक्के पटाऊ पहलवान उर्फ प्रेम प्रकाश का आज का धंधा शुरू हुआ!

मर्डर से अच्छा मुहूर्त नहीं होता!

जाली से बड़ा जालिम कोई नोट नहीं होता!!

# चले जैसे हवाएं सनन-सनन

आत्माराम बांडिया का संवेदी सूचकांक प्रेस क्लब की ग़ज़ब फिजां में औसत से पार हो गया था। उसके पास एक रिटायर्ड अफसर-कम-कवि, एक इलेक्ट्रिशियन-कम-स्पोर्ट्स रिपोर्टर, एक बैंकर-कम-उपन्यासकार और एक ऐसा वकील भी बैठा था जिसे जन आंदोलनों और याचिकाओं का गहरा अनुभव था। यानी कोई किसी के साथ कुछ न कुछ अलग से था और कम से कम नहीं था।

बांडिया एक बूंद नहीं पीता था, पर साथ ऐसा देता था कि हर एक को लगता था कि हर बोतल खाली करने में उसका ही हाथ है। चांदनी चौक में कुल्फी की दुकान से साउथ दिल्ली का रेस्टोरेंट चला लेने वाले झामनानी ने भी पिछले ही दिनों प्रेस क्लब की सदस्यता ग्रहण की थी, इसलिए वह शान से पत्रकारिता के गुणों-अवगुणों पर ज्ञान बघारने के लिए शाम गिरते-न-पड़ते उपलब्ध हो जाता था। कवि का इरादा उससे पीकर, बैंकर उपन्यासकार के हवाले कर देने का होता था और इलेक्ट्रिशियन स्पोर्ट्स रिपोर्टिंग के अनुभव का भरपूर उपयोग करते हुए उसे बीसीसीआई का भावी चेयरमैन बनाने का रास्ता सुझाता रहता था। इस तरह यह कोई रहस्य नहीं रह जाता कि झामनानी की दारू के खाते में कवि, उपन्यासकार, पत्रकार और टी-टोटलर बांडिया-सबकी आत्माएं चक रहती थीं।

बांडिया की सी.एम. हाउस में डायरेक्ट एंट्री के बड़े चर्चे थे और माना जाता था कि बांडिया को पॉलिटिक्स की ।जितनी समझ है उतनी राज्य के संस्थापक मुख्यमंत्री को भी नहीं रही होगी, क्योंकि संस्थापक तो कब के मर गए, ये 'नौजवान' हर मुख्यमंत्री के काल में अखबारों का नुमाइंदा रहा है। मुख्यमंत्री भवन में उसकी आवाजाही उतनी ही सामान्य थी जितनी सचिवालय में धूल!

हवा का हाल देखकर बांडिया की वैचारिक ज़वानी छलकी – 'अगर इस जन्म में भी हम सोसायटी के लिए कुछ न कर पाए तो अगले जन्म में पान की गुमटी खोलकर ही ज्यादा अच्छा काम कर पाएंगे।'

आमतौर पर यह वाक्य वह तब फेंक देता था जब बहस शुरू होकर हांफती दिखती थी। चाहे पुलिस पर हो या चकले पर, अखबार में काम करने वालों पर हो या अखबार के मालिकों पर, फ्लैट में रहने वालों पर हो या बिल्डरों पर– हांफते वक्त बहस इससे शक्ति पा जाती थी, क्योंकि कुल-मिलाकर जीवन में कुछ कर पाने का अद्वितीय लक्ष्य लिए ही वे सब शाम को आते थे। दर्शनशास्त्र उनकी बड़ी मदद करता था।

जब आप काईयां हों और काईयां न कहलवाने का कोना खोज रहे हों तब यह शास्त्र और अधिक उपयोगी हो उठता है। झामनानी ने नानी की (जाहिर है मौत के बाद ही) स्मृति में श्मशान घाट पर एक शेड बनवाया था और उसका तर्क था कि आज के ज़माने में गले में बोर्ड टांगे बिना कुछ भी नहीं किया जा सकता। जब चार लाशें जलेंगी तो भी शेड पर लिखी नानी की जुबानी सबको पता चलता रहेगा कि यह शेड, न बनवाया गया होता, अगर झामनानी की नानी न मरती!

बैंकर उपन्यासकार झामनानी की इस दानशीलता पर एक ही बात कहता–'मृत्यु अटल सत्य है।' रिटायर्ड अफसर कवि इस पर बहस का स्तर उठाने को उतारू हो जाता, 'सत्य क्या है? क्या आपको पता है कि आज जो कुछ समाज में घट रहा है वह हम तक उस तरह पहुंचता भी है या नहीं, जैसा कि वह वस्तुतः है। मृत्यु के साइनबोर्ड जीवन को लील रहे हैं।'

इस दार्शनिक उठाव की स्थिति में हमेशा खुश होकर झामनानी उसके गिलास में कुछ और डाल देता।

किंतु, आज ऐसा नहीं हुआ। झामनानी ने पूछा, 'प्यारे मियां मर्डर केस के बारे में क्या खयाल है?'

उपन्यासकार कुछ बोलता इससे पहले ही आत्माराम बांडिया खड़ा हो गया, 'मेरी बेचैनी को समझिए। मुझे समझ में नहीं आ रहा कि आप से क्या कहूं। मेरी आत्मा को बहुत कष्ट पहुंचता है। सीएम को भी पहुंचता है, आखिर वह भी इंसान ही है, लेकिन राजनीति आदमी को मजबूर कर देती है।'

झामनानी ने पूछा, 'मजबूरी आदमी को लुटेरा बना देती है, नेता भी बना देती है, लेकिन आप जैसे आदमी को कौन कष्ट पहुंचा सकता है?'

'मेरा क्या है', बांडिया ने कहा, 'प्यारे मियां वाला केस बहुत लंबा जाएगा। समाज का बहुत नुकसान होगा। आदमी से आदमी के बीच की दूरी बढ़ जाएगी।'

झामनानी ने ठहाका लगाया, 'मैंने खयाल पूछा था, भविष्यवाणी नहीं। मुझे पता होता तो आपको कष्ट पहुंचाने वाला विषय ही न उठाता।'

बांडिया को रिटायर्ड अफसर कवि ने हाथ पकड़कर नीचे बिठा लिया। बैंकर उपन्यासकार ने घूंट लिया।

स्पोर्ट्स रिपोर्टर कम इलेक्ट्रिशियन ने धीरे-धीरे गर्दन झुकाई, फिर थोड़ा खम देकर कहा – 'आत्मारामजी, इतना कष्ट ठीक नहीं है। दुनिया तो ऐसे ही चलेगी। हम तो फुटबॉल की इज्जत भी नहीं करते, पर पोलो तो रईस आदमी घोड़े पे बैठकर जमीन पर पड़ी बॉल की ठुकाई करता है।'

बांडिया को इलेक्ट्रिशियन से ही चुनौती मिलती थी। कम-से-कम बांडिया को ऐसा ही लगता था, क्योंकि पार्ट टाइम स्पोर्ट्स रिपोर्टर के नाते वह कुत्ता घुमाते हुए पोलो के मैदान या टेबल टेनिस स्टेडियम तक पहुंच जाता था। बांडिया को यही काम करने के लिए समाजशास्त्र बघारना पड़ता था। काम वह रिलीफ फंड का देखता था, फुल टाइम जर्नलिस्ट की तरह प्रसिद्ध था और पार्ट टाइम उसका कोई जीवन ही नहीं था। उसे हर पल लगता था कि अंशकालिक चील पूर्णकालिक घोड़े की आंख फोड़ने के लिए हिम्मत कर रही है। मुंबई के डॉन और दिल्ली के संपादक अगर पार्टनरशिप कर लें तो देश न जाने कहां का कहां पहुंच जाए। विधि का विधान, कि बांडिया और उसका साथ मिलता न था और दोनों की वजह से देश की तरक्की रुकी पड़ी थी।

बांडिया ने गुस्से को जरा दबाते हुए कहा, 'श्रीमान्, इन वकील साहब से पूछो। कितने ही घोड़ेवालों की तबीयत इनकी जनहित याचिकाओं ने हरी कर दी है। इन्होंने क्या नहीं किया? जो कुछ हो रहा है दरअसल एक बिल्डर का खेल है।

वकील साहब हरकत में आ गए। वे हर उस आदमी के लिए उपलब्ध थे जो अत्याचार के विरुद्ध कोई याचिका दायर करने का उत्सुक हो। उनका अपना व्यवसाय जैसा भी था, उनका मानना था कि सतवंत सिंह–बेअंत सिंह और गीता चोपड़ा–संजय चोपड़ा सबको कानूनी मदद पाने का अधिकार है। दाऊद इब्राहीम या चार्ल्स सोभराज से फीस ले लो तो उसे भी उतनी ही मदद करो जितनी उस बेवा की जिसके साथ लोकल विधायक ने बलात्कार किया हो। अगर विधायक उनके पास पहले पहुंच जाता और वे केस ले चुके होते तो बेवा किसी असिस्टेंट मददगार के पास भेज देते। उनकी राय थी कि विधायक जीत गया तो बेवा गलत रही होगी, विधायक हार गया तो बेवा की मदद का हिसाब उनके खाते में रहेगा। इस तरह अन्याय या गलती की व्यक्तिगत संभावनाएं शून्य करते हुए वे उत्तम कोटि के मानव अधिकार कार्यकर्ता की भांति विख्यात होते चले गए थे।

वकील साहब ने कहा, 'बांडिया जी, बुरा न मानें तो एक बात कहूं?' बांडिया ने सिर हिलाया, *आपको कौन रोक सकता है?* वकील साहब एक बार गिलास भरते थे और सौजन्यवश बहस खत्म होने तक चलाते थे। अभी तलहटी दूर थी, लिहाजा उन्होंने होंठों से छुआने के बाद बांडिया की तरफ देखा, 'आपको समाज की चिंता किसके लिए है? अपने लिए, सी.एम. के लिए या जनता के लिए?'

'ये गोल मारा...!' स्पोर्ट्स रिपोर्टर कम इलेक्ट्रिशियन् चहकते हुए ऐसा चीखा कि बांडिया घायल हो गया। फिर भी बहादुर बांडिया ने उसे देखे बिना वकील साहब की तरफ ठंडा वाक्य पेश किया – 'आप बात को घुमाइए मत! वकीलों से बहस में कोई जीत नहीं सकता। आप तो बस दिल पर हाथ रखकर एक बात बताइए कि प्यारे मियां मर्डर केस लंबा जाएगा कि नहीं, समाज इससे बंटेगा कि नहीं?'

वकील साहब के भीतर का मानव अधिकार कार्यकर्ता झामनानी की ओर देख रहा था, 'समाज के बंटने में सबका हाथ है। मेरा भी, इनका भी, आपका भी और उनका भी। मगर प्यारे मियां मामले में एक आदमी बेकार फंस गया है। पहले उसे भी आपको देखना चाहिए।'

झामनानी को कुछ समझ नहीं आया।

बांडिया खामोशी से वकील और उपन्यासकार कम बैंकर को ताकने लगा। रिटायर्ड अफसर कवि को चढ़ गई थी। लगभग झूलते हुए उसने झामनानी का कंधा पकड़कर कहा, 'बेचारा सिर्फ कलाकार है। कत्ल से उसका क्या लेना–

देना? मगर इस दुनिया में कलाकारों की कद्र ही क्या है?'

बैंकर उपन्यासकार ने चश्मा ठीक करके पुराने राष्ट्रीयकृत बैंक के कैश टोकन की तरह एक वाक्य मंडली के काउंटर पर फेंका – 'ऊपर वाला, छः नंबर!'

'क्या मतलब?' झामनानी ने सिर को झटका दिया। दोनों भौंहें टेढ़ी करके देखा बैंकर को – दो उंगलियां उठाईं, वेटर की तरफ!

'इनके यहां अभी कम्प्यूटराइजेशन बाकी है। सीधे पैसे नहीं निकलते। फॉर्म लेकर टोकन लेना पड़ता है। फिर आवाज़ लगती है, जब जाकर कैश मिलता है।...एक झटके में कैसे कह दें? बैंक का नाम बदनाम न हो जाए?' स्पोर्ट्स इलेक्ट्रिशियन ने ठहाका लगाया।

बांडिया को यह हरकत नागवार गुजरी, जैसी कि हमेशा इलेक्ट्रिशियन के खेल पत्रकारिक वक्तव्य पर गुजरती ही थी। वह घायलावस्था में गुर्राया, 'उधर देखो!'

वेटर ने दो पैग एक साथ झामनानी के गिलास में उड़ेल दिए।

सामने टॉयलेट की तरफ से दो विचित्र प्राणी विचित्र तरीके से सभ्यता और विनम्रता का अभिनय करते चले आ रहे थे।

झामनानी ने दो-पैगिया गिलास उठाया। आंखों पर ज़ोर डाला। दोनों को पहचानने की कोशिश में उसकी आंखें सिकुड़ गईं। कंधे झुक गए। अंधेरा कुछ गहरा था। रिटायर्ड अफसर कम कवि ने चढ़ी हुई सुरा को कब्जे में साबित करने की काव्यात्मक कोशिश की, 'दो पैग हैं, दो आंखें हैं, दो बातें हैं, दो कलाकार...।'

दोनों करीब आए। करीब आते ही झामनानी ने देखा, एक का चेहरा एकदम पीला पड़ा हुआ था। थोड़ा ज़ोर और डाला। उपन्यासकार का 'टोकन' याद आया, *ऊपर वाला छः नंबर* ।

ऊपर वाले शोरूम के लिए इसी की छः पेंटिंग बिकवाई थीं।

ली ला शं क र !!!

झामनानी ने गिलास उसकी तरफ बढ़ाते हुए कहा, 'ले, तुझे क्या हो गया रे?'

लीलाशंकर ने हाथ नहीं बढ़ाया।

उसकी जुबान सूखी थी। दिल बैठा था। टांगें कांप रही थीं। बाल उड़ रहे थे। स्याह माहौल में हवाएं सनन्-सनन् कर रही थीं। बैंकर उपन्यासकार, रिटायर्ड अफसर कवि–दोनों ने बांडिया को देखा। बांडिया ने वकील साहब को।

फिर चारों ने झामनानी को।

झामनानी ने पूरा हाथ ऊपर उठा दिया। वेटर ने मेज पर पूरी बोतल समर्पित की।

लीलाशंकर ढह गया।

जो वह था, वह वह नहीं था फिर भी वह वही दिखना चाहता था। उसके पास दिखने के अलावा कुछ न था।

पीछे जटाशंकर था। उसके बाल कलाकारों के नए फैशन के मुताबिक पीछे बंधे हुए थे। उसके पास दिखने के अलावा, दिखना ही दिखना था।

बोतल चली । बोतल चलती रही।

जटाशंकर के बंधे बालों और लीलाशंकर के उड़ते बालों के बीच प्रेस क्लब के खुले लॉन में हवाएं उसी तरह, बदस्तूर चल रही थीं – सनन्- सनन्...सनन्-सनन्!

# लीला ओ' लीला

लीलाशंकर की जीवनी और हिटलर की जीवनी में एक अध्याय 'सेम-टू-सेम' था। यह स्वाभाविक भी था वर्ना फ्रेंच कलाकारों या जर्मनी की प्रदर्शनियों से उसके प्रेरणास्रोतों को देख लें, तो उसकी जीवनी स्थानीय देसी विभूतियों से मेल खाकर निचले ग्रेड पर रह जाती। जो अध्याय समान था वह यह कि हिटलर बचपन में कलाकार बनना चाहता था। लीलाशंकर भी बचपन से कलाकार बनना चाहता था। हिटलर गैस चैम्बर के नाजीवाद का प्रणेता था जबकि लीलाशंकर कला में नवप्रयोगवाद के झंडे गाड़ना चाहता था। जानने वाले देखते ही जान जाएंगे कि जीवनी में फर्क बाद के अध्यायों में अपने-आप आ जाता है, क्योंकि लीलाशंकर कलाकार बन गया, हिटलर हिटलर ही रह गया।

लीलाशंकर की लीलाभूमि ग्राम कंडीला तहसील बंडीला से शुरू होती है। वहां की मिट्टी, बबूल, स्कूल की टाटपट्टियों, खेतों और फटी नेकर को जितने कलात्मक ढंग से लीलाशंकर बयान करता था, उसके आगे सत्तर के दशक के भोगे हुए यथार्थ का मारक दृश्य भी पिट जाता। लीलाशंकर की किस्सागोई चमत्कारिक थी। वह अपने गरीब बचपन, अमीर प्रतिभा, अकाट्य विदेशी नामज्ञान-सबका

उपयुक्त मिश्रण करके श्रोता को यह सब इस तरह प्रसाद में देता था कि लोग उसके साहस को पहली ही सांस में प्रणाम करने पर मजबूर हुए बिना नहीं रहते।

अतीत की गरीबी, वर्तमान की चालाकी और भविष्य का प्रॉविडेन्ट फंड तीनों पर उसकी अच्छी पकड़ थी। एक बार उसके टीचर ने गरीबी पर तरस खाते हुए स्कूल की पन्द्रह अगस्त वाली यूनिफार्म बनवा दी थी, तब से वह तरस का स्वंतत्रतापूर्वक उपयोग करना सीख गया था। गहरी चीजों को घोलकर पीने का कायल था। स्थान, काल, पात्र आदि में अपनी कल्पना का घोल मिलाते-मिलाते वह घुटा हुआ माल हो चला था। कोई ज्ञानी हो तो पैर पकड़ ले, अज्ञानी हो तो लतीफा बताकर छुट्टी पा ले। कमजोर हो तो डरा दे, ताकत वाला हो तो डर जाए। काम वाला हो तो करा ले, बिना काम का हो तो चमका दे। जीवन को रहस्य बना दे, बाकी को उसका घेरा दिखा दे। इस हुनर के चलते उसने कई मनोहर कहानियां चला रखी थीं।

एक मनोहर कहानी ऐसी थी कि अरुण शौरी, राजेन्द्र यादव, मनोहर श्याम जोशी, जैनेंद्र कुमार और अज्ञेय जब एक साथ मिलकर गन्ने खाते थे तब उनके फेंके छिलकों की भूसी कुछ गायों ने खा ली थी। इन गायों के दूध की चाय उसने एक बार मकबूल फिदा हुसैन को पिलाई। उसके बाद से ही हुसैन को अंतरराष्ट्रीय स्तर पर पब्लिसिटी मिलना शुरू हुई।

ऐसी कथाएं यकीनन संभावनाशील युवक-युवतियों का मन हर लेती थीं। हर संभावना को लगता था कि लीलाशंकर जी ऐसी चाय उनको भी पिलवा सकते हैं। ये युवा संभावनाएं सोचने लगती थीं कि शेक्सपियर, पाब्लो नेरुदा, पिकासो और ग्राम कंडीला तहसील बंडीला के बीच भी किसी-न-किसी कालखंड में रिश्ता रहा होगा।

उन्हें सोचता देख लीलाशंकर प्रभु की लीला पर मोहित हो उठता।

उसने स्कूल के पेशाबघरों में चित्रकला के पाठ सीखे। दीवारों पर पेंसिल से तब वह जो कुछ बनाता था, अगर वह रेलवे के डिब्बों के शौचालयों में बनाते कोई पकड़ा जाए, तो तीन किस्म की धाराओं में गिरफ्तार हो सकता था। आज करमपुरा लीलाशंकर के जादू में गिरफ्तार था। रेलवे में जो आदमी पकड़ा नहीं जाता और स्कूल में बच्चा मानकर छोड़ दिया जाता है, बड़ा होने पर वही कलाकार हो पाता है। आज लीलाशंकर न जाने कौन-कौन से ड्राइंग रूम में टंगा कलाकार था।

इधर करमपुरा में लीलाशंकर के साथ जटाशंकर की कथाएं मुहल्लों में वैसे ही सुनाई जाती हैं जैसे हिटलर के साथ गोयबल्स की। सारे झूठ और अफवाहें सूचना प्रसारण की पैकिंग में भेजकर हिटलर को हिट बनाए रखने का काम गोयबल्स का रहा होगा; पर जटाशंकर-लीलाशंकर के लिए उससे आगे की चीज था। कहने को दोनों में बाल-भर का फर्क था। हालांकि दोनों कलाकार थे, दोनों के बाल आगे से कम पीछे से ज्यादा थे, पर लीला के बाल लहराते थे, जटा उनकी पोनी टेल बनाए रखता था। लीला ने दाढ़ी पर प्रयोग किए थे। जटा क्लीन शेव पर वाशिंगटन पोस्ट के एक सर्वे की खबर के बाद से फिदा था। सर्वे पर आधारित एक खबर टाइम्स के आठवें पन्ने पर छपी थी, जिसके मुताबिक ९७.३३९९ प्रतिशत लड़कियां क्लीन शेव वालों को पसंद करती हैं। मूंछ-दाढ़ी के खिलाफ निष्कर्ष का यह रेज़र जटा के लिए पर्याप्त था।

दिलचस्प यह है कि एक बार 'जटा' ने दोनों के नाम में 'शंकर' की समानता को देखा और 'लीला' ने 'शंकर' में थोड़ा पुरानापन महसूस किया। लिहाजा दोनों ने कुछ वक्त के लिए 'जटा' और 'लीला' नाम चलाए थे, लेकिन करमपुरा के काठ के उल्लू जब लीला में स्त्री और जटा में पुरुष की छवि के दर्शन करने लगे तो दोनों को बहुत बुरा लगा। अब दोनों शंकर के साथ ही लिखे, बोले, पुकारे जाते हैं। गोकि कुछ ऐतिहासिक प्रमाण हैं कि सिर्फ 'लीला' हस्ताक्षर करके लीलाशंकर ने जब-तब दो-तीन पुरुष संपादकों से चिट्ठी-पत्री करके काफी आनंद उठाया था। लीला इस प्रमाण का रहस्यमय अंदाज में खंडन करता है, वहीं जटा इस मामले में किसी के मुंह लगना कमतरी मानता है। लीला ने स्पेलिंग में अलबत्ता, फेरबदल करके Lila से Leela कर लिया है। जटा ने Jata को 'जाता' पुकारे जाते देख Jatta किया, जिसे लोग 'जट्टा' कह देते हैं। शंकर में दोनों ने एकमत होकर एक k और जोड़ते हुए Shankkar किया, क्योंकि मुंबई में एकता कपूर के बंगले में टंगने के लिए k अब भी एक अंकशास्त्रीय संभावना है।

यूं, लीलाशंकर को जटाशंकर से चिढ़ थी। लीला आदिकाल से मानता था कि जटा ने उससे ही सीखा है, यहां तक कि आइडियाज भी उसी से लेकर, सारे 'खेल' किए हैं। यह जानते हुए जटाशंकर भी कोई मौका चूके बिना यह कहना नहीं भूलता था कि आइडिया तो सारे आपके बाप के ही हैं। इस पर लीलाशंकर 'प्रभु की माया' वाली हें-हें करके पीछे हट जाता था। जटाशंकर

जानता था कि लीलाशंकर में कायरता के तीन 'क' भरे पड़े हैं। तीन 'क' में जटाशंकर ने यह वर्गीकरण किया हुआ था–कुत्ता, काइयां, कैंची। *कुत्ता* ऐसा कि दो हाथ पड़ते ही मिमिया जाएगा, गली में मौका मिला तो शेर की एक्टिंग करते हुए काट खाएगा। *काइयां* इतना कि कबीर का आदिपुरुष बनेगा और अपनी चदरिया पर कढ़ाई कराने के लिए अट्ठारह दुकानें देखेगा। *कैंची* ऐसी कि काटकर रिश्तों की शानदार कमीज बना दे और मौका आए तो सचमुच का गला काट दे।

जटाशंकर के पास सुरक्षित दो 'क' और थे, जिनमें से एक 'काबिल' और दूसरा 'काबिले-बर्दाश्त' था। लेकिन इन दोनों 'क' का इस्तेमाल वह (लीला पर कभी नहीं) अन्यत्र कभी-कभी बहुत सोच-समझकर करने के लिए रखे हुए था।

उसका खयाल था कि इन पांच 'क' से पूरे संसार को समझा और समझाया जा सकता है। जैसे वाममार्गी तंत्र में पंच म-कार हैं, वैसे ही जटाशंकर के शास्त्र में पंच क-कार थे जिनसे कायर हो या शूरवीर दोनों की व्याख्या की जा सकती है। पंडित और मूर्ख दोनों की कुंडली पढ़ी जा सकती है। एक अन्य 'क'– *कट्टा* है जो देशी क्रोध की सर्वश्रेष्ठ अभिव्यक्ति है। जटा ने इसीलिए लीला को एक कट्टा लाकर दे रखा था।

अब 'क' वाली करमपुरा की जनता के कलेजे के कबाड़ से सवाल यह उठता है कि यदि जटाशंकर इतना ही बड़ा 'क-शास्त्री' है और उसे लीलाशंकर के कायर होने में सिर्फ तीन 'क' नजर आए तो फिर वह उसके साथ यत्र-तत्र क्यों चला जाता है?

रेकॉर्ड पर जटा का उत्तर – 'मौन' है।

ऑफ द रेकॉर्ड यह है कि जटाशंकर और लीलाशंकर में खून से ऊपर की कोई रिश्तेदारी है। अकेले में लीलाशंकर, जटाशंकर के सामने नत रहता है। कुछ खून के कर्ज, कुछ प्रेम के रहस्य उन्हें एक-दूसरे के विरुद्ध खड़े होने से बचाते हैं। जनता में अलग-अलग संस्करण वाले उपन्यास इस बारे में प्रचलित हैं। पर एक सर्वमान्य तथ्य यह है कि जटाशंकर मार्केटिंग में भी हाथ आजमा लेता है और उसका सेठ-साहूकारों की सभी किस्मों यथा– प्रगतिशील, जनवादी, वामपंथी, दक्षिणपंथी तथा वाममार्गियों में तबियत से आना-जाना है। वह साहित्यकार भी नहीं है। लीलाशंकर साहित्य वगैरह की लिखा-पढ़ी वाली राजनीति में गुपचुप हाथ डालने का शौकीन है। उससे

बनाए नेटवर्क तथा देशी-विदेशी नामों की रटन्त के चलते वह लगातार एक नाले से दूसरी नाली में कूदता हुआ छपाक्-छपाक् छवि बनाने का अभ्यास करता रहता है। इस प्रकार एक मार्केटिंग करता है, दूसरा इमेज बनाता है और अंत में मिलकर इमेज की मार्केटिंग हो जाती है। मजे की बात यह है कि इतनी व्यस्तता के बावजूद दोनों सरकारी महकमों में लगे हाथ नौकरी भी कर लेते हैं।

अब तक आप जान गए होंगे कि हिटलर, सिर्फ हिटलर क्यों रह गया और लीला के बाकी अध्याय हिटलर की जीवनी से मेल क्यों नहीं खा पाए।

और आज इस शाम...

आज इस शाम जबकि हवाएं चल रही थीं, प्रेस क्लब की पाक सरजमीं पर उनकी यह सरकारी मुलाजिमत-कम-कला की शिखर चेतना ही थी कि रिटायर्ड अफसर-कम-कवि, इलेक्ट्रिशियन-कम-स्पोर्ट्स रिपोर्टर, बैंकर-कम उपन्यासकार, समाजकर्मी-कम-वकील, सर्व-कर्मी झामनानी तथा महा-कर्मी बांडिया एक ही बोतल-कम-मोक्षदायिनी की धारा में उनके साथ अवगाहन कर रहे थे।

वकील साहब ने अपनी नीयत खराब नहीं की। वे मानव अधिकारों के लिए लड़ने को जिस तरह कर्तव्य मानते थे, एक पैग को बहस के अंत तक चलाए रखने को भी उतना ही महत्व देते थे। जाहिर है, इस संयम के चलते वे हर प्रकार से बोलने की स्थिति में थे। उन्होंने पहले पहल झामनानी- बांडिया के सामने एक सवाल उठाया था। वही सवाल दुबारा उठाया, 'समाज के बंटने में सबका हाथ है। मगर प्यारे मियां मामले में एक आदमी बेकार फंस गया है। पहले उसे देखना चाहिए।'

झामनानी सहित सबने उसे देख लिया।

वह लीलाशंकर था!

वही लीला, वही आंखें।

जिन बड़ी-बड़ी आंखों को निकालकर अंग्रेजी नामों को उछालता हुआ लीला भाव दर्शाता था, वे आंखें इस वक्त फूटे तवे के नीचे बुझा चूल्हा थीं।

वही लीला, वही नाक।

जिस नाक को वह अपने सौंदर्य की हेडलाइट मानकर किसी भी ढेर पर चढ़ जाया करता था, वह नाक, इस वक्त फूट चुके बल्ब-सी दर्दनाक थी।

वही लीला, वही जुबान।

जिस जुबान से वह टन्न्-टन्न् सिक्के के विलायती मुहावरे गिराता कला की लोकल फुटपाथ पर प्रशंसा के भिखारियों को डराता फिरता था, वह हलक की सुरंग में दारु जाने के रास्ते पर डर से चित्त पड़ी थी।

कवि ने कहा-चंदन-सा बदन, चंचल चितवन, धीरे से तेरा ये मुसकाना।

उत्तर इलेक्ट्रिशियन की तरफ से आकर गिरा-मुझे दोष न देना जग वालों, हो जाऊं अगर मैं दीवाना।

बांडिया ने समाज की चिंता में माथा पकड़ लिया!

# इंतज़ाम

लीलाशंकर के सूअर वाले ब्रोशर पर जीवन का सबसे जटिल बयान देते हुए झामनानी ने कहा– *सब सूअर हैं।*

रिटायर्ड अफसर कवि को यह कविता का नव्यतम प्रयोग लगा। बैंकर उपन्यासकार ने इसे भाषा के एकाउन्ट में सबसे बड़ा निवेश निरूपित किया। इलेक्ट्रिशियन पहली बार करुणा से आप्लावित हुआ। जैसा कि सभी जानते हैं बिजली दो काम कर सकती है – एक किसी पागल को झटके देकर ठीक करने के लिए पागलखाने में प्रवाहित हो जाए या कपड़ों की सलवटें दूर करके उन्हें शानदार बनाने के लिए किसी इस्तरी में प्रकट हो। स्पोर्ट्स रिपोर्टर का इलेक्ट्रिशियन हमेशा की तरह झटका देना चाहता था, लेकिन उस पर उदारता का दौरा पड़ गया। उसने भावपूर्ण अंजलि देते हुए सूअर वाले प्रयोग को इस सदी का सबसे बड़ा खेल करार दे दिया।

अब बांडिया की बैटरी पूरी तरह चार्ज थी, 'सवाल यह है कि इन सूअरों से कैसे निपटा जाए। समाज तो अपनी ही ओर देखेगा।

'सीएम क्या चाहता है?' झामनानी ने नजर उठाई।

'निश्चित रुप से शांति।'

'शांति कोई एस.पी. की नौकरानी है जो उठवा लेगा?' झामनानी ने गिलास खाली करके मेज पर रखते हुए कहा, 'हिन्दुओं की बस्ती। मस्जिद वाला पड़ोस।

मिलादुन्नबी पास में। प्यारे मियां की लाश के पास सूअर का ब्रोशर। कल से अखबारों में देखो क्या ग़ज़ब का सीरियल शुरू होता है।'

'और तुम,' झामनानी लीलाशंकर की ओर मुड़ा, 'पेंटिंग के बादशाह। सूअरों से तो कमाई करना छोड़ो।'

जवाब लीलाशंकर की मुर्दनी और जटाशंकर के लंबे डायलॉग से आया।

'राठी रिपोर्टर का कहना है कि उसने ब्रोशर को थानेदार खान से दबवा दिया था। मगर कुछ लोगों ने उसे देख लिया है। पेंटिंग एक हिन्दू की है, लाश मुसलमान की है, पेंटिंग में सूअर हैं। ऐसा कहा जा सकता है कि कत्ल करके प्यारे मियां की लाश पर *सूअर ब्रोशर* इसलिए डाला गया कि मुसलमानों तक साफ-साफ संदेश पहुंचे। मर्डर में कट्टे का इस्तेमाल हुआ था। हालांकि लीलाशंकर और मैं, दोनों के पास आपकी तरह रिवॉल्वर नहीं, कट्टा है! पर, यह कोई बात नहीं होती अगर खबर सुनकर थरथराया लीलाशंकर अपनी कुतिया वाली पेंटिंग पर कट्टा न चला देता। लीलाशंकर के पड़ौस में रशोमन रहती है, जिसने वह आवाज सुन ली। आप जानते ही हैं कि रशोमन का एन.जी.ओ. का काम-धंधा है। लीलाशंकर को शक है कि वह इस कट्टे को प्यारे मियां के कातिल वाले कट्टे से जोड़कर नया मोर्चा न खोल दे। ऐसे में जानवरों की हिफाज़त का एन.जी.ओ. चलाने वाले डेविड धवन से बात करके एक बयान तैयार करवाया है कि वह पेंटिंग मूलरूप से सूअरों की रक्षा के लिए एक पवित्र प्रचार अभियान के तहत तैयार करवाई गई थी। यदि उस पेंटिंग की प्रतिकृति को किसी ने कत्ल करते वक्त प्यारे मियां के पास रखा है तो यह निरीह पशुओं के विरुद्ध क्रूरता का मामला बनता है। लीलाशंकर के बाड़े में दो सूअर बरसों घूमते रहे। उन्होंने निरंतर उन्हें बिना भगाए भोजन दिया और पेंटिंग तैयार करके हमें भेंट की...।'

जटा के लंबे डायलॉग पर झामनानी तनाव में भी सुरूर के साथ लीला की ओर घूमकर मुस्कुराया, 'हो तो बहुत चालू लीला! दो साल पहले तो डेविड धवन का पशु प्रेम का धंधा शुरू भी नहीं हुआ था।'

बांडिया के बोल फूटे, 'चाहे कट्टा इनका हो, सूअर डेविड धवन के, मगर अपना एक ही लक्ष्य है – समाज नहीं बंटना चाहिए।'

लीलाशंकर ने बोतल से मिली ताकत इकट्ठा करके आर्त्तनाद किया, 'समाज तो तब बचेगा न, जब मेरे जैसे कलाकारों का जीवन बचेगा।'

'वाह उस्ताद!' इलेक्ट्रिशियन-कम-स्पोर्ट्स रिपोर्टर ने इस कलापूर्ण अभिव्यक्ति पर फिर से चहकती चीख दी, 'जीवन तो बांडिया जी का सी.एम. ही बचा लेगा।'

'फुलटाइम बांडिया' फुंफकारा, 'आप सीरियस नहीं रह सकते?'

'पार्टटाइम स्पोर्ट्स रिपोर्टर' हंसा, 'ज़्यादा सीरियस लोग जल्दी मर जाते हैं।'

फुलटाइम : आप लोग देख रहे हैं, ये हमेशा ऐसे ही करते हैं। सीएम के साथ मेरा क्या लेना-देना?

पार्टटाइम : आपका तो पत्रकारिता से भी नहीं, रिलीफ फंड से लेना-देना है।

फुलटाइम : आप टेबल टेनिस, क्रिकेट, पोलो में इलेक्ट्रिसिटी बोर्ड की तरफ से नियुक्त लाइनमैन हैं? वहां क्या ट्यूबलाइटें लगाते हैं?

पार्टटाइम : रिलीफ भाई, शांति रखो। सीएम साहब से करीबी ही तो जोड़ी है, गुनाह तो नहीं किया। सारे लोग इसके लिए मरे जाते हैं। आप रिलीफ फंड वाले जो ठहरे। आपकी महिमा का क्या कहना।

इस अंताक्षरी से बैंकर उपन्यासकार व्यथित हो उठा। रिटायर्ड अफसर का कवि हस्तक्षेप के लिए बेकरार था, मगर उसे इतनी चढ़ गई थी कि वह झामनानी के कंधे पर सिर्फ एक लंबा झूला ही ले सका। वकील साहब ने सबकी भावनाओं का प्रतिनिधित्व करते हुए कहा, 'हमें लीलाशंकर का जाति प्रमाण पत्र भी तैयार रखना चाहिए। यह दलितों को मुस्लिमों से लड़ाने की चाल भी हो सकती है।'

जटाशंकर ने कहा, 'पर ये तो ब्राह्मण है।'

अब फिर से कराहता हुआ लीलाशंकर सीन में खड़ा हुआ, 'राठी रिपोर्टर से बात हो गई थी। *मैं दलित भी हूं।* तभी तो बाड़े में डेविड धवन के बयान वाले दो सूअर घूम रहे थे।'

लीला की लीला जानकर बांडिया का मुंह खुला का खुला रह गया।

ठीक इसी वक्त समाज को बांटने से बचाने वाली उसकी पुकार पर ढक्कन लगाते झामनानी का उपसंहार आया, 'राठी रिपोर्टर को पकड़ के लाओ!'

अब तक झामनानी समेत सबके मोबाइल ऑफ थे। बांडिया ने खटाक से ऑन किया। वह कोई नंबर डॉयल करता इसके पहले ही प्रेम प्रकाश के नाम

से फीड करके रखी गई रिंगटोन बज उठी-इश्क है तो बंदगी है, इश्क है तो ज़िंदगी है, इश्क को दिल से लगाके झू-ऊ-ऊ-ऊ-म, धूम मचा ले, धूम मचा ले! धूम!!''

सब जानते थे, प्रेम प्रकाश की लीला का पार न था।

सब जानते थे, लीलाशंकर की लीला अपरंपार थी।

सबको खबर थी, झामनानी-बांडिया एंड कंपनी लीलाएं करते रहे थे।

जटाशंकर ने लीलाशंकर की बांह पकड़ी।

मोबाइल पर मचती धूम के बीच मानवाधिकार कार्यकर्ता वकील साहब खड़े हुए, 'उत्तिष्ठत! जागृत!! प्रबोधत्!!! अब सब उठो, चलो इस लीला का इंतजाम कर आएं।'

# रात के बारह बजे

मेरी आत्मा जानती है।

राठी रिपोर्टर करीब-करीब अठारह बार यह महा-वाक्य प्रयोग में ला चुका था।

आप समझ सकते हैं कि जब शहर में तनाव हो, सांस्कृतिक कार्यक्रम हो या कोई प्रोडक्ट लांच होने वाला हो तभी राठी की आत्मा को इतना जानने की पड़ी हो सकती है। राठी, होटल के कमरे में अकेला मालिश करवा रहा था। जब कभी वह थक जाता था या जब कभी वह बहुत आराम महसूस करता था, उसे मालिश अनिवार्य जान पड़ती थी। अति की हर स्थिति में बदन के हर हिस्से को आराम देने की यह प्रक्रिया उसे न सिर्फ तनावमुक्त रखती थी, बल्कि दूसरों को तनावग्रस्त करने की शक्ति भी देती थी।

राठी क्या था?

एक रिपोर्टर।

राठी क्या नहीं था?

एक मालिश वाला!

इसलिए, मालिश वाला तनाव की सारी प्रक्रिया को जानते हुए भी नहीं जानता था जबकि राठी, मालिश करवाते हुए उस प्रक्रिया से गुजर रहा होता था।

मालिश वाले ने सरसों का तेल हथेली में डालते हुए पूछा, 'राठी जी, एक बात बताइए, क्या कल को दंगा हो सकता है?'

राठी रिपोर्टर ने मालिश का मज़ा लेते हुए जवाब दिया, 'तेल ठीक से डालो। कनपटी पर अंगूठे का पुराने वाला कमाल दिखना चाहिए।'

'दंगे का पूछ रहा था।'

'मैं तेल का कह रहा हूं।'

दोनों खामोश हो गए।

दंगे का जवाब तेल।

बोलने की बजाय महसूस करने की बात थी।

अब मालिश वाला चटाक्-चटाक् की आवाज पैदा करती उंगलियों से रिपोर्टर साहब की कनपटी पर व्यस्त है।

रिपोर्टर साहब की कनपटी से आनंद की तरंग जाकर दिमाग से होती हुई गर्दन से नीचे जा रही है।

उधर राठी की आत्मा चुप नहीं बैठ रही है, इधर मालिश वाले की जिज्ञासा दबने का नाम नहीं लेती।

जीवन में ऐसे धर्मसंकट कभी-कभी ही आते हैं।

मालिशवाले का मुहल्ला वही था जिसमें प्यारे मियां की लाश मिली थी। याद करें तो प्यारे मियां ने भी एकाध बार उससे मालिश करवाई होगी। अक्सर वह सोचता था कि उसकी मालिश में ही कोई गुण है या उसके हाथ सिर्फ गुणीजनों को ही खोजते हैं। अनुभव कहते हैं कि उसे महत्वपूर्ण व्यक्तियों की ही मालिश का शौक था, लेकिन उसने यदि किसी सामान्य की भी चम्पी कर दी तो वह उल्लेखनीय होकर ही रहा। पिछले कुछ महीनों से राठी जैसे प्रेमी गुणीजन होटलों में ही मालिश करवाने लगे थे। इससे उसे गर्व की अनुभूति होती थी। लगता था कि हर चम्पी के साथ उसका स्तर थोड़ा और ऊपर उठ गया है। हालांकि दबे-छुपे कुछ मसाज पार्लर संचालिकाओं की नई चुनौतियों ने उसे और उसके स्तर को पीटने की कोशिश की थी, लेकिन इसके बावजूद वह डंके की चोट कहता था-*हाथ-हाथ का फर्क होता है।*

मालिश में महत्व इस बात का नहीं है कि आपका हाथ कितना नजाकत वाला है, महत्व इस बात का है कि वह किस नजाकत से किस पॉइन्ट पर कितना दबाव बनाता है। कहां, कितना, कैसे-यह बात उसने एक्यूप्रेशर या स्पर्श

चिकित्सा क्षेत्र के विशेषज्ञों से नहीं–तेल की शीशी और मालिश करवाने वाले की आंखों में उतरी खुमारी से सीखी थी।

राठी रिपोर्टर की आंखों में खुमारी उतर आई थी।

वह बिल्कुल उन्हीं बिम्बों में सोच रहा था जिनमें मालिशवाले ने सोचा था।

कहां, कितना दबाव बनाना, चटाक्–चटाक् लगाना।

क्या दंगा हो सकता है?

उसकी आत्मा जानती थी।

मिलादुन्नबी पास में थी और उस दौरान शहर में दंगे का कोई इतिहास न था। आराम से आती थी, चली जाती थी। प्यारे मियां का कत्ल क्यों हुआ, यह उतने काम की बात न थी जितनी यह कि उनकी लाश किस जगह, किस कलाकारी से डाली गई थी। थानेदार खान की औकात भी इतनी न थी कि वह कोई गड़बड़ करने की कोशिश करता। हैरत की बात यह थी कि प्यारे मियां एक स्कूल में पढ़ाते थे। कला प्रदर्शनी या कला जैसी चीज से मुश्किल से कोई वास्ता पड़ा होगा। वे उर्दू के टीचर थे और जितनी जानकारी मिली थी, उसके हिसाब से उन्हें 'वंदेमातरम्' प्रार्थना अपने धर्म के खिलाफ नहीं लगती थी। उनके कई दोस्त थे जो दोस्त के अलावा उन्हें अच्छा आदमी भी मानते थे। नियमित नमाज पढ़ना उन्हें विरासत में मिला था यानी उनके पिता भी पक्के नमाजी थे। वे सुबह–शाम सब्जी लेने निकलते थे। शाकाहारी थे। बेटा उनसे खफा था। बेटे ने खास कट की दाढ़ी रखवाई थी। उसकी ख्वाहिश थी कि 'सच्चा मुसलमान' बने। प्यारे मियां का कहना था कि जब 'सच्चा हिन्दू' लफ़्ज़ नहीं मिलता तो 'सच्चा मुसलमान' लफ्ज तंज के साथ इस्तेमाल करना लफ़्ज़ों के साथ खिलवाड़ है। बेटे का कहना था, उसने 1947 नहीं देखा। प्यारे मियां का कहना था, वे 1947 का क्या अचार डालें जब जी ही 2005 में रहे हैं। यानी मजे की बात यह थी कि प्यारे मियां 2005 में जीना चाहते थे और उनकी अगली पीढ़ी, उनकी नूरे–नज़र 1947 में घूमने को मचल रही थी।

बेटा खासा कलाकार था। उसकी जान पेंटिंग में थी। उसने पढ़ाई भी माशा अल्लाह ठीक से की थी। लोकल फाइन आर्ट स्कूल में मौका मिल गया था। वहां वह आर्ट पढ़ा रहा था। बातें उसने काफी बनाना सीख लिया था। सेकुलरिज्म के मायनों पर आधे–आधे घंटे की तक़रीर कर लेता था। 'सच्चा मुसलमान' और 'सेकुलर' पर उसके व्याख्यान से प्यारे मियां को कोई लेन-देन न था। वे तो समझते थे कि दस बार छाती खोलकर दिखाने में कोई हर्ज

नहीं है कि वे मुसलमान हैं तो इसका मतलब यह नहीं कि मुस्लिम मुल्कों से उनका कोई ब्रदरहुड है। वो जानें, उनके देश जानें। वहां के हिसाब से सोचो तो वहां के कानून यहां चलाकर देखो। यहां मुसलमान राष्ट्रपति है, मुसलमान हीरो है, मुसलमान डॉक्टर और इंजीनियर है। सब अपना-अपना काम करते हैं। जिस देश में रहो, उसकी नेशनल पॉलिसी, उस देश के हर आदमी की पॉलिसी। इसमें धर्म का कोई 'खेल' ही हो सकता है, वर्ना असल में कहीं कोई मुश्किल नहीं।

बेटे को इससे ऐतराज था।

वह देखता था कि पहले जो गुंडे लीडरों के लिए काम करते थे, अब खुद टिकट लेकर पार्टियां चला रहे हैं। आदमी अच्छा लीडर बने, इससे बेहतर है अच्छा गुंडा बने। गुंडों की सबको जरूरत है और मजहब गुंडों की दुनिया तक में बहुत काम का साबित होता है। इसलिए, आदमी को वक्त की समझ होनी चाहिए। सन् 2005 में भी सन् 1947 को बार-बार याद करना चाहिए।

गोकि वह आर्टिस्ट अच्छा था, एक बार हिन्दू देवी-देवताओं की तस्वीरें बनाकर उसने खूब वाह-वाही भी लूटी थी, पर इसे वह सेकुलरिज्म का मजा करार देता था। उसका मानना था कि दस बार क्यों, एक बार भी छाती खोलकर क्यों दिखाएं? हम मुसलमान थे, हैं और रहेंगे। मजहब के हिसाब से कल्लू का चौक, काबुल, कश्मीर, तेहरान और बगदाद भाई-भाई हैं। इसमें क्या तकलीफ है? इस देश में रहते हैं तो यह देश हमारी इज़्ज़त करे, हमारे हिसाब से हमें जीने दे, हमारा हिस्सा हमें दे।

प्यारे मियां का मानना था कि मजहब व्यक्तिगत मामला है, मुल्क बिल्कुल अलग चीज है। हिस्से की भाषा में बात करोगे तो 'एन्टीनेशनल' होगा। जाकर लाहौर में ही मकान लेके देख लो, पता चल जाएगा कि 'ब्रदरहुड' की असलियत क्या है।

बेटे को बहस के इस हिस्से से चिढ़ होती थी। वह भुनभुनाता, पाकिस्तान-हिन्दुस्तान बंटा तो हम हिन्दुस्तान में खामख्वाह रह गए।

प्यारे मियां कहते, बेटे तब यहां अपने शहर में दंगा नहीं हुआ था। भागने की जरूरत क्या थी?

बेटा कहता, *तो हो जाना चाहिए था।*

प्यारे मियां खामोश हो जाते।

*2005 वालों को 1947 चाहिए।*

रात के बारह बजे पहले पाकिस्तान आज़ादी का दिन मनाएगा और सुबह हिन्दुस्तान तिरंगा लहराएगा।

दो देश, दो दुनियाएं।

*रात के बारह बजे* ।

राठी रिपोर्टर को प्यारे मियां का चेहरा याद आया।

उनका बेटा अल्पसंख्यक मोर्चा बनाने की जुगत में था और मशहूर ब्रांड की घड़ी पहनता था। प्यारे मियां सुबह-शाम बदस्तूर सब्जी खरीदकर आ-जा रहे थे। वे कलाई में घड़ी की जरूरत ही महसूस नहीं करते थे। हिन्दू संगठनों की नई आमद को प्यारे मियां कुछ मुसलमान लीडरों की नीतियों का नतीजा मानते थे और बेटा, हिन्दू संगठनों की संख्या से अपनी रक्षा पंक्ति के सिपाहियों का इजाफा मिलाकर देखता था। प्यारे मियां आटा चक्की को आर्ट स्कूल की नौकरी से ज्यादा काम की करार देने लगे थे, जबकि आर्ट स्कूल में उनका टीचर बेटा उर्दू को देवनागरी में लिखे जाने के खिलाफ सरकार को दिए जाने वाले ज्ञापन पर दस्तखत का अभियान चला रहा था। प्यारे मियां को भैरोसिंह से ताश में जीत जाने का मज़ा घेरे हुए था, बेटा अपने प्रिंसिपल से शतरंज या अपने साथ वाले टीचरों से पतंग में काटा-मारा की जुबान लड़ा देने को आमादा था।

प्यारे मियां अपने सुख में सुखी थे।

प्यारे मियां का बेटा अपने दुख में सुखी था।

घर में टंगी दीवार घड़ी दोनों के काम आती थी।

'चटाक्!' मालिशवाले ने खोपड़ी के शिखर पर हथेलियां मिलाकर खास मुद्रा में गिराईं।

राठी रिपोर्टर ने खुमारी मिली आवाज़ में कहा, 'कुछ भी हो सकता है!'

मालिशवाले ने दुबारा, दो तरह से किया – 'चटाक्! चटाक्!!'

राठी रिपोर्टर बोला, 'हो जाएगा तो भी हम कर क्या लेंगे?'

अबकी बार मालिशवाले ने गर्दन को खास तर्ज से पकड़कर झटके दिए, कट-कट! कड़ाक कट!!

राठी रिपोर्टर ने कहा, 'अब सूअर काटकर फेंकने की जरूरत नहीं रही। सूअर का एक ब्रोशर ही काफी है।'

मालिश वाले के हाथ रुक गए, 'क्या कहा?'

ओम जय जगदीश हरे

राठी का मोबाइल गाने लगा।

यह रिंगटोन प्रेम प्रकाश के नाम फीड की हुई थी।

'तुम स्साले वहां मालिश करवा रहे हो। यहां सबकी अटकी पड़ी है।'

'सर, अभी तो पेज निपटा-के निकला था।'

'दुनिया निपट जाए तो भी तुम मालिश ही करवाते रहोगे।'

'अभी आऊं?'

'किसी को लेने भिजवाऊं?'

'अभी हाजिर हुआ।'

फोन बंद हुआ।

मालिशवाले ने शीशी का ढक्कन लगाया।

सारी खुमारी जाती रही। राठी रिपोर्टर ने दीवार पर टंगी घड़ी और मोबाइल की घड़ी मिलाई।

वक्त एक ही था-

रात के बारह बजे!

# इश्क़ कमीना

प्रेमजी की पिक्चर चल रही थी।

प्यारे मियां का खून!

दफ्तर के दरबार को उन्होंने स्नेहपूर्वक देखा।

आत्माराम बांडिया झुका था, राठी रिपोर्टर खड़ा था। टीवी पर धार्मिक चैनल चल रहा था, जिसमें एक बाबाजी लगातार नाक से सांस खींच रहे थे, दूसरे से फेंक रहे थे। नीचे स्लोगन चल रहा था जो बताता था कि ब्लडप्रेशर के कितने मरीज़ बाबाजी के नुस्खे से लाइन पर आ चुके हैं।

अखबार वही जो पिया मन भाए।

टॉर्च फैक्टरी की बैलेंस शीट देखते हुए भी प्रेमजी ऐसा ही कुछ कहते थे–रोशनी वही जो मन चाहा दिखाए।

उनका उस पुरानी कहावत में दृढ़ विश्वास था कि अंधेरा कुछ नहीं होता, प्रकाश की अनुपस्थिति मात्र होता है। उनके नाम में ही प्रकाश था। जब वे अंधेरे को भरने वाली टॉर्च बना रहे थे तभी से जानते थे कि अपना ही एक अंश समाज को देने जा रहे हैं। अखबार निकाला तब भी मशाल वगैरह के प्रकाश को ध्यान में रखे हुए थे। जब धागा फैक्टरी चली तो वे स्वयं को कबीर का बचा हुआ काम पूरा करने वाला मानकर ही चले।

कबीर जुलाहे थे, प्रेम प्रकाश कबीर के नए समय के रिश्तेदार की शक्ल लिए सामाजिक संगठनों में रिश्तों की बुनाई करते, रुई वाली धुनाई करते दिख जाते। कबीर ने अपना घर फूंका था। प्रेम प्रकाश ने समूचे समाज को ही घर मान लिया था, उसके फुंकने-भर की देर थी।

आज उनके दस्तखत से पहले पेज पर खास नोट जा रहा था। बांडिया की भाषा और प्रगतिशीलता के जौहर ऐसे समय अत्यंत उपयोगी हो उठते थे। समाज को जोड़े रखने वाली मुद्रा और दंगे की जांच का तापमान बांडिया ने खूब मिलाया था! ...टिप्पणी देखकर प्रेमजी के मुंह में पानी आ गया।

प्रेमप्रकाश के मुंह में पानी गिने-चुने मौकों पर ही आता था। एक तो जब वे चैनल एमटीवी की नंगी गायिकाओं को आवाज़ बंद किए हुए अखंड देखते थे। दूसरे, जब वे गोलगप्पों की रेहड़ी से गुजरते हुए गहरे उतर जाते थे-*गोलगप्पे में मसालेदार तेजाब भरा हो तो क्या बात है!*

अपनी दस्तखत वाली टिप्पणी पढ़कर प्रेमप्रकाश को नंगई और तेजाब दोनों का मिला-जुला मज़ा आया। एक-एक लाइन दिल छू लेने वाली हरामखोरी, करिश्माई चालूपन और शाश्वत लफंगई का मज़ा दे रही थी। 'प्यारे मियां का खून' अगर तीन दिन और चल जाए तो सारा हिसाब ठीक हो जाए!

बांडिया आत्ममुग्ध था। टिप्पणी 'तेवर' वाली थी। ऐसे अवसरों पर हैरत और अफसोस होता था कि प्रेमजी उसकी भाषा के इतने कायल हैं तो उसे अखबार की मुख्यधारा में क्यों नहीं ले आते? क्यों रिलीफ फंड के कोने में पटक रखा है। राठी रिपोर्टर खड़ा-खड़ा बांडिया के उतार-चढ़ाव देख रहा था। हर नाजुक मौके पर बांडिया की भाषा का भूत प्रेमजी को चढ़ता था। न जानते हुए भी जानते थे कि बांडिया दलाली का मास्टर है। वह भाषा के साथ भी दलाली का जौहर दिखा लेता है। बाद में सबको बताता फिरता है कि प्रेमजी के दस्तखत से जो आज छपा है वह दरअसल उसका ही लिखा है, वर्ना प्रेमजी तो टॉर्च और धागा बेचने वाले ठहरे।

प्रेमजी को भी यह बात पता थी, लेकिन उन्हें यह भी पता था कि उनके दस्तखत का मोल ऊंचा है, वे न जाने कितने बांडियाओं को अपने दस्तखत देकर खरीद सकते हैं, फिर बांडिया तो बस दलाल ठहरा। उनका मानना था कि पैर के हिसाब से जूते पहन लेना चाहिए, यह पूछने का कोई मतलब नहीं कि मरे जानवर की खाल के हैं या खाल के लिए मारे गए जानवर के। कभी-कभी मंदिरों में जाने के लिए खड़ाऊं या नंगे पैरों से भी काम चलाया जाता है। उस वक्त के लिए अलग लोग होते हैं, जैसे अपना रघुकुल तिलक। उसमें अभी भी लोकमान्य

तिलक के जमाने का 'केसरी' अखबार फड़फड़ाता रहता है। संपादकीय पेज या फीचर पेजों के लिए उसकी क्रांति फिट है। असल में असली ज़िंदगी के तेवर में बांडिया उसके पासंग भी नहीं बैठेगा। मुसीबत यह है कि उसकी आत्मा जब-तब जाग्रत होती रहती है। मंदिर तक तो तिलक की आत्मा ठीक है, मंदिर के ट्रस्ट में, उसकी दान पेटी में आत्मा नहीं, आत्माराम बांडिया चाहिए। भाषा के मंदिर में भी तिलक का बांडिया होना मुश्किल था, बांडिया तिलक नहीं हो सकता था। टॉर्च की गरिमा के लिए तिलक अखबार बनाता था, टॉर्च फैक्टरी के प्लाट का सौदा बांडिया पटा कर लाता था।

'सिम्पल!' प्रेमजी बोले, 'सही पैर में सही जूता।'

बांडिया ने कहा, 'एकदम फिट साहब! भाषा पर आपकी पकड़ बड़ी मजबूत है।'

प्रेमजी मुस्कुराए, 'नहीं! बांडिया जी, आप जैसे जुझारू कलमकारों से ही कुछ सीखता रहता हूं।'

उन्होंने टिप्पणी के तेवर और कसते हुए एक पैरेग्राफ के अंत में अपनी जूते वाली कहावत जोड़ने की सलाह दी।

राठी रिपोर्टर को यह दृश्यावली कमीनेपन की चलती-फिरती प्रदर्शनी जैसी जान पड़ी जिसमें वह भी एक कमीना था। अचरज हुआ कि मन में ऐसे विचार क्यों आ जाते हैं? बांडिया और उसमें क्या फर्क है? बांडिया 'समाज को जोड़ने' का मुहावरा जैसे इस्तेमाल करता था, राठी रिपोर्टर संस्कृति, व्यापार तथा अपराध तीनों विभागों में इसी मुहावरे की तलाश करता आया था।

दोनों सेकुलर-प्रगतिशील गीत गा रहे थे, लेकिन बांडिया का चेहरा दमक रहा था, राठी का बिगड़ रहा था।

*'अभी पूरी तरह कमीना होने में कसर बाकी है।'*

राठी रिपोर्टर ने खुद के बारे में निष्कर्ष निकाला।

पत्रकारिता में वह दुनिया बदल देने के इरादे से कूदा था। यों बदल तो उसे अब भी रहा है मगर बीच-बीच में ठिठक जाया करता है। वह देखता है कि मुख्यधारा के मोर्चे पर तिलकजी हैं और रिलीफ फंड के गोदाम में बांडिया। तिलकजी के बनाए अखबार के पहले पेज पर प्रेमजी वाली टिप्पणी बांडिया के हाथों अवतार लेती है।

ऐसे में वह तिलकजी का सैद्धांतिक मुख्यधारा नेतृत्व मॉडल उठाए या बांडिया का रिलीफ फंड गोदाम वाला? तीसरा मन के भीतर से फुंफकारता था-स्थायी मॉडल तो प्रेमजी वाला है जिसमें पहले दोनों समा जाते हैं।

'राठी बाबू, क्या यह सही है कि आपने लीलाशंकर का सूअर वाला ब्रोशर थानेदार खान से मिलकर दबवाया?' प्रेमजी ने अचानक पूछा।

'लीलाशंकरजी प्रोग्रेसिव आदमी हैं। ऊंचे आर्टिस्ट हैं। सेकुलर हैं। उनकी पेंटिंग का दुरुपयोग बेहद चिंताजनक बात है। हम चाहते हैं कि समाज एक रहे, तनाव न हो...' बांडिया ने बीच में ही तिरछी नजर डालते हुए ऐसे कहा जैसे *'कहो राठी को, सुनें प्रेमजी।'*

राठी रिपोर्टर सतर्क हो गया, 'सवाल ही नहीं उठता। मैंने कुछ दबवाया नहीं, थानेदार खान से इतना-भर कहा कि ब्रोशर को कला के ब्रोशर की तरह देखो, उसमें सूअर की पेंटिंग हो या कुत्ते की – क्या फर्क पड़ता है?'

'यानी कुल मिलाकर तूल न देने की सलाह दी?'

'यही कर सकता था सर! वैसे भी आप जानते हैं, थाने वालों को कला-वला से कोई मतलब नहीं होता। खान तो और भी बड़ा पुलिस वाला है। उसे थाने में कला की कहोगे तो पड़ोस के कोठे से किसी कला को उठा लाएगा।'

'आप खान को खूब जानते हैं।'

'आपकी मेहरबानी है। आपके अखबार का नाम न हो तो हमें कौन पूछ रहा है? आदेश हो तो एफआईआर में कुछ ऊपर-नीचे करवाएं या बात करके कोई नया एंगल तलाशें?'

'जितने भी एंगल हों, सब ले आइए। हम निष्पक्ष, निर्भीक और सामाजिक जिम्मेदारी पूरी करने वाली हर रिपोर्ट देना चाहेंगे। इस केस में अपराध, संस्कृति और धर्म तीनों साथ हैं, इसलिए रेगुलर क्राइम रिपोर्टर की बजाय इसे अब आप ही रिपोर्ट करेंगे। बांडियाजी टाइम निकालकर आपकी मदद करेंगे। बांडियाजी को मैंने बाकी एंगल अलग से समझा दिए हैं।'

टीवी पर बाबाजी ने फिर सांस छोड़ी।

प्रेमजी ने एक सांस में सारे निर्देश निपटा दिए।

राठी समझ गया कि केस के पांच एंगल हैं, जिसमें से तीन अकेले प्रेमजी के हैं, एक बांडिया और एक उसका रहेगा। बांडिया जब-तब प्रेम प्रकाश के तीन एंगल में जुड़कर खड़ा हो जाएगा। ऐसी स्थिति में उसका एकमात्र शेष एंगल मुखबिरी है।

सच्चाई का अहसास करते ही उसे गुटखे की तलब लगी। इजाजत लेकर बाहर आया। बाहर दाईं गली में दूसरे दर्जे के प्रतीक्षालय के मुसाफिरों की तरह हर आती हुई गाड़ी को अपनी गाड़ी समझकर चौंक उठते लीलाशंकर-जटाशंकर बैठे थे। राठी

ने उन्हें देखकर भी नहीं देखा। लीला-जटा चौंककर भी नहीं चौंके। उनके पास पक्की फाइल थी, तैयार बयान थे। राठी के पास गुटखा था और खाकर थूकने की इच्छा थी।

राठी जानता था कि ये भीतर जाकर आधे घंटे रोएंगे।

लीलाशंकर का बाप मरा था तब उसका फोटो सहित समाचार पहले पेज पर लग जाए इसके लिए वह दो घंटे प्रेमजी को कला जगत की व्याख्या सुनाता रोता रहा था। कलाकार के पितृशोक पर प्रेमजी ने आंसुओं का मोल, आखिरी पेज पर फोटो देकर चुकाया। जब पूछा गया कि उनके बाप ऐसी क्या चीज़ थे कि 99 साल की मौत को आखिरी पेज पर मय फोटो दिया जाए। तब प्रेमजी ने कहा – लीलाशंकर की पहले पेज के लिए रोने की कला इतनी महत्वपूर्ण साबित हुई है कि मरने वाले का उनका बाप होना काफी होगा।

सोचते-सोचते राठी रिपोर्टर बाहर हुआ। पीछे से चिमन चपरासी ने दोनों हाथ जोड़कर पुकार लगाई – जय श्री राधे!

'जय श्री राधे!'

'प्रभु कृपा है कि नहीं?'

'आपकी चाहिए।'

'वो तो ट्रक भेज देना, भरकर भेज दूंगा।'

चिमन मूंछों पर मोड़ डालता हुआ करीब आ गया।

एकमात्र चिमन चपरासी अखबार में तब से था, जब से वह शुरू हुआ होगा। यहां इतना लंबा टिकना इतिहास बनाना है। चिमन के बारे में मशहूर है कि उसने एक बार प्रेमजी को कार साफ करने से इनकार कर दिया था। 'चिमनी तर्क' यह था कि कार साफ करना उसकी ड्यूटी में नहीं आता। ऊपर से, चूंकि उस दिन बारिश हो रही थी इसलिए अगर जुकाम हो गया तो कंपनी को सर्दी की दवाइयों पर अलग से खर्च करना पड़ जाएगा। चिमन के तर्क से कायल प्रेमजी ने गाड़ी खुद साफ कर ली और चरित्र की दृढ़ता का आधार बनाते हुए चिमन की नौकरी पक्की कर दी।

वो दिन है और आज का दिन, चिमन चपरासी प्रेमजी का स्थायी भक्त है। दुनिया-भर में घूमने का लाइसेंस लिए वह शेष चपरासियों से लेकर अकाउन्ट्स डिपार्टमेन्ट तक की छाती पर मूंग दलता फिरता है।

राठी के साथ उसकी घुटती है। वजह? राठी रिपोर्टिंग के क्षेत्र में इतिहास बनाना चाहता है। दफ्तर में इतिहास बनाने का तजुर्बा सिर्फ चिमन के पास है।

नौजवान राठी अपने इतिहास की नींव अनुभवी चिमन के नक्शे के हिसाब से डालना उचित समझता है। हालांकि राठी चपरासी नहीं होना चाहता और चिमन को रिपोर्टर होने में कोई दिलचस्पी नहीं।

'आप लोगों पर कभी-कभी दया आती है।' चिमन ने भावना प्रकट की।

'आनी भी चाहिए। देखते नहीं चौबीस घंटे लगे हैं फिर भी एक गुटखा दबाने की फुरसत नहीं।'

'सब कर्मों का फल है।' राठी का जवाब था –

'रिपोर्टर की ज़िंदगी गियर और ब्रेक पर,

मालिक की ज़िंदगी बिस्कुट और केक पर।'

ट्रक साहित्य से उड़ाकर शुद्ध कर दिए गए शेर को सुनकर चिमन का दिल खिल गया।

ऊंचे लोग-ऊंची पसंद वाला गुटखा दबाकर उसने राठी को सूचित किया, फिर से बांडियाजी के दिन फिर रहे हैं।

जब तक यह सूअर प्रकरण चलेगा बांडिया जी 'वरिष्ठ पत्रकार' रहेंगे।

'लेकिन वे तो पहले से वरिष्ठ पत्रकार हैं।'

'तभी तो रिलीफ फंड की बर्फ में दबे थे।' चिमन ने आंख दबाई, आपके लिए मौका है। आप इस केस को निभा ले जाएं तो ज़िंदगी बन सकती है।

राठी ने ज़िंदगी बनाने का शौक खुलकर जाहिर करते हुए 'ऊंची पसंद' का गुटखा फिर आगे बढ़ाया, 'आजकल प्रेमजी का मूड बदला-बदला क्यों दिखता है? वे मार्क्सवाद की सरल गाइड भी मांग रहे थे। लोहिया के भाषणों के अंश भी उन्होंने पढ़ने के लिए मंगवाए। पंडित दीनदयाल उपाध्याय संदेश सार भी मांगा। घर पर सब ठीक-ठाक तो है?'

चिमन ने गंभीरतापूर्वक कहा, 'प्रेमजी की धर्मपत्नी अपने मायके में है। बच्चे पहाड़ी इलाके के एक होस्टल में शिक्षा प्राप्त कर रहे हैं। पिछले कुछ दिनों से रात तक स्कॉच पीते रहते हैं। स्कॉच आदमी को कल्याणकारी कदमों की तरफ ले जाती है। शायद इसीलिए वे यह साहित्य मांग रहे होंगे। असल बात यह है कि बहुत दिनों के बाद प्रेमजी एक ऐसा गेम खेलने जा रहे हैं जो उन्हें पत्रकारिता के इतिहास में अमर कर देगा।

'गेम' का मतलब राठी रिपोर्टर बेहतर जानता था।

उसे 'संपूर्ण कमीनत्व' का सपना यकायक सच होता जान पड़ा।

उसने पत्रकारिता से इश्क किया था। यह उन दिनों की बात थी जब प्रेम-दृश्य फिल्माने के लिए बी.आर. चोपड़ा को दो फूल मिलते दिखाने पड़ते थे। हीरो-हीरोइन की गिरी किताबें उठाकर उनमें फूल रखने में ही पूरे पांच मिनट लेता था। अब मुंबई में बी.आर. चोपड़ा का भतीजा काम पर था। भतीजे यानी आदित्य चोपड़ा, जिसे लोग 'एडी' कहते थे, के जमाने की फिल्मों में हीरो बारिश में ज़िस्म पर जैसे-तैसे कपड़ों के कुछ टुकड़े टिकाए नाचती हीरोइन के बाप या होने वाले पति को उल्लू बनाकर शान से लिपटमार गाने गाता था। राठी ने पाया कि अब पत्रकारिता में भी लिपटमार मौसम है और उस जैसे आशिकों के मन में 'मेरा प्रेम पत्र पढ़कर तुम नाराज़ ना होना' के मुकाबले 'कर दे मुश्किल जीना/इश्क कमीना...' वाला नाच मचा हुआ है।

राठी ने तय किया, बी.आर. चोपड़ा के दौरान इश्क शुरू किया था तो क्या हुआ, एडी के जमाने में भी वह कोई पिटा हुआ आशिक नहीं होने वाला। इस बार बांडिया को पीट ही देना है।

कमीनों का, कमीनों के लिए, कमीनों द्वारा बनाया गया उसूल है कि कमीनेपन को शुद्ध कमीना होकर ही प्राप्त किया जा सकता है। संपूर्ण कमीनत्व सार्थक जीवन की कुंजी है। सच्चा आशिक कमीना होने को तैयार हो तभी मुहब्बत परवान चढ़ती है।

दूर आत्माराम बांडिया बाहर आता दिखाई दिया।

अद्‌भुत मोड़ आया!

राठी रिपोर्टर तेजी से आगे बढ़ा और जीवन में पहली बार उसके पांव छू लिए।

दूर जाते चिमन चपरासी ने सीटी बजाई – हो गया! नया अध्याय शुरू हो गया।

# बाबा घुन्नेशाह रंगीले

रशोमन पिछले कई घंटों से लीलाशंकर के बाड़े में खिले फूल, टूटे गमले और दरवाजे पर चढ़ने को कोशिश में लगी काई को देख रही थी।

रशोमन ने ब्याह नहीं किया था। हालांकि ऐसा न था कि देश का काम करने या भले ढंग से जीने की शादीशुदा मिसालें न हों पर उसे गृहस्थी की कल्पना-मात्र से भारी चिढ़ थी। उसका एक ब्यूटी पार्लर फेल हो चुका था। ब्यूटी पार्लर वाले अनुभव के दौरान ही उसने तीन तरह की औरतें देखीं-एक, जो लगातार भौंहें नुचवाने, नाखून कटवाने, चेहरा पुतवाने के लिए बिला नागा हाजिर मिलती थीं। ड्राइवर उन्हें गाड़ी में लाता था। दो घंटे बाहर बैठता था। आने-जाने वालियों को उसकी उपस्थिति से भीतर वाली की पहचान पता चलती थी। इस किस्म की औरतें मौटे तौर पर कोई काम-धंधा नहीं करती थीं, लेकिन भयंकर व्यस्त रहती थीं। कारोबार में ऊंच-नीच को बयान करते हुए वे महान व्यापारी की तरह बात शुरू करती थीं, पर अंत में टेलीविजन की किसी सास-बहू पर उतर आती थीं। कुछ तो ऐसी थीं जो पूरा सीरियल बनाने की आर्थिक और इस तरह रचनात्मक शक्ति भी रखती थीं। उन्होंने कुछ पढ़ाई की डिग्रियां भी ले रखी थीं। इस लिहाज से शिक्षा व्यवस्था, अर्थशास्त्र, बाजार, नया रेजर, समलैंगिक आंदोलन, सेक्सी शब्द के सभ्य

अनुवाद, मिनी स्कर्ट के उपयोग तथा कॉकटेल न बना पाने के अफसोस आदि पर समान अधिकार से चर्चा करती थीं। फिर वे पैसे फेंककर निकल जाती थीं।

वे मिसेज भाग्यशाली थीं।

वे संभ्रांत थीं।

उन्हें देखकर भ्रांति होती थी कि प्रगतिशील पूंजीवाद की धुरी आजाद स्त्री इसी ब्यूटी पार्लर में उगती है।

दूसरी वे थीं जो नौकरियां करती थीं। इनमें भी कुछ के पास खूब पैसा था, पर वे ऊब का जवाब पूरी तरह जवान रहकर नौकरी के मजे से देना चाहती थीं।

उन्हें नौकरी छूटने का डर न था, मिसेज इंडिया वगैरह के पेट पर पड़ रही सलवटों की फिक्र थी। शुरू में बताई गई औरतों के लिए इनके मन में हिकारत थी। भरोसा था कि नौकरी इन्हें, उन औरतों से ऊपर सौंदर्य और बुद्धि का संगम बनाती है। इनके कुछ कल्याणकारी काम भी थे जैसे आयोडीन की गोलियां बांटना, एड्स की कार्यशालाओं के लिए माहौल बनाना, मंदबुद्धि बच्चों के लिए खास फिल्म शो करवाना तथा थक जाने पर कोई चर्चित उपन्यास सिरहाने रखकर सो जाना।

वे अमीरी से क्लांत थीं।

पैसा फेंकती थीं, पर मेहनत का हवाला देती थीं। उनका अपना दर्शन था। देखकर लगता था कि आत्मनिर्भरता का मनी प्लांट अब फैला कि तब फैला।

नौकरीवालियों में एक श्रेणी उनकी थी जो नौकरी के बिना घर में आए फ्रिज की किस्तें चुकाने की आशंका से कांप उठती थीं। उनके लिए चुस्त- दुरुस्त और सौंदर्यशालिनी रहना एक अनिवार्य रोमांच था। वे लिपाई-पुताई के दौरान कभी-कभी बेचैन हो जाया करती थीं। एक-एक नाखून, एक-एक बाल के लिए अतिरिक्त चार्ज का पूरा ब्यौरा पहले ले लेती थीं, फिर बिल में डिस्काउंट की गुंजाइश के लिए अंग्रेजी में मुस्कुराती भी थीं। वे 'सास-बहू' सीरियलों की बोरियत पर बड़बड़ाती थीं, पुराने गानों की बातें करती थीं, वक्त की पाबंद थीं और कोई बिल बकाया नहीं रखती थीं। बच्चों की बातें करती थीं। वे अपना वाहन खुद चलाती थीं। वे अपना प्रेम खुद संभव करना चाहती थीं। पहली किस्म की नौकरीवालियों को आज भी समझ में ही नहीं आया कि ये ब्यूटी पार्लर में आती ही क्यों है? बाजार शास्त्री इस उम्मीद में थे कि यही औरतें जब हताश होंगी तो अगली पीढ़ी को बाजार की प्रतियोगिता में बदले की इच्छापूर्ति के लिए उतार देंगी। बाजार के भविष्यवेत्ता स्त्री मुक्ति की उस भावी महाघटना की तारीखों की भविष्यवाणियां कर रहे थे। स्त्री मुक्तिकामी मर्द विशेषज्ञ इस भावी महाघटना की अलग-अलग तारीखें निकाल रहे थे।

औरतों की तीसरी श्रेणी उन नौजवान लड़कियों की थी जिन्होंने वर्गभेद का हिसाब बराबर कर छोड़ा था। ये समान भाव से होंठ, गला, कान, आंख, पिंडलियां, उंगलियां, बाल का बिल बनवाती जाती थीं। सीटी बजाती, गाती थीं। उन्हें पता नहीं चलता था कि ब्यूटी पार्लर की सेवाओं पर भी नए बजट में सर्विस टैक्स लग गया है। वे कॉल सेंटरों, रिसेप्शनों, फैशन हाउसों, पिज्जा हटों, मॅकडोनाल्डों में खप जाने को तैयार थीं। उनमें से कुछ बाप-दादों के बिजनेस में सीईओ भी बन जाने को उत्सुक थीं। पेज थ्री, कास्टिंग काउच, एसएमएस, रैम्प, बडी, हाय, तड़ी, झकास और बिंदास! जब ये पार्लर में होती थीं, बाहर भीड़ बढ़ जाती थी। भीड़ पीछा करने वालों की नहीं थी, यह रशोमन ने तब जाना जब उसे एक बार भी सुरक्षा इंतज़ाम की जरूरत नहीं पड़ी। वे या तो उन्हें ले जाने वाले थे या ये उन्हें ले जाने वाली थीं। ये दोस्त थे और समान रूप से करिश्मा कपूर को *लोलो* या जेनिफर लोपेज को *जेलो* कहते थे।

रशोमन ने कभी-कभार दुल्हन का सिंगार कराने वाली लड़कियों को भी देखा, जो मेहंदी के रंग और डिजाइन पर आधा घंटा झगड़ा कर बैठती थी।

ये सारी औरतें थीं। पर ऐसी बहुत सारी औरतें थीं जो इन जैसी नहीं थीं। वे ब्यूटी पार्लर नहीं आती थीं।

रशोमन ने जिस दिन यह विचार किया, उसी दिन ब्यूटी पार्लर फेल हो गया।

काई लीलाशंकर के दरवाजे पर किसी पेंटिंग की तरह चढ़ रही थी। धीरे-धीरे। रशोमन को उसके यहां टूटे गमले में लाल फूल वाला कैक्टस दिखा। गमले पर गिरगिट बैठा घूर रहा था।

शुरू-शुरू की बात है। लीला और जटा पहले उसके पास सिमोन द बोउवार और ज्यां पॉल सार्त्र के किस्से गढ़कर सुनाने आते थे। कभी-कभी लीला खिड़की से अजीब-अजीब सूरतें बनाता दिखता था। जटा गर्मियों की रातों में दो-चार दफे सिर्फ टॉवेल लपेटे, हाथ में गिलास लिए, छत पर संदिग्ध तरीके से घूमता दिखा। कॉलोनी में वे विचित्र निगाह से देखे जाते थे। लीला सपत्नीक सरकारी नौकरी में था। पत्नी कहां पोस्टेड थी इसके बारे में धुंधली जानकारी उपलब्ध थी। कभी-कभी कोई आना-जाना दिखा हो तो और बात है, वरना लीला का संसार जटा की उपस्थिति से समृद्ध था। जटा अक्सर आता-जाता, कभी-कभी चार-छह की भीड़ भी लाता। भीड़ बढ़ती तो पिछवाड़े का दरवाजा भी थोड़ा-बहुत खुलता। उसका पिछवाड़ा और रशोमन के मकान की पीठ एक-दूसरे से लगे थे। दोनों चाहते तो अपने-अपने किचन

से, एक-दूसरे के बाड़े देख सकते थे। रशोमन ने पीछे बगिया खड़ी कर दी थी। लीला ने बाड़े को बाड़ा बनाकर रख छोड़ा था। लीला के बाड़े में सूअर घूम सकते थे। रशोमन की बगिया में भंवरे घूमते थे।

वह भी कोई पिछवाड़ा खोल देने वाली भीड़ वाला दिन था। डेविड धवन इसी बाड़े के जरिये बगिया में घुसने की कोशिश करते मिला। उसने पूछा था, 'कब से आप इस धंधे में हैं?'.

रशोमन क्यारियों पर कीटनाशक फव्वारा छिड़कते हुए पलटी।

मतलब एनजीओ कब से चला रही हैं?' वह खामख्वाह दोस्ताना एक्टिंग करने लगा।

'थोड़ा-बहुत वक्त हुआ।'

'पहला-पहला है?'

'सोशल वर्क में पहला-आखिरी क्या होता है?'

'तीन साल तो रजिस्ट्रेशन के बाद काबलियत का सर्टिफिकेट पाने के लिए चाहिए। फिर एड के लिए दुनिया-भर में घूमना पड़ता है। एनजीओ चलाना ज़िगर वालों का काम है। हालांकि आप में बहुत ज़िगर दिखता है।'

'आपको लगता है तो होगा।'

'टर्नओवर कितना है?'

'मैं एनजीओ सोसायटी की मदद के लिए चलाती हूं। अभी आपकी ऊंचाई पर नहीं पहुंची।' रशोमन ने फव्वारा पटका और क्यारी की उखड़ी ईंट उठाई।

'समाजसेवा का मज़ा तब है जब टर्नओवर लाखों में हो। आपके पास होगा नहीं तो पब्लिक को देंगे क्या? चाहें तो मेरे साथ हो जाएं। मैं तीन एनजीओ चला चुका हूं। स्विट्जरलैंड से और डेनमार्क से दो नए एनजीओ के लिए पैसा लाया हूं। सेवा की क्वालिटी सुधरे इसके लिए एनजीओ कंपनी की तरह चलना चाहिए। चाहें तो एकाध एनजीओ मुझसे खरीद लें या मेरे काम में 'शेयर' कर लें। आपकी बड़ी तारीफ सुनी है। मेहनती, सपने देखने वाली! साथ आइए। देखिए बड़ा मज़ा आएगा, सोसायटी का भी भला हो जाएगा।'

रशोमन ने उखड़ी ईंट ठीक से जमाते हुए तिरछी नज़र डाली, 'मुझे अपना काम करने दीजिए। आप अपनी पार्टी संभालिए।'

होंठ टेढ़े कर मूक आमंत्रण के बीज फेंकता डेविड धवन बाड़े से लीला के घर में वापस घुस गया। भीतर से आ रही भूतों के हंसने की आवाज़ें तेज हो गईं। जटा की आवाज़ अलग से गूंज रही थी।

टूटे गमले पर अभी भी गिरगिट बैठा था। धूर्त और डरावना। स्थिर इतना कि गमले का हिस्सा लगता था।

रशोमन को डेविड धवन की स्मृति थाईलैंड की सड़क पर लड़कियों की तस्वीरें लेकर घूमते दलाल जैसी जान पड़ीं। एड्स पर एक सर्वे में उसने खूब कमाया था। महिला कल्याण की संस्थाएं चलाना उसका शगल था। बीवी के नाम उसने एक एनजीओ खोल रखा था, जिसकी एक कर्मचारी को तनख्वाह देने के बदले में उसने एक रात मांगी थी। लड़की ने भ्रष्टाचार निरोधक ब्यूरो से उसे पकड़वा दिया तो उसने पलक झपकते उसी एनजीओ के अकाउंट से एक लाख रुपए निकलवाकर अफसरों को भी पेश कर दिए। अफसरों को या तो रात की बात पसंद नहीं आई या रुपयों पर शक हुआ। उन्होंने डबल केस बना दिया। यह डबल केस अभी भी चल रहा था। नतीजतन, वह औरतों से जानवरों पर उतर आया। उसने महिला कल्याण छोड़कर पशु कल्याण का नया एनजीओ खोल लिया। आज से पांच साल पहले यह पैरा लिखा जाता तो व्यंग्य हो जाता, अब यह रुटीन था और इस जैसी कथाओं की व्यंजना का सारा मज़ा जाता रहा था।

रशोमन को समझ नहीं आता था कि ऐसे लोगों की बीवियां उनके धंधे में हाथ कैसे बंटाने को तैयार हो जाती हैं? अच्छा हुआ, उसने शादी नहीं की। वह हर मिसाल को इसी तरह निष्कर्ष पर ले जाकर संतुष्टि की सांस लेती थी।

गिरगिट उछलकर गमले से उतरा और घास में कहीं गायब हो गया।

कल से लीला का घर घनघोर शांत था।

रशोमन अशांत थी।

पक्की बात है, उस घर में देसी कट्टा चला था।

पक्की बात है, उस घर में रहने वाले ने सूअर की पेंटिंग बनाई थी।

कट्टे प्यारे मियां को मारते हैं।

कट्टे सूअरों से राजनीतिक हाथ मिलाते हैं।

तभी घंटी बजी। बगिया छोड़ रशोमन उठी। गलियारा पार किया। दरवाजा खोला। सामने पत्रकारिता के मूल्यों की मीनार खड़ी थी।

मीनार का नाम था : जीबी।

कहते हैं उनके पूर्वज किसी कोयला खदान में दबी पड़ी मूर्ति को उठाकर सुदूर बिहार से व्हाया वाराणसी पश्चिम बंगाल के किसी गुमनाम गांव में ले गए थे। ठाकुरजी ने दर्शन दिए थे कि मूर्ति को कोयले से निकाल स्वर्ण जटित सिंहासन पर प्रतिष्ठित करें। उनके पूर्वजों ने गांव वालों का सारा सोना बटोरकर

प्राण-प्रतिष्ठा करवाने में सफलता अर्जित कर ली। ठाकुरजी का काज पूरा हुआ तो कृपा बरसी। वे कोयला मजदूर से कोयला ठेकेदार हुए। कोयले ने उन्हें सोना दिया। उस सोने से जगमग करती चौथी पीढ़ी में चिरंजीव घुन्ने बाबू हुए।

घुन्ने बाबू ने कोयलों के बीच हीरे जैसी प्रतिष्ठा के लिए कलेक्टर बनना चाहा। भावी आईएएस के लिए बाप ने लड़की वालों से लड़का रोकने का तगड़ा एडवांस भी वसूल लिया था। लेकिन ठाकुरजी को कुछ और ही मंजूर था।

घुन्ने बाबू क्रांतिकारी निकले।

आईएएस में फेल हो गए। पत्रकारिता में कूद पड़े।

वे पत्रकारिता में आईएएस थे।

कभी उन्होंने कलेक्टरी का लघु लक्ष्य चुना था, अब वे कलेक्टरों के हिसाब करने वालों के साथ शाम का प्याला पीते थे। कम्युनिस्ट पार्टी के पोलित ब्यूरो, समाजवादी पार्टी के प्रवक्ताओं, कांग्रेस के दलालों, भाजपा के दुकानदारों से लेकर मुख्य सचिव, मुख्यमंत्री तक वे समान धर्म से विचरते थे। एनजीओ उनमें प्रगतिशील विचारों का संरक्षक देखते थे। दलाल अफसर उनसे राय-मशविरे को सौभाग्य मानते थे। उन्होंने कभी क्रोई भांडा नहीं फोड़ा था, लेकिन स्थायी हवा थी कि उनके जैसा खोजी, नपा-तुला, पैनी निगाह वाला, अद्‌भुत विश्लेषणकारी, खबरों की पकड़ रखने वाला आज तक नहीं हुआ।

वे श्रमजीवी पत्रकार थे।

उनके देश के तीन प्रदेशों में चार मकान, दो परिवार, कुछ बेटे-बेटी और लाखों जीवंत संपर्क थे।

वे घुन्ने थे। बोलते कम, बोते ज्यादा थे।

वे शाह थे। बोने से पहले राजा की तरह नज़र घुमाते थे।

वे सगे पोतों और 'जीबी पत्रकारिता स्कूल' के चेलों में बाबा कहाते थे।

वे ठुमरी, पंडित रविशंकर, भीमसेन जोशी, बिरजू महाराज को प्यारे थे।

वे रंगीले थे।

वे बाबा घुन्नेशाह रंगीले थे।

वे परमश्रेष्ठ, आदरेय जीबी थे।

रशोमन ने कहा, आइए!

घुन्नेशाह रामकथा के धीरोदात्त नायक की तरह भीतर घुसे।

उनके पीछे-पीछे एक और शख़्स चला आ रहा था।

वह था प्यारे मियां का बेटा-मुर्तज़ा अली।

# क्योंकि हर उल्लू कुछ कहता है

'आप ही बताएं ये कांचवाला इतना उल्लू कैसे निकल गया?'

चिमन चपरासी ने राठी रिपोर्टर को पीपी के केबिन में जाते देख पूछा, 'सब सीधे चलते हैं। ये भी चलता था। बस एक कैप्शन लगाया, नोटिस पाया।'

राठी को समझने में देर हुई। भीतर सीन तैयार था।

प्रेमजी भिड़े हुए थे। बांडिया झुका हुआ था। नाइट शिफ्ट का इंचार्ज कमलकिशोर कांचवाला बार-बार कह रहा था, उसका इरादा ऐसा नहीं था। बांडिया कह रहा था, 'आपके इरादे पर कौन शक कर सकता है? आप तो आइडियोलॉजी वाले आदमी हैं, पर सरकार के मामले नाजुक होते हैं।' प्रेमप्रकाश का एक ही वाक्य रह-रहकर गूंजता था, 'ये अखबार आपका या मेरा नहीं है। जनता का अखबार है। एक-एक शब्द की कीमत है। एक-एक पाठक का खून-पसीना इसमें है! आपने इसे मजाक समझ लिया है।'

कांचवाला ने क्या मजाक किया था?

राठी को एकाएक समझ में आ गया।

समाजवाद के पांच चूरन फांककर शपथ लेती नई धर्मनिरपेक्ष सरकार का फोटो आज छपा था। पहली ही लाइन में एक ग्लैमर महारानी,

एक कॉमरेड, एक दारू कंपनी के मुनाफे से पूरी पार्टी का चुनाव-चिह्न खरीद सकने वाला किंगमेकर और हिंदू हृदय सम्राट के सपत्नीक पैर छूकर ठंडा-ठंडा तेल लगाने वाला सुपर स्टार एक साथ बैठे थे। कमलकिशोर कांचवाला ने फोटो कैप्शन दे मारा था–*एक घाट पर!*

प्रेमजी ने कहा, 'कांचवाला साहब–ये जो आपने किया है, जनता के साथ मजाक है। सरकार मैंने-आपने अकेले नहीं चुनी थी। मुश्किल से बनी जनता की सरकार है। सारी विचारधाराएं एकजुट होकर देश चलाने के लिए आगे आई हैं। ऐसे कठिन समय में आपको व्यंग्य सूझ रहा है। आप पत्रकारिता के मूल्य ही भूल गए? जनता के प्रति जवाबदारी ही भूल गए?'

कांचवाला, विज्ञापन में ऊंचे दर्जे वाले कांच की तरह खड़ा रहा। प्रेमजी की मूल्यों की पर्ची और नैतिकता की कंपनी-रिपोर्ट पर उसने कोई प्रतिवाद नहीं किया।

राठी के प्रवेश ने माहौल थोड़ा तरल कर दिया था, इसलिए बांडिया ने फायदा उठाते हुए संवाद पेश किया, 'सर, अभी हमें थोड़ी जरूरी गाइड लाइन लेने का वक्त चाहिए था।'

प्रेमजी ने एक क्षण मौन रहकर गहरी सांस ली। आंख बंद की, खोली। फिर कहा, 'आप जाइए कमलकिशोरजी! मैं आपको सप्ताह-भर के लिए स्टोर इंचार्ज बना रहा हूं।'

कांचवाला ने अपने उपलब्ध दोनों हाथ जोड़कर नमस्कार किया और केबिन छोड़ दिया।

अब राठी, बांडिया की बायीं आंख का फड़कना देख रहा था। प्रेमजी फिर मौन थे। आंख बंद की हुई थी। एक गहरी सांस आती, एक जाती थी।

आंखें खुलीं।

'आप क्या समझते हैं, मुझे ऐसे फैसले लेते तकलीफ नहीं होती? पर सुधार के लिए जरूरी है। डिसिप्लिन भी कुछ होता है। मैसेज जाता है। स्टोर में पांच दिन रहेंगे तो पता चल जाएगा कि कितनी गाढ़ी मेहनत से चीजें आती हैं, बनती हैं। एक मजाक उड़ाने वाले कैप्शन से नहीं।'

बांडिया ने सिर हिलाया जैसे वह 'गाढ़ी मेहनत' का ऐसा अवतार हो जिसे मजाक उड़ाने में दिलचस्पी कलियुगी दुर्गुण के सिवाय कुछ न लगती हो।

राठी अब तक प्रकरण से हिला हुआ था। एक पुराना पत्रकार रातोंरात स्टोर इंचार्ज में बदल दिया जाएगा, यह विचार उसे हावड़ा ब्रिज से गिराकर हुगली में मार दिए जाने जैसा लगा।

पर यह विचार मात्र था।

बांडिया ने देखते ही देखते पूरे कौशल से केबिन को आज के एजेंडे पर ला दिया।

राठी दिल से दिमाग तक बांडिया की लाइन पर था। प्रेमजी 'प्यारे मियां का खून' पर राठी से आगे का हाल पूछ रहे थे। बांडिया पॉइन्ट नोट करा रहा था। असली समस्या उर्फ रशोमन से सीधे आत्माराम बांडिया ने साक्षात्कार किया था। लीलाशंकर को लेकर पचास बातें करने की कोशिश हुईं, मगर रशोमन थी कि एक वाक्य न बोलती थी। उसकी छिटपुट बातों का सार यही था कि लीला भला आदमी रहा होगा, पर तमंचे की आवाज तो उसके वहीं से आई थी। इसके अलावा न तो वह उन सूअरों पर कुछ कहने को तैयार थी जो कभी लीला के बाड़े में घूमते होंगे, न उन पेंटिंग्स पर जिनमें लीला ने अपने समय के सबसे महत्त्वपूर्ण सूअर बनाए थे।

कुल मिलाकर समस्या यह थी कि लीला और सूअर के संदर्भ पुराने रिकॉर्ड की तरह बार-बार अटक रहे थे। जैसा कि पूरा मीडिया जगत जानता था और जैसा कि मुख्यमंत्री आवास का चप्पा-चप्पा जानता था, आत्माराम बांडिया धर्मनिरपेक्ष, स्वयंसेवी संस्थाओं के प्रगतिशील पक्षधर और सक्रिय राजनीति को परिवर्तन का हथियार मानने वाले महापुरुषों के आसपास ही कहीं बैठता था। प्रेमजी के हिसाब से रशोमन उसके ताबे में आ जानी चाहिए थी। ऊपर से बांडिया का निवेदन था कि, वैसे तो प्यारे मियां के खून का किस्सा ही तभी निपट जाना चाहिए था जब उनका खून हुआ था मगर अभी भी लीला की कला निर्दयी सांप्रदायिकता का शिकार हो रही थी। प्रेमजी समूचे समाज की शांति की चिंता में घुले जा रहे थे जबकि राठी बीच-बीच में इस बात की आशंका भी जोड़ता जा रहा था कि कहीं सामने वाले अखबार ने मिलादुन्नबी वाले मामले में लीड का इंतजाम न कर लिया हो।

एकाएक प्रेमजी ने जिज्ञासा व्यक्त की, 'इन पढ़ने-लिखने वालों में इतना 'ईगो' क्यों होता है'

बांडिया स्वयं को पढ़ा-लिखा मानता ही था। उसने जवाबी जिज्ञासा पेश की, 'सर, क्या आपने मुझमें कभी कोई ईगो देखा है?'

प्रेमजी हें-हें कर उठे, 'आप में? आपकी बात छोड़िए।'

राठी रिपोर्टर की कोने में खोंसकर रखी आत्मा थोड़ा-सा मुंह निकालने को हुई। उसे तत्काल दबाते हुए उसने कहा, 'ईगो का क्या है सर! झूठ है, पाखंड

है। स्वाभिमान और अहंकार में एक सीमारेखा होती है। अहंकार को कुछ लोग स्वाभिमान कहते हैं। बांडियाजी में स्वाभिमान कूट-कूटकर भरा है, पर कभी इन्हें आपने अहंकारी होते नहीं देखा होगा। रघुकुल तिलकजी में स्वाभिमान है, पर उसे अहंकार होते देर नहीं लगती। आपमें तो कभी हमने ऐसे दुर्गुण देखे ही नहीं।'

राठी की व्याख्या ने पी-पी-पी की तबियत हरी कर दी। मन ही मन प्रेमजी प्रेमप्रकाश में बदल गए। 'थे' से 'था' हो गए। 'हैं' से 'है' हो गए।

प्रेमप्रकाश ने देखा, बांडिया की रीढ़ से दुम निकलकर हिल रही है। तिलक में रीढ़ है, बांडिया में दुम। प्रेमप्रकाश के पास जरूरत के हिसाब से रीढ़ वाले, दुम वाले और ऐसी दुम वाले जो दुम को रीढ़ की तरह पेश करने के माहिर हों – तीनों मौजूद थे। बांडिया तीसरी तरह का शख्स था। राठी उसकी संगत में बदलता दिख रहा था। ये सफलता के लक्षण थे।

प्रेमप्रकाश के मन में दिव्य प्रकाश फैल गया। किसके स्वाभिमान को 'ईगो' कहकर स्वाहा करना है और किसकी कायरता को परम औदार्य, इस पर उन्हें एक सूक्ति देने का मन हो आया!

भीतर से निकलकर प्रेमजी बोले, 'झूठा अहंकार पाखंड है। झूठा जीवन पाखंड है। दो तरह का जीना-दिखना पाखंड है। हमें इस खंड-खंड होते समय में, ध्वस्त होते सैद्धांतिक मॉडलों के समय में, खंडहर होते मूल्यों के समय में अखंड रहने की भरसक कोशिश करनी चाहिए।'

राठी की तबियत बाग-बाग हो गई। बांडिया को संत आसाराम बापू याद आए, साथ में कार्ल मार्क्स और राममनोहर लोहिया भी। लेकिन, भजन उसने गांधीजी वाला गाया – *वैष्णव जन तो तैणे ही कहिए, जे पीर पराई जाणै रे!* उसकी दुम थोड़ी और हिली, 'सर, आप तो सच्चे वैष्णव हैं।'

वैष्णव तत्व को तीसरी दिशा में प्रखर करते प्रेमजी बोले, 'आपको पता है मुर्तज़ा अली आजकल किस काम में व्यस्त है?'

अचानक प्रसंग-परिवर्तन प्रेमजी का स्वभाव था। यह अचानकवाद उनके अखंड श्रोता को लाइन पर ला देता था। बांडिया ने दुम छुपा ली, 'सर, पता करवा रहा हूं। फोन पर जवाब देता नहीं है, खुद मिलता है नहीं। कोई कहता है – कहीं गया है। कोई कहता है – बाप के गम में है। फाइन आर्ट स्कूल से छुट्टी पर है। आखिर प्यारे मियां के खून का सारा दुख तो उसके परिवार पर ही जाएगा न! जमात वालों के सहारे जीवन को कुछ पटरी पर लाने की कोशिश कर रहा होगा।'

'आप बड़े भोले हैं बांडियाजी। जाकर पता लगाइए कि इस वक्त मुर्तज़ा

अली है कहां? वह किसी के साथ बैठकर, ज़िंदगी के इस नाजुक मोड़ पर किन्हीं गलत हाथों में न पहुंच गया हो।'

'राठीजी लग जाइए!' बांडिया ने मुड़कर निर्देश दिया।

'सर, मैं लगा हुआ हूं। आपको बताता हूं कि वह किन हाथों में खेल सकता है।'

तभी प्रेमजी ने तीसरा मोबाइल उठाया। मोबाइल खामोश 'मोड' पर था इसलिए रिंग टोन सुनाई नहीं दी वर्ना बांडिया के लिए यह अनुमान मुश्किल न होता कि उधर कौन होगा।

'हां।'

'...'

'हूं।'

'....'

'अच्छा।'

'...'

'खत्म करो!'

प्रेमजी ने मोबाइल बंद करके पटक दिया, 'उल्लू के पट्ठे!'

फिर अचानक सामने खड़े दोनों सज्जनों को उस नजर से देखा जिससे वे तुरंत निकल लेने का संकेत देते थे।

राठी-बांडिया बाहर, मिर्ज़ा इस्माइल बेग उर्फ मुस्लिम प्रतिनिधिमंडल अंदर।

भीतर गिरते ही जाली नोट की जालिम गड्डी फरफराई –

*'घर से आई है खबर कि हो गया चेहल्लुम उनका।*
*पायनियर लिखता है, बीमार का हाल अच्छा है।'*

टीवी पर रिमोट सर्च शुरू करते प्रेमजी के भीतर का प्रेमप्रकाश गा उठा–

*'देखा एक ख्वाब तो ये सिलसिले हुए,*
*दूर तक निगाह में हैं गुल खिले हुए।'*

दूर, गलियारे से गुजरते चिमन चपरासी ने राठी रिपोर्टर का हाथ कंधे से सरकाते हुए कहा, 'राठी बाबू। गुल गया, गुलशन गया...।'

'क्या मतलब?'

'कांचवाला निपट गया!'

'कहां? स्टोर में ही न! बेचारा, एक हफ्ते तक भुगतेगा, एक कैप्शन।'

'नहीं, वह इस्तीफा देकर निकल लिया!'

'क्या?'

राठी की जुबान बाहर ही रह गई, प्रेमजी के सुरक्षित इलाके से इस्तीफा?... सचमुच उल्लू ही निकला!

चिमन चपरासी की आंखों में एक खास तरह की अजनबी चमक उठी, जैसे कहीं भीतर बिजली कड़की हो। राठी ने यह पहली बार देखी थी। न जाने किस अज्ञात कारण से सहमे हुए उसने कहा, 'चिमन महाराज, आप ही तो पूछ रहे थे, कांचवाला इतना उल्लू कैसे निकला!'

'हां राठी बाबू! लेकिन शायद आप भूल गए हैं कि हर उल्लू कुछ कहता है!'

भीतर प्रेमजी ने कॉकटेल शायरी का कहकहा लगाया–

*समय-समय का फेर है, समझ अरे नादान।*
*भीलन लूटी गोपिका, वहि अर्जुन, वहि बान।*

# श्रीश्री 108, जनपथ वाले

घुन्नेशाह रंगीले उर्फ जीबी किसी महान प्रोजेक्ट पर शहर से बाहर हैं।

रशोमन के घर आज ताला पड़ा है।

मुर्तज़ा अली वैसे ही नहीं मिल रहे हैं।

ऐसे शहर का क्या होगा?

वही होगा जो श्रीश्री 108, जनपथ वाले तय करेंगे।

दिल्ली के इस नंबर पर एक होटल है। होटल में एक उत्कृष्ट बार है। उत्कृष्ट बार में एक विकट कोना है। उस कोने में बाकी जगह से ज्यादा मद्धम जादुई अंधेरा है। वहां एक स्त्री और दो पुरुष विराजे हैं। इंडिया इंटरनेशनल सेंटर या इंडिया हैबिटैट सेंटर में बैठकर मोहनसिंह पैलेस के बेचारे गरीब छत वाले कॉफी हाउस की यादों पर श्रेष्ठ जुगाली करके संसद के रास्ते वाले जनपथ को झुकाया जा सकता है। उस जनपथ को भी मात देना हो तो श्रीश्री 108, जनपथ पर आया जाता है। जनपथ का नाम पूरे देश ने सुना है। लोकमान्यता है कि सरकारें चुनी कहीं से जाती हों, चलती जनपथ से हैं। ऐसी लोकमान्यताओं का हिसाब करने के लिए कुछ विद्वज्जनों ने यह नई जगह खोजी है, जिसे श्रीश्री 108, जनपथ का कोड दिया गया है। इस खोज की ही मेहरबानी है वर्ना यह होटल जो है, वह फोकट होटल ही रह जाती जो 'तुस्सी हाऊ डू यू डू' की बख्शीशें समेटती दक्षिण दिल्ली की कोई भी होटल हो सकती थी।

जादुई अंधेरे में रेशमी उजाला फेंकती पुरुष की आवाज़ तैरी –

'आप तो आर्ट, कल्चर, सोशल सर्विस से जुड़े लोग हैं। क्या पसंद करेंगे...?'

आवाज़ घुन्नेशाह रंगीले की थी और मुर्तज़ा अली वैसे ही सिमटा-सिकुड़ा अपने आर्ट टीचर होने के साथ-साथ शहर के धार्मिक अतीत से भी लड़ रहा था। रशोमन ने कहा, 'लेमन!' जैसे भागती जान में जान आई हो, मुर्तज़ा ने तुरंत उगला, 'हां-हां वही नींबू-पानी!'

जीबी ने चश्मा उतारा, आंखें मसलीं और पहली बार ठहाका मारा, 'अरे ये श्रीश्री एक सौ आठ जनपथ है भई! यहां आत्मा खुलती है, विचार खुलते हैं, समाज खुलता है, तिलस्म खुलता है, ढक्कन खुलता है, डर खुलता है, दर खुलता है।'

ठहाके से अंधेरा थोड़ा हिल गया।

जब लगातार खामोश लोग हंसते हैं तो अंधेरा भी हिल जाता है।

रशोमन को ऐसे विकट कोनों की आदत थी। मुर्तजा ने अल्पसंख्यक मोर्चेनुमा ऊंची तकरीरों से काम चलाया होगा पर ऊंचे आर्टिस्टों की शायराना शराबनोशी उसके अब्बा ने चलने नहीं दी थी। दिल्ली तो उसका बमुश्किल एकाध चक्कर लगा होगा, वह भी किसी के हज वाले सिलसिले में। एक बार मन हुआ कि कह दे, जीबी साहब आज कुछ हो ही जाए। मगर रशोमन, जो देशी-विदेशी ग्रांट के चक्कर में एन.जी.ओ. से लेकर एम्बेसी वालों तक को खुरचकर इसी राजधानी में सैकड़ों दफे देख चुकी थी, लेमन से ऊपर नहीं उठी। जनाब मुर्तजा भी अब्बा की अज्ञात छाया के चलते उसी पर मसोसकर रह गए।

आखिरकार जीबी ने अपने लिए किसी ग़ज़ब की चीज का नाम लिया जो बिना रंग की थी। प्याले में वैसे ही आई जैसे बाकी का लेमन। लगा जैसे तीनों एक ही चीज पी रहे हैं। अपने शहर से पांच घंटे दूर इस राजधानी में प्याले का अलग-अलग रस-रंग, प्याले वालों के एजेंडे पर एक-सा फैला हुआ था।

जी.बी. ने सभ्य-शालीन-गर्वोन्नत अनुभवी अफसर की तरह दोनों को इशारा किया, 'जनाब, बिस्मिल्लाह कीजिए।' रशोमन ने कहा, 'गार्लिक ब्रेड मंगा लीजिए।' जीबी ने प्रसन्नतापूर्वक कुछ और भी साथ मंगाने का आदेश दे दिया। मुर्तजा अली का जी हुआ, तंदूरी चिकन कह दें, पर वह रुक गया। अभी श्रीश्री एक सौ आठ जनपथ से उसका नाता बनते-बनते ही बनना था। वह

अनजानी जगह की सहमाने वाली फितरत, खामोशी और अकड़ को एक साथ बनाए रखने की कसरत में ही लगा रहा।

सबसे पहले आई गार्लिक ब्रेड।

कोई अजूबा न थी। सीधी-सादी छोटी-छोटी नरम डबलरोटियां थीं, जिन पर सेंककर दो-चार लहसुन की कलियां कुचली पड़ी होंगी। जीबी ने कुछ अतिरिक्त विचित्र मंगवाया था। नए प्रयोगों की इच्छा के बावजूद मुर्तज़ा अली ब्रेड पर टिके रहे, क्योंकि वही सबसे निरापद जान पड़ती थी। सन् 1947 में जब देश टूटा था, जब मुर्तज़ा नामक हीरो का उदय नहीं हुआ था, तब श्रीश्री एक सौ आठ जनपथ की जगह क्या होते होंगे? उसने सोचा।

जीबी ने कहा, 'हमें शहर को बचाना है।'

मुर्तज़ा ने कहा, 'सो तो ठीक है, लेकिन सारे हिंदू आपकी तरह सोचें तब न!'

रशोमन ने गंभीरता का लेमनजूस उठाया, 'कुछ लोग चाहते हैं कि हिंदू और मुसलमानों के बीच चिंगारी उछले तो आग में अपने हाथ सेकें।'

मुर्तज़ा ने तल्खी से ब्रेड का लहसुन चबाते हुए कहा, 'चिंगारी तो उछल चुकी। मेरे अब्बा की लाश पर सूअर फेंकने वाले चैन से कैसे जी सकते हैं? अगर हिंदुओं ने तय कर लिया कि हमारी मस्जिदें हिंदुओं के हिसाब से चलेंगी तो हमने भी तय कर लिया कि जरा मंदिर अपने हिसाब से चलाकर देख लें।'

रशोमन ने अपना धर्म सोचा, जीबी का सोचा, फिर कहा, 'हमें अगर गैरमुस्लिम मान लो, तब भी एक तुम्हारे साथ हम दो हो गए। एक मुसलमान के साथ दो गैर मुसलमान मददगार। क्या सबूत काफी नहीं है?'

जीबी साहब ने वेटर को 'दूसरा' लाने का ऑर्डर दिया। चिर-परिचित रंगीली अदा से हाथ उठाकर मोबाइल ऑफ किया। एक दृढ़ विचार दिया, 'कमबख्त मोबाइलों ने जिंदगी को दंगा बनाके रख दिया है।'

कहने की जरूरत नहीं कि मोबाइल पर श्रीश्री 108, जनपथ में घुसते-घुसते वे न जाने कितने ऐसे दंगे सुलटा चुके थे। अब वे मानवीय दंगे की असली पृष्ठभूमि पर आ रहे थे, सो तकनीकी दंगेबाज मोबाइल को ऑफ होना ही था।

रशोमन आशा के साथ देख रही थी। मुर्तज़ा अली ब्रेड से लहसुन हटा रहा था।

बाबा घुन्नेशाह रंगीले को रशोमन की मासूमियत वैसी ही लगी, जैसी सालोंसाल पहले बस्तर के आदिवासियों के बीच अपनी जवानी के दिनों में एक समाजशास्त्रीय प्रयोग के दौरान लगी थी। जीबी बाबू तब क्रांतिधर्मी प्रयोगों की मौलिक प्रक्रियाओं से गुजरकर खुद को तपा रहे थे। भगौरिया में उन्मुक्त लड़कियों की गंध लेना, हथकढ़ी मदिरा का प्रसाद पाना और लोकबिंबों पर नोट्स लेना उनका नित्यक्रम था। वे स्वयं को शोधार्थी कहते थे, मानते थे, जानते-जनवाते थे। उन्होंने ऐसे-ऐसे प्रयोग किए कि तब खुल जाते तो इंडियन पीनल कोड की आठ-दस धाराएं तो उन पर लगतीं ही लगतीं। जनता को पता चल जाता तो एक लाख इक्यावन हजार जूतों का भोग चढ़ता। लेकिन, जनता के लिए तो वे काम ही कर रहे थे। उसे तो सिर्फ निष्कर्ष पता चलना चाहिए। निष्कर्ष यह था कि समाजशास्त्र एक गंभीर विषयवस्तु है, जिसमें नैतिकता-अनैतिकता सापेक्ष प्रश्न है। जनता को चाहिए कि वह ऐसी ओछी समझ से निकले, सामंती नैतिकता से मुक्त हो तथा शुद्धतावादी आग्रहों को उखाड़ फेंकते हुए बाबू घुन्नेशाह को आत्मकल्याण के मॉडल के तौर पर ग्रहण करे।

और अंततः, जीबी एक सुपर मॉडल थे। उन्हें कई सेकुलर राजनेता उच्च आदर्शों का, और कई समाजशास्त्रीय एनजीओवादी बालक-बालिकाएं प्रतिशोध, पश्चाताप और प्रत्याख्यान की मनोहर कहानियों का पुण्य पुरुष मानते थे।

चूंकि दूसरा और तीसरा प्याला भी आ चुका था, इसलिए जीबी बाबू की उदारता और भी उदार हो चली। जैसे वे मानते थे कि रशोमन एक एनजीओ भले ही चला रही हो, उसका अतीत पैसे वाला रहा है, ब्यूटीपार्लराना रहा है और अब नैतिकता के प्रश्न पर वह यौन शब्दावलियों को सार्त्र के स्तर पर ले जा सकते हैं। दूसरी तरफ मुर्तज़ा अली है जिसे दक्षिणपंथी हिंदुओं के मुकाबले सेक्युलर प्रतीक मानने में कोई सैद्धांतिक बाधा नहीं है, क्योंकि इसके लिए उसका मुसलमान होना ही काफी है।

उनका शंख बजना शुरू हुआ।

एल्विन टॉफ्लर, नोम चोम्स्की, वीएस नायपाल, सभ्यताओं का संघर्ष, फेमिनिज़्म, ट्राटस्की, लेनिन, गदर, तेलंगाना, पीयूसीएल, मैग्सेसे, नोबेल, अंधों-बहरों का स्कूल, मंदबुद्धि बच्चों की प्रतिभा, प्रतिभाहीन बच्चों की मिल्कियत, दलित-स्त्री विमर्श, अध्यात्मवाद का खतरनाक उदय, यौन संबंधों

की नैतिक व्याख्या, कॉमन सिविल कोड, कट्टरपंथियों की रातें, उदारवादियों की शामें और मध्यमार्गियों की दुपहरें–सब पर घनघोर व्याख्यान के साथ जीबी ने वह माहौल खींचा कि दारू लाने वाला वेटर तक स्तंभित, चकित, बेहोश होता-होता बचा।

मुर्तज़ा अली ने जोश की गफलत में अपने लेमन के बदले एक-सा दिखनेवाला जीबी का प्याला उठाकर एक सांस में खाली कर दिया।

रशोमन ने संतुष्ट भाव से उपसंहार करते हुए कहा, 'कांचवाला जैसे प्रतिबद्ध लोग आपके अखबार में आ गए हैं, यह अच्छा हुआ। प्रेमप्रकाश का अखबार स्त्री-विरोधी, दलित-विरोधी और सांप्रदायिकता का पक्षधर बनता जा रहा है। आपका अखबार अकेला ऐसा अखबार है जिसमें आपकी वजह से संपादक की संस्था की कोई हैसियत बची रह गई है। आप सेकुलर हैं। आपके हाथ में शहर बचाने का जिम्मा है। सारी प्रगतिशील ताकतें आपके साथ हैं।'

मुर्तज़ा अली ने लहककर कहा, 'सारे मुसलमान आपके साथ हैं।'

धीरोदात्त महानायक घुन्नेशाह रंगीले ने अपना क्रेडिट कार्ड पचास के नोट के साथ वेटर को खिसकाया, मोबाइल ऑन किया।

ऑन करते ही न जाने कब से टक्करें मारता फिर रहा कॉल घुस पड़ा–
*भीगे होंठ तेरे, प्यासा दिल मेरा-ऽ-ऽ- लगे अब्र-सा...।*

स्क्रीन पर चमक रहा था–इमरजेन्सी।

जीबी का चेहरा बदल गया। आंखें तन गईं। होठ फड़फड़ाने लगे। अचानक पलटकर वे दूसरे कोने की तरफ भागे।

मोबाइल ऑन हुआ।

'क्या?'

'...'

'मैं अभी कहीं और हूं।'

'...'

'शुरू हो गया?...कहां से?'

'...'

जीबी बाबू ने मोबाइल काट दिया।

मेज की तरफ पलटे और हकलाए, 'उठिए, कुछ गड़बड़ हो गई है।'

मुर्तज़ा के हाथ से जीबी का प्याला गिरकर चूर-चूर हो गया।

मोबाइल फिर रोने लगा। *भीगे होंठ तेरे, प्यासा दिल मेरा...।*

श्रीश्री 108, जनपथ वाले अंधेरे कोने में बेताब मोबाइल के दूसरी तरफ भी जालिम नोट की वही गड्डी फरफरा रही थी–*इमरजेन्सी* –वही थी–मिर्ज़ा इस्माइल बेग!

# कौन कहता है

दुष्यंत कुमार के शेर का इतना 'उपभोग' पहले कभी नहीं हुआ होगा जितना आत्माराम बांडिया ने अपने कॉलेज की नेतागिरी के दिनों में किया था। वह चीखता था–*हो गई है पीर परबत सी पिघलनी चाहिए,* जवाब आता था–*इस हिमालय से कोई गंगा निकलनी चाहिए।*

गंगा का अब तक पता नहीं क्या हुआ, मगर बांडिया की टांग गटर पर टेढ़ी रखी फर्शी में फंस गई थी। फर्शी क्या थी, प्रेस क्लब के मेम्बरों को मुख्य सड़क से क्लब के भीतर ले जाने वाला पुल ही था। बांडिया ने हजार बार आवाज़ उठाई थी कि इस फर्शी को ठीक जमाकर राह पक्की करवा लो मगर प्रेस क्लब की राजनीति में गटर का स्थान था, फर्शी के सुधारीकरण का नहीं।

आए दिन किसी न किसी की टांग उसमें फंसती रहती थी।

एक बार प्रेस क्लब के मानद सदस्य, रिटायर्ड अफसर कवि का जूता फंसकर भीतर गिर गया था जिसके चलते क्लब को उसकी कई कविताएं सुननी पड़ीं। कई समूहों के फ्री पैग उसने क्लब को गालियां देते-देते हलक में उतारे। गोकि उसका और बैंकर उपन्यासकार का अखबारों से सिर्फ बाह्य-सांस्कृतिक संबंध था, लेकिन अखबारनवीसों की छाती पर नाचने की राजनीति के सिर्फ वे दोनों ही सर्वाधिक अधिकृत

शौकीन थे। झामनानी, बांडिया और स्पोर्ट्स रिपोर्टर-कम-इलेक्ट्रिशियन के बीच रिटायर्ड अफसर कवि के जूते बहने के दिनों में एक बहस हुई थी जो आज तक *प्रेस क्लब के गटर-युद्ध* के रूप में उद्धृत की जाती है। फिलहाल युद्ध के विस्तार में जाने की बजाय उसके निष्कर्षों से संतोष करना उचित होगा, क्योंकि बांडियाजी की टांग फंसी हुई है।

*गटर-युद्ध* के निष्कर्ष इस प्रकार थे :

1. जूते कोई भी पहन सकता है, भले ही वह कवि, अफसर, उपन्यासकार या बैंकर अथवा प्रेस क्लब का वास्तविक मेम्बर हो। सांस्कृतिक अन्तर्संबंधों की कड़ी में बैंक प्रेस से अलग नहीं है, प्रेस कविता से अलग नहीं है, अत: उक्त गटर में गिरा हर जूता प्रेस वाले का ही गिरा माना जाएगा।
2. हर एक व्यक्ति के जूते, पैर में ही पहने जाने चाहिए, चाहे उनके निकलकर गटर में गिर जाने का खतरा क्यों न हो। हाथ में पहना हुआ या उठाया हुआ जूता गिरा तो आचरण संहिता का उल्लंघन माना जाएगा, क्योंकि तब वह गटर में नहीं किसी के सिर पर भी जा सकता है।

   *निष्कर्ष क्रमांक-दो के दो उपनिष्कर्ष भी हैं :*

2-अ. चप्पल न पहनने के लिए गटर की उखड़ी हुई फर्शी आपको चेताती है-क्योंकि चप्पल के निकलकर गिरने की संभावनाएं ज्यादा हैं। प्रकारांतर से यह बात आम आदमी के विरुद्ध है। बुर्जुआ तथा सर्वहारा के साथ सामंती मानसिकता से चप्पल की व्याख्याएं बदल जाती हैं, इसलिए फर्शी के बदलाव का नहीं, गटर के मार्ग बदलने का संदेश प्राप्त होता है।

2-ब. गटर में गए जूते की रिकवरी प्रेस क्लब से ली जानी चाहिए, क्योंकि कोई आदमी अपनी टांग भी फंसाए और जूता भी गंवाए तो नुकसान दोनों पक्षों में आधा-आधा ही बंटना 'क्रांत्योचित' होगा।

3. प्रार्थना करें कि बैंकर उपन्यासकार का जूता कभी गटर में न बहे वर्ना लोगों को फ्री बोतलें पिलाने के अलावा पूरा उपन्यास सुनना पड़ेगा। कवि अफसर के सिलसिले में सिर्फ कविताएं थीं और सिर्फ पैगों तक बिल उठे थे।

4. उक्त तीनों निष्कर्षों का प्रभाव बना रहे इसके लिए चौथा निष्कर्ष यह है कि निश्चित अंतराल पर (साप्ताहिक, मासिक या वार्षिक, जो कि एक कमेटी तय करे) गटर की नियमित सफाई का प्रावधान हो ताकि बहे हुए जूतों की रिकवरी के बाद नीलामी से प्राप्त राशि *प्रेस जूता कल्याण कोष* में जमा की जा सके। यह राशि गरीब पत्रकारों को जूते देने-दिलाने में उपयोग की जाएगी।

आत्माराम बांडिया के लिए इन निष्कर्षों को याद करना काफी था। उनके विश्लेषण को स्थगित कर वह फंसी हुई टांग निकालने में लगा रहा। तभी आ पहुंचा अफसर कवि; पीड़ा देखते ही जोरदार शेर के साथ आगे बढ़ा–*तुम किसी रेल-सी गुजरती हो, मैं किसी पुल-सा थरथराता हूं।* तब तक बैंकर उपन्यासकार ने चैक बुक की तरह फर्शी एक तरफ उठा दी। टांग सीधी करके, बांडिया साबुत निकल आया।

टांग के साथ जूता भी सही सलामत था। सलामती की मुख्य वजह वे फीते थे जिन्हें दोहरा करके बांधने की विधि उसने प्रेमजी के दरबार में रहते-रहते सीख ली थी। उसे साबुत देख इलेक्ट्रिशियन स्पोर्ट्स रिपोर्टर और झामनानी की प्रसन्नवदन एन्ट्री हुई। दोनों ने सामूहिक रूप से पूछा–

'गटर कैसी है?'

बांडिया ने पार्टटाइमर इलेक्ट्रिशियन को देखे बगैर झामनानी को जवाब दिया–

'जैसी जगह, वैसी गटर!'

इलेक्ट्रिशियन का ठहाका गूंजा–

'जैसी भी हो, आपकी टांग पाकर धन्य हो गई।'

कहना न होगा कि झामनानी इस नोंक-झोंक में बराबर का आनंद प्राप्त कर रहा था मगर ऊपरी मन से उसने कहा, 'बांडिया बाबू टांग को ठीक से रखकर चला कीजिए। गटरों का तो क्या है, यहां की हो या कहीं और की, कभी नहीं देखती कि टांग साहिबा किनकी है। फर्शी खिसकी कि गई...! आइए, आपकी टांग बचने की खुशी में भीतर चलते हैं।'

काफिला यूं भी भीतर जाना ही था, सो भीतर चला।

बांडिया की टांग साबुत निकल आई थी पर उसके दिल का माहौल कुछ ऐसा था कि भीतर बैठे लोग उसे गटर में गिरे जूतों की नीलामी से निकलकर आए हुए लगे। हर चेहरे पर कुछ ऐसा लिखा था जैसे जूते की दुकानों में 'सेल' की पट्टियों

के साथ टंगा होता है–कंपनी का नाम, छूट का प्रतिशत और माल की गारंटी! बांडिया मन ही मन ऐसे शोरूम की मिल्कियत की कल्पना करके बड़ा खुश हुआ जिसमें ये सब उसके हिसाब से बिकें, बिकाएं। वह अपने काउंटरों पर पर्चियां कटती देखता घूमता रहे।

दो-एक महिला पत्रकार दिखीं। वह प्रगतिशील था और इस समय टांग बचाकर लौटा था, ऐसी परिस्थितियों में स्वाभाविक रूप से उसे कल्पना के शोरूम में यह नारीवादी स्पर्श देखकर बड़ी खुशी हुई।

आत्माराम बांडिया ने मन ही मन इस शोरूम के काउंटर का कैश गिनना शुरू किया। कल्पना ही कल्पना में अचानक प्रेमजी आ खड़े हुए। वह क्या देखता है कि उसने सारा कैश प्रेमजी के चरणों में डाल दिया है। प्रेमजी के हाथ में शंख, चक्र, गदा, पद्म–सब दिखाई देने लगे हैं। विराट स्वरूप। बांडिया का गला भक्ति से रुंधा हुआ। अर्जुन की परंपरा में खुद को सैट किया हुआ। कृष्ण की परंपरा में प्रेमजी को सैट किया हुआ। सैट ही सैट। सब कुछ सैट।

'आत्माराम, आत्मा को न सुई छेद सकती है, न अग्नि जला सकती है।'

'देख! ये प्रेस है। ये प्रेमजी हैं। ये जनता है। ये जन्माष्टमी है। ये मिलादुन्नबी है। ये गुडफ्राइडे है। ये नवरोज है। ये गुरुपरब है। ये कैश है। ये ऐश है। ये देह है। ये आत्मा है...और ये आत्माराम बांडिया है।'

'तेरा क्या है जो तू साथ लाया था? तेरा क्या है जो तुझसे छिन जाएगा...।'

एक हल्की धौल पड़ी।

सब छिन गया।

आत्माराम लौट आया।

झामनानी बैठा पैग हिला रहा था। शोरूम चकनाचूर हो गया था।

यह उसका जूतों का शोरूम नहीं था, प्रेस क्लब था, जिसमें बहुत से ऐसे थे जिनके भाव जानना मुश्किल था। यह प्रेस क्लब था, जिसमें कई कोने अनबिके, खुर्राट और खामोश की शक्ल में बदनाम थे। जूता शोरूम के विरुद्ध इन कोनों का विचार कर आत्माराम का मन हुआ, बेबसी में रो पड़े–*कौन कहता है आसमां में छेद नहीं होता, एक पत्थर तो तबियत से उछालो यारो।*

जैसा कि पाठक शुरू में जान आए हैं, दुष्यंत कुमार के शेरों का बांडिया के जीवन में कैसा, कितना अपूर्व योगदान था। दुरुपयोग-सदुपयोग की सीमाओं को समाप्त करते हुए उसने शेरों के अमरत्व के लिए अपना 'प्रोजेक्ट टाइगर' बना

डाला था। नतीजतन प्रोजेक्ट की सनातन प्रकृति के मुताबिक शेर गायब थे, प्रोजेक्ट अमर था।

आत्माराम बांडिया ने झामनानी से कहा, 'आप ही बताइए, शेर न होते तो क्या होता?

झामनानी को बांडिया की आत्मा में कोई खलल जान पड़ा, 'ये अचानक आपका शेरों से क्या वास्ता पड़ गया? प्रेमजी को तो कुत्तों का शौक रहा है।'

'सी.एम. हाउस में शेर घुस आए क्या?' इलेक्ट्रिशियन स्पोर्ट्स रिपोर्टर ने अपना स्विच ऑन किया। बांडिया दिपदिपाया, 'सी.एम. हाउस में शेर घुसेगा तो सरकार निपटेगी। मुझे सी.एम. हाउस से क्या लेना-देना?'

पार्ट टाइमर इलेक्ट्रिशियन का मन तो हुआ कि झामनानी का डायलॉग पकड़कर कह दे कि तुम तो प्रेमजी के कुत्तों से काम चलाओ। मगर, कंपिटिशन के इस जमाने में किसी प्रेमजी लेवल के आदमी के खिलाफ इस तरह बोलने से भविष्य का कोई अवसर मारा भी जा सकता था। उसने संभलकर पैनल्टी कॉर्नर लगाया, 'आत्मारामजी आप तो सी.एम. की आत्मा हैं। सी.एम. हाउस में शेर घुसे या चूहे या कुत्ते, आपसे पूछे बिना घुसने से रहे।'

सीधा दिल पर गोल हुआ।

बांडिया के दिल में पार्टटाइमर के बाण हमेशा सीधे लगते थे। दिलीप कुमार का जमाना होता तो वह 'दिल दिया, दर्द लिया' वाले प्रयोग करता। अब संवेदनाओं के सागर में चुल्लू-भर पानी भी नहीं मिलता। वह किसकी खातिर दिलीप कुमार बने। उसने दुष्यंत कुमार के शेरों से कॉलेज की लीडरी जीत ली थी मगर देश की लीडरी उसके हत्थे न चढ़ सकी। कई बार कोशिशें करते-करते वह नैतिक, अनैतिक तथा भौतिक रूप से थक गया था। वह ऐसी विकट स्थिति में था कि किसी और का टिकट पक्का करवा सकता था, अपनी सीट नहीं। वह स्वाभिमान की टोकरी में सुलगते बम रखकर निकला था, नेताओं की चाकरी में उनकी आतिशबाजी करके लौट आया। आज की तारीख में रीढ़ और दुम के फर्क को उसने दलाली के रबर से घिसकर मिटा दिया था। वह पार्टटाइमर की पॉलिटिक्स और झामनानी के पैसे दोनों से रश्क करता था। वह झामनानी जितने पैसे, पार्टटाइमर जितनी आजादी, लीलाशंकर जितनी कलाकारी के इकट्ठा पैकेज को जेब में रखकर प्रेमजी और सी.एम. दोनों के साथ शाम में बैठ पाता तो कितना अच्छा होता? मगर-*तुझे कसम है खुदी को बहुत हलाक न कर, तू इस मशीन का पुर्ज़ा है, तू मशीन नहीं।*

पता नहीं बांडिया का मन में बोला शेर अफसर कवि ने कैसे सुन लिया? उसने रंगबाज़ की तरह उसी गज़ल का दूसरा शेर पढ़ा–*तेरी जुबान है झूठी जम्हूरियत की तरह, तू एक जलील–सी गाली से बेहतरीन नहीं।*

बांडिया बेतरह चौंक पड़ा, 'क्या कहा?'

फुलटाइम इलेक्ट्रिशियन उर्फ पार्टटाइम स्पोर्ट्स रिपोर्टर ने कहा, 'बहुत खूब कहा!'

आज एक कंपनी की नई दारू लांच हुई थी। प्रेस क्लब में उसकी तरफ से हर एक को तीन पैग फ्री थे। तीनों पैग एक साथ उतार चुके बैंकर उपन्यासकार का, वकील के कंधे पर झूलता हुआ हस्तक्षेप आया, 'हम कुछ भी कहें, कोई कुछ भी कहे लेकिन सच यह है कि सच तो सच है और सच के सिवा कुछ और हो ही नहीं सकता!'

बांडिया फिर चौंका, 'ये हो क्या रहा है?'

झामनानी ने वकील को देखा, 'आत्माराम बाबू को यकीन ही नहीं हो रहा कि सच तो यह है कि सच तो सच है और सच के सिवा और क्या हो सकता है?'

बांडिया अब खड़ा हो गया। पत्ते की तरह कांपता हुआ। जैसे नंगे बदन धूप में दोपहर नाप आया हो।

'क्या मतलब है आपका?'

सब उसे एकदम तमतमाया देख क्षण भर को ठिठक गए। तभी शांति भंग करती एक आवाज़ दूर कोने से उनकी मेज पर खनखनाकर टूटे जाम की तरह गिरी...

'यार तुमने लीलाशंकर को बचाया नहीं, रशोमन के चक्कर काट रहे हो और सी.एम. हाउस में शेर घुसे जा रहे हैं?'

सारे सिर पीछे की तरफ आवाज़ के स्रोत की दिशा में घूमे।

प्रेस क्लब का इतिहास बदल रहा था।

पहली बार कांचवाला क्लब में खड़ा था।

पहली ही बार में 'आप' की बजाय 'तुम' और 'यार' पर उतरा हुआ।

मासूम, उदार, हंसमुख, सहमा-सहमा, तेवर से भरा, विनम्र, तीखा और सबसे पीछे रहने वाला कांचवाला। बारीक मूंछों और उजली आंखों के साथ बिना दांत दिखाए मुस्कुराता हुआ, ईर्ष्या योग्य साधारण आदमी की तरह रह सकने वाला कांचवाला। उदासी और गुस्से के भावों को शीशे के मर्तबान में हिलाकर

एक करता चलता हुआ, इस्तीफे की शक्ति से उत्तप्त कोल्हापुरी चप्पलों के सहारे गटर पार कर आने वाला कांचवाला।

एक क्षण को सन्नाटा छा गया।

दूसरे क्षण बांडिया को विचार आया कि कांचवाला बगैर फीते के जूतों के, सिर्फ चप्पलों के सहारे भीतर चला आया है। उसकी टांग फर्शी में क्यों नहीं फंसी? चप्पलें गटर में क्यों नहीं गिरीं? क्या यह नंगे पैर गटर पार करके आया और हाथ में ली हुई चप्पलें भीतर पहुंचकर पहन लीं? यानी वह चप्पल दुबारा उतारकर हाथ में ले सकता है?

इलेक्ट्रिशियन पार्टटाइमर ने कांचवाले की तरफ बांहें फैला दीं–

*'एक गुड़िया की कई कठपुतलियों में जान है,*
*आज शायर, ये तमाशा देखकर हैरान है।'*

तभी एक धमाका हुआ।

कहीं दूर आसमान में कोई हवाई फायर हुआ था। पूरे क्लब में हलचल मच गई। मोबाइल रोने और गाने लगे। चीखने-चिल्लाने लगे। कुछ गिलास टूटकर बिखर गए। कुछ मेजें इधर से उधर हो गईं। कुछ टांगें उलझ गईं। कुछ प्लेटें उलट गईं।

अफसर कवि धुत्त पड़ा था। बैंकर उपन्यासकार उसे झकझोर रहा था। झामनानी ने बांडिया को देखा, बांडिया ने झामनानी को। दोनों की जेब में मोबाइल चीख रहे थे। दोनों मोबाइल नहीं उठा रहे थे। दोनों कुछ कहना चाह रहे थे, पर कह नहीं पा रहे थे।

पार्टटाइमर चिल्लाया, 'आखिर शेर घुस ही गए!'

वेटर ने अचानक प्रकट होकर पूछा, 'सर, और तो नहीं लेंगे? शायद कर्फ्यू लगने वाला है।'

आसमान में फिर दो धमाके हुए – धायं! धायं!!

कांचवाला पता नहीं कहां गायब हो गया।

पार्टटाइमर ने गर्दन घुमाई और बड़बड़ाया–

*'एक कबूतर, चिट्ठी लेकर पहली-पहली बार उड़ा।*
*मौसम एक गुलेल लिए था, पट से नीचे आन गिरा।'*

# ब्लडी फूल

लॉन में बैठे प्रेमजी आसमान में चांद को निहार रहे थे। मोगरे की मीठी गंध ने मन खिला रखा था। एक झोंका आता था, एक जाता था। टेपरिकॉर्डर ठीक कुर्सी की बगल में दूब पर पड़ा-पड़ा जगजीत सिंह की ग़ज़ल गा रहा था-*वो कागज़ की कश्ती, वो बारिश का पानी!*

पानी खत्म हुआ।

उन्होंने और पानी के लिए सेवक को आवाज लगाई।

सेवक आया, दो फ्लास्क लाया। एक से उसने आधा गिलास भरा, दूसरे से उसे पूरा कर दिया।

प्रेमजी का नियम था कि वे लॉन में बैठकर खुले में कभी बोतल नहीं रखते थे। एक पारिवारिक सांस्कृतिक परंपरा थी। पड़ोसियों की कोठियों तक मशहूर था कि प्रेमजी बहुत शर्म वाले, पानी वाले आदमी हैं। बोतलें अतिथियों के लिए थीं। वे खुद तो अपने लिए कॉफी-चाय वाले फ्लास्क रखते थे जिनका 'पानी' जरूरत के हिसाब से सेवक लाकर गिलास में डाल देता था। तो, सेवक उन्हें दोनों फ्लास्क का पानी देकर चला गया।

भरे गिलास के धुंधले द्रव को उन्होंने निहारा, फिर चांद को देखा। जगजीत तब तक दूसरी ग़ज़ल पर पहुंच चुके थे-*होंठों से छू लो तुम, मेरा गीत अमर कर दो।*

प्रेमजी को गिलास उठाना ही पड़ा।

होंठों से छुआ। हलक तर किया। पैर थोड़े और फैलाए। फेफड़ों में भरपूर मोगरा गंध भरी और फिर चांद देखा।

पंडित बालकृष्ण भट्ट का एक निबंध था जिसमें 'दूज का चांद' कुछ हंसिये जैसा दिखाई देता था। उन्हें अपनी स्कूली कोर्स की किताबें बड़ी याद आईं। चांद का उनसे गहरा रिश्ता था। दूज के चांद वाला हंसिया जब हथौड़े से मिला तो वे कुछ दिन तक कॉमरेड हो चले थे। परम कॉमरेडों की तरह केजीबी और सीआईए पर दो-दो घंटे लड़कर जब वे थककर चूर हो जाते तो अंत में यही पानी उनके काम आता। इसके तीन घूंट लेकर वे 'पेट्टी बुर्जुआ' और 'हरावल दस्ते' जैसे शब्द फिर से गोलियों की तरह दनादन चलाने लगते।

एक दिन उन्होंने दो परम कॉमरेडों के बेटों को एक इंडस्ट्री के साझे लाइसेंस के लिए लड़ते देख लिया। वे शिकायत करने अड्डे पर पहुंचे। पता लगा कि एक बेटे के कॉमरेड अब्बा जुम्मे की नमाज पर निकले हुए थे। दूसरे बेटे के पिताजी पर साथी कम्युनिस्ट बरस रहे थे कि शुक्रवार को तुम्हारी बीवी संतोषी माता का व्रत क्यों रखती है।

प्रेमजी की कोई सुनने को तैयार नहीं था। वे निकल आए और अगले दिन से समाजवादी हो गए।

इस घटना के छत्तीसवें दिन उन्हें इलहाम हुआ कि गांधी को गोडसे ने इसलिए मारा कि वह अपने सिद्धांतों पर दृढ़ था। उन्होंने विचार किया कि सैद्धांतिक दृढ़ता पाने के लिए गोडसे के अनुयायियों से प्रशिक्षण लेने में क्या गुरेज? सिर्फ दृढ़ता प्राप्ति का कौशल सीखना है, सिद्धांत हम अपने बना लेंगे।

अचानक लगा कि दृढ़ता थोड़ी कम पड़ रही है।

गिलास देखा। खाली हो चुका था।

वे उदास हो गए।

उन्होंने पाया, टेप पर जगजीत सिंह का पलटा गुलाम अली था।

गुलाम अली गा रहे थे–*हंगामा है क्यों बरपा...।*

उन्होंने थोड़ा पानी और मंगाया। फिर पूनम के चढ़ते चांद को देखा। चांद पर चरखा कातती बुढ़िया नहीं थी, केजीबी और सीआइए के रूसी-अमेरिकी जासूसों के हैट टंगे हुए थे और उनकी चुरुट का धुआं-सा दिख रहा था।

गुलाम अली ने सुर खींचा–*सूरज को लगे धब्बा, कुदरत के करिश्मे हैं...।*

करिश्मा मोगरे का कहें, ग़ज़ल का या पानी का। चांद पर धुएं को निहारते

प्रेमजी को आहिस्ता-आहिस्ता झोंके झपकी की तरफ ले जाने लगे। आखिर उन्हें एक 'पोमो' पोस्ट मॉडर्न, उत्तर आधुनिक झपकी लग गई।

झपकी में उन्होंने देखा कि लीला एक कोने में बैठा प्रॉविडेंट फंड का हिसाब लिख रहा है। जटा बार-बार झामनानी से कह रहा है कि इसका अगला ब्रोशर किसी कंपनी से प्रायोजित करा दो। जहांगीर आर्ट गैलरी में तो पैसा लगता ही है। श्मशान घाट की बैंचों और टीबी के वार्डों में ट्यूबलाइटें लगाने के पैसे इनके पास हैं, पर एक कलाकार के ब्रोशर के लिए नहीं। झामनानी कह रहा था-'बैंचों और ट्यूबलाइट में ऊपर वाले की तरफ से पुण्य की गारंटी रहती है। इस लीला को प्रायोजित करने से, लीला के भले ही मजे हो जाएं, पुण्य तो कुछ मिलने वाला नहीं।' जटा समझा रहा था-'उसकी आत्मा से दुआ निकलेगी।' झामनानी कह रहा था-'दुआ के हवाले से यह पहले भी दो प्रायोजक पकड़ लाया था। दुनिया-भर में कहता फिरता है कि पूंजीवाद और बाजार कला का गला घोंट रहे हैं और खुद स्टील वाले सेठ से एक पेंटिंग भेंटकर पचास हजार की स्पॉन्सरशिप और कम्प्यूटर इंस्टीट्यूट में बच्चे की फीस को आधी माफ करा लाया। लीला की चिंता काहे करते हो। अब फिर किसी को पकड़ लाएगा।'

इस प्रशंसा पर ध्यान दिए बगैर लीला फिर से हिसाब मिलाने लगा। कौन-से सन् में रिटायर हों कि पेंशन पूरी बने, पीएफ पूरा बने, ग्रेच्युटी पक्की हो।

'लीला चालू नंबर वन है।' झामनानी ने कहा।

'चालू हुए बिना झामनानी सेठ, आप भी कहां भाव देते हैं?' जटा खिलखिलाया।

'तुम उससे बड़े चालू हो। कायदे से नौकरी करके, नौकरी के ईमान से तो इंसाफ कर लो। डायरेक्टर के खिलाफ बोलते जान सूखती है, पर ईरान-इराक पर हाथ नचाते-नचाते रात काली कर दोगे।'

'मैं अपने चालूपन का चार्ज करता हूं और वह लीला के चार्ज में जुड़ जाता है।' जटा ने बेशर्मी से झामनानी की दाढ़ी में हाथ फिराया।

झामनानी भड़क गया, 'तुम तो दलाली में भी नंबर वन हो।'

जटा ने एक बोतल उठाई और झामनानी पर दे मारी।

बोतल का कुछ नहीं हुआ। झामनानी का चेहरा बोतल जैसा हो गया। बोतल

का ढक्कन खुला था। जटा उसी बोतल के मुंह से मुंह लगाकर पीने लगा। लीलाशंकर ने पीएफ-ग्रेच्युटी के हिसाब से संतुष्ट होकर उसे अलग रखते हुए कहा, 'सारी पी जाएगा या कुछ बचाएगा भी? मेरे रिटायरमेंट में अभी तीन साल हैं। तब तक तुझे बोलना है, मुझे मौन रहना है। पर मेरे मौन से तूने कैसे मान लिया कि पूरी पीने का लाइसेंस तुझे मिल गया?'

जटा ने घबराकर झामनानी का मुंह यानी बोतल का ऊपरी हिस्सा छोड़ दिया। ...

*झपकी में पड़े प्रेमप्रकाश आगे देखते हैं कि लीला बोतल के सिर पर हाथ फिरा रहा है और वह बोतल रशोमन में बदल गई है।*

'तुम बाएं हाथ से लिखती हो कि दाएं हाथ से?' लीला उसके सिर पर हाथ फेर रहा है।

रशोमन ने एकदम भड़ककर हाथ हटाया, 'तुम वामपंथी हो या दक्षिणपंथी? 'पोमो' कहीं के।'

लीला ने कहा, 'सभी स्त्रियां ऐसे ही भड़कती हैं। मर्दवाद से लड़ने का यही उत्तम हथियार है। बिहारी और कालिदास ने भी ऐसा ही लिखा है। तुम सौंदर्य प्रतियोगिता में भले ही हिस्सा न लो एक बेडरूम सीन वाली कहानी जरूर लिख डालो। एन.जी.ओ. चलाती रहो। वैसे तुम डेविड धवन के एन.जी.ओ. से अपना एन.जी.ओ. क्यों नहीं मिला लेती? आजकल यूनिसेफ वगैरह से एड्स वालों का बड़ा पैसा आ रहा है।'

तभी गायब हो चुका झामनानी अचानक एक गिलास में से जिन्न की तरह प्रकट हुआ, 'डेविड धवन तो सूअर गिनने गया है मेरे आका। उससे बात अभी नहीं कराई जा सकती।'

लीला ने कहा, 'मेरे ब्रोशर से दो सूअर उठा लो। कम पड़ें तो चार उठा लेना। सूअरों की मेरे पास कमी नहीं है। चार और बना दूंगा।'

*झपकी अभी चल रही है* और प्रेमजी देख रहे हैं कि झामनानी गैस के उस गुब्बारे की तरह छत से लगा था जिसका धागा हाथ से छूट जाता है। पांव की जगह धागे लहरा रहे थे। वह नीचे आंखें किए लीलाशंकर से कह रहा था, 'तुम्हारे सूअरों की नस्ल खराब है।'

लीला चिल्लाता है, 'सूअरों की नस्ल क्या है यह उन्हें बनाने वाले ही जानते हैं।'

झामनानी निवेदन करता है, 'पर मेरे आका, इस बाज़ार का क्या करूं जो

सूअरों के दांत, हड्डी, पंजे, बाल सब जांच कर सूअर खरीदता है।'

'पेंटिंग में या तो हड्डियों पर बस चलेगा या चमड़ी, दांत, बाल पर! भीतर ठीक करता हूं तो बाहर अदृश्य हो जाता है। बाहर बनाऊं तो भीतर गायब हो जाता है।'

लीलाशंकर अचानक जटाशंकर को पीठ पर बिठा लेता है।

भीष्म साहनी के 'तमस' के पात्र, कटवाकर फेंके गए एक सूअर के दंगे से आक्रांत बदहवास भाग रहे हैं। लीला की पीठ पर बैठा जटा बड़े मजे से सूअर के ब्रोशर की पुंगी बजा रहा है।

*झपकी ले रहे प्रेमजी देख रहे हैं* कि झामनानी अचानक सांप में बदल गया है। लीलाशंकर की पीठ पर सवार जटाशंकर सवार खंडहर में चक्कर लगा रहा है। रशोमन का कहीं अता-पता नहीं है।

चलते सपने में बांडिया और खुद प्रेमजी के साथ जीबी रंगीले का सेठ भी आ खड़ा हुआ है। रंगीले के सेठ और प्रेमजी ने गले में बांहें डाल रखी हैं। बांडिया जेब में बैठ गया है। दोनों मिलकर बांडिया को कभी हथेली पर रखते हैं, कभी टांग पकड़कर हिलाते हैं, कभी कंधे पर तोते की तरह बिठा लेते हैं।

दृश्य मेले का है, यह मेला अचानक पैदा हो गया है। उसमें 'पोमो' ही 'पोमो' हैं। नाच पोमो, लड़की पोमो, संगीत पोमो, मोबाइल पोमो, चिट फंड कंपनी पोमो, सरकार पोमो, जादूगर सरकार पोमो, चांदवाला इंस्पेक्टर मातादीन पोमो, प्रेमचंद वाला होरी पोमो, आईएएस लेखक पोमो, उसका बंगला पोमो, उसका आलोचक पोमो, बाइस्कोप में नाचने वाली धोबन पोमो, बर्फ की चुस्की पोमो, गोल गप्पे पोमो, पानी की बोतलें पोमो। हर पोमो दुकान का काउंटर एक ही लीलाशंकर के हाथ में, व्यवस्था एक ही जटाशंकर के जिम्मे।

एक सेठ दूसरे सेठ से पूछता है – ये पोमो-पोमो क्या है?

रंगीले का सेठ कहता है, 'ये मेरे एडीटर जीबी शाह रंगीले से पूछो। उसे इस तरह के फालतू शब्द याद रहते हैं।'

प्रेमजी की आत्मा में ऑक्सफोर्ड की डिक्शनरी खुल जाती है। वे अंग्रेजी में आए नए-नए शब्द पजामा, कढ़ी, टपोरी वगैरह का हवाला दे रहे हैं कि तभी न जाने कहां से जटाशंकर अखबार बेचता हुआ आ टपका है! वह चीख रहा है– 'पोमो-पोमो डेढ़ रुपया...। आज की ताज़ा खबर...पोमो-पोमो डेढ़ रुपया।'

प्रेमजी की जेब में पैसे नहीं हैं। रंगीले का सेठ पर्स खोलता है तो क्रेडिट

कार्ड गिरते हैं। वहां भी चिल्लर नहीं है।

जटाशंकर जैसे उन्हें पहचानता ही नहीं है।

'डेढ़ रुपया निकालो, पोमो ले लो!'

'पोमो दे दो, डेढ़ रुपया खाते में लिख लेना!'

'पोमो फ्री में या उधार नहीं मिलता। कोई रीमिक्स थोड़े ही है जो रॉयल्टी के बिना कमाने निकले हैं।'

'ये पोमो-पोमो क्या है?'

'डेढ़ रुपया लाओ, खुद जान जाओ!'

दो बड़े-बड़े लोग सपने में डेढ़ रुपए के बिना पोमो खरीद नहीं पा रहे हैं। दोनों को हार्ट अटैक की स्थिति दिख रही है। बेइज्जती का चरम है।

तभी एक राष्ट्रीय भजन गाते नेताजी की सवारी निकलती है। वे संत के प्रवचन सुनकर लौटे हैं। उन्होंने बाबू प्रेमप्रकाश मेहरा को पहचान लिया है। प्रेमजी उनसे कहते हैं, 'नेताजी डेढ़ रुपए हैं? पोमो खरीदना है।'

नेताजी तो जेब नहीं रखते, उनके अनुयायियों की जेबें टटोलना उन्हें अभी ठीक नहीं लग रहा, क्योंकि अभी-अभी मशहूर संत बापू धाराधाम का प्रवचन सुनकर, उनकी दी गई कंठी लेकर निकले हैं। दूसरों की जेबें कम-से-कम आज, और वह भी 'पोमो मेले' में टटोलें तो कैसे टटोलें?

तब तक 'पोमो' अखबार वाला भाग गया है।

मालिक-मालिक मौसेरे भाई। अकेले रह गए हैं। पोमो मेला वीरान है। झागनानी सांप बना बरगद से नीचे झूल रहा है। डरते-डरते बाबू प्रेमप्रकाश, रंगीले के सेठ से पूछते हैं-इस सांप से पूछें, शायद कुछ पोमो खरीदवाने में मदद करवा दे!

झामनानी की जीभ लपलपा रही है। लीलाशंकर-जटाशंकर न जाने कहां से आकर प्रेतों की तरह सूखे बरगद की डालियों पर झूलने लगे हैं।

तभी जमीन फटती है। उसमें से एक स्टोर रूम निकलता है। कमलकिशोर कांचवाला, प्रेमप्रकाश का दिया नोटिस लिए स्टोर रूम में से परेड करता निकल रहा है और पीछे-पीछे करीब पचास लोग हैं जिनमें से हर एक की शक्ल चिमन चपरासी जैसी, हू-ब-हू है।

ऊपर प्रेत हंस रहे हैं, नीचे परेड निकल रही है।

परेड का आखिरी आदमी तिरछा देखकर प्रेमप्रकाश मेहरा को घूरता है।

प्रेमजी डरते-डरे पूछते हैं-तू कौन है, चिमन है?

'कॉमरेड गोडसे 'पोमो'।' लीला का प्रेत ऊपर से चिल्लाता है। और नीचे

फटी हुई धरती फिर सिल जाती है। प्रेमजी की टांग और रंगीले के सेठजी की जूती दोनों उस सिली हुई धरती में फंस गई है।

जटाशंकर ऊपर से चिल्ला रहा है – 'डेढ़ रुपए में पोमो!'

लीलाशंकर हो-हो कर रहा है। आत्माराम बांडिया प्रेमजी की जेब से कूदकर जमीन पर एक की टांग, दूसरे की जूती निकालने में लगा है।

टांग है कि निकलती नहीं।

धोती है कि खिंचकर फटती जा रही है।

प्रेमजी की हांफनी बढ़ती जा रही है। वे पसीने-पसीने हो रहे हैं। सामने से सूअरों का रेला चला आ रहा है। पीछे से गायें सींग उठाए दौड़ी आ रही हैं। घबराहट में दोनों जोर-जोर से गा रहे हैं–

*'पोमोजी' मोरे औगुन चित न धरो।*
*समदरसी है नाम-तिहारो, सोई पार करो।'*

प्रेमजी पैर उछालकर चिल्लाए–'हे प्रभो! बचाओ।'

दो गोलियों की आवाज़ कहीं दूर आसमान में गूंजी थी। पैर छूता राठी रिपोर्टर प्रेमजी के पैरों की ही उछाल खाकर एक तरफ गिर पड़ा।

झपकी टूट गई।

'क्या हुआ सर? मैं तो प्रणाम करने, आपका आशीर्वाद-भर लेने आया था। शायद आपकी ज़रा-सी आंख लगी थी। कमबख्त गोलियां भी इसी वक्त चलनी थीं। आप पर देश का भार है। यहीं लॉन में बिस्तर लगवा दूं?'

राठी रिपोर्टर को कुछ क्षण घूरने के बाद वे होश में आए। झपकी में कुछ और था, सच्चे में कुछ और। धड़-धड़ करती छाती और तंद्रा में बीती 'पोमो-मेले' की डरावनी लंबी फिल्म! तालमेल बिठाने में थोड़ा वक्त लग गया।

लेकिन, अब सब ठीक था। राठी पैर छू रहा था, दो धमाके हो गए थे। सब ठीक था।

मेला झूठ था, सपना था, अपना न था। 'पोमो' हो या 'प्रीमो'। पूर्व आधुनिक हो, आधुनिक हो या उत्तर आधुनिक...झपकी-झपकी है, सच्चाई-सच्चाई है।

राठी ने फिर कहा, 'सर यहीं बिस्तर लगवा दूं?'

प्रेमजी ने चांद को देखा, 'नहीं-नहीं। मैं भीतर ही सोता हूं। तुम बताओ। जो कहा था, वो कायदे से हो गया?'

राठी ने फिर पैर छुए, 'आपका आशीर्वाद! सब ठीक है। यही कहने आया

था। चलूं? आपको डिस्टर्ब किया। आपका मन अशांत लग रहा है। लीजिए टेप बदलता हूं।'

राठी ने नई कैसेट फिट की।

फतेह अली खान फरमाने लगे–*'दिरि-दारा, दिरिदारा, थारे बिना लागे नहीं म्हारा जिया रे.:.।'*

राठी चला गया।

पूनम के चांद को ठीक सर पर देखते हुए प्रेमजी ने अपने दिल पर बमुश्किल काबू किया, अलबत्ता सेवक के फ्लास्क भी उसमें थोड़े मददगार साबित हुए।

अब वे सोना नहीं चाहते थे। पोमो और झामनानी सांप के साथ जटाशंकर-लीलाशंकर के प्रेत सपने से निकलकर उनके दिल में बैठ गए थे।

नुसरत फतेह अली खान वैसे ही चल रहे थे। पर न जाने क्यों प्रेमजी उसका भी 'पोमो' चाहते थे।

उन्हें हैरत हुई, पूनम के चांद के नीचे आई झपकी में एक हरामखोर 'पोमो' के लिए उनका डेढ़ रुपया भी खाते में नहीं लिखता? उन्होंने खुली आंख से जेब थपथपाई–डेढ़ क्या, डेढ़ लाख निकल आएं! फिर टेपरिकॉर्डर को देखकर कहा, 'अली साहब गाते रहिये, *लागे नहीं, म्हारा जिया रे...।* चांद पर रिफाइनरी लगाकर 'पोमो तेल' निकाल दूंगा।'

पोस्ट मॉर्डन, पोमो उर्फ उत्तर आधुनिक अंदाज़ के नाम उन्होंने मोगरे का एक फूल तोड़ा और चांद की तरफ उछाल दिया। फूल जमीन की तरफ आकर गिरा। जमीन फटी नहीं! कोई परेड भी नहीं निकल रही थी। सपने से निकले प्रेमजी को अब पक्का भरोसा हो गया कि वे चांद के नीचे अपने ही लॉन में हैं।

उधर सामने से बांडिया पैंतालीस डिग्री सम्मान में झुके-झुके चला आ रहा था। पहले प्रेमजी को लगा कि यह किसी मरहम कंपनी का विज्ञापन कर रहा है, फिर लगा कि कोई रंग बेचेगा' पर अंततः 'क्लोज अप' में उसके दांत चमचमाते हुए प्रस्तुत हुए।

प्रेमजी ने एक फूल और तोड़कर चांद की ओर फेंका।

फूल के जमीन पर गिरते ही बोले, 'ब्लडी फूल!'

# ठक्-ठक्! भड़ाक!!

कुल मिलाकर शहर में कर्फ्यू का पहला दिन हिट रहा। दोनों अखबारों के एक दिन में चार-चार विशेष संस्करण निकले।

सबसे ज्यादा पूछ पिच्चासी साल के मरणासन्न झारोड़ियाजी की रही जो शहर के एकमात्र उपलब्ध स्वतंत्रता संग्राम सेनानी थे। उनकी यादों को छापने का वैसा ही चलन था, जैसा दुल्हन की शादी में बताशे बांटने का। झारोड़ियाजी के बिल्डर्स एसोसिएशन अध्यक्ष पोते ने गांधीजी के साथ वाली उनकी पुरानी फोटो की गड्डी बनवाकर थोक में रख ली, क्योंकि हर रिपोर्टर को यादों के खाते में उन्हें छापना ही छापना था। झामनानी ने अकेले दो बोतलें भीतर उतारीं। अफसर कवि ने लंबी कविता लिखी जो प्रभु से शुरू होती थी और खुदा पर खत्म होते हुए बच्चों के आंसू, नवरात्रि के कुंवारी कन्या भोजन तथा बिस्मिल्ला खान की शहनाई से गुजरते हुए अनुष्का शंकर के सितारवादन पर जाकर दम लेती थी। दम लेने के बाद फिर उठ खड़ी होती थी और बताती थी कि लौटेंगे पंछी, बच्चे पोछेंगे नाक, गाएगी चिड़िया, लगेगा फर्शी प्रेस क्लब की गटर पर एक दिन, फिर लगेंगे कहकहे, फिर जिएंगे लोग गप्पू के गोलगप्पे खाकर आंख-नाक बहाते हुए उसी चौराहे पर, हरिप्रसाद की बांसुरी और सुल्तान खान के आलाप के साथ!

राठी की गर्दन को मालिश वाले ने दाएं झटका दिया – कड़-कटाक्!

शटर गिरा हुआ था।

राठी रिपोर्टर गिरे शटर के पीछे देह को विश्रांति देने वाली मालिश करवा रहा था। अभी-अभी वह लीलाशंकर-जटाशंकर को उनका ही एक इंटरव्यू बनाने को छोड़ आया था जिसे विशेष संवाददाता के नाम से छपना था। बाबू प्रेमप्रकाशजी ने समाजहित में कृपापूर्वक एक एक्सक्लुसिव सीरीज़ प्लान की थी जो उनके अखबार में इन तथ्यों का खुलासा करने वाली थी कि सांप्रदायिक ताकतें किस प्रकार कला के एक नमूने को समाज में आग लगाने वाले बारूद की तरह इस्तेमाल करने पर उतारु हैं।

रशोमन ने जीबी के अखबार में एक विशेष टिप्पणी लिखी थी। मुर्तज़ा का एक अद्भुत किस्म का इंटरव्यू उसी की बगल में छपा था। शीर्षक था – 'आखिर कितनी बार खोलकर दिखाएं छाती।' एक तरफ बांडिया के संदर्भकोश से लबलबा प्रेमजी का सौहार्द और मैत्री पर साढ़े बारह संस्कृत श्लोकों वाला विशेष संपादकीय जान लड़ा रहा था, तो दूसरी तरफ बाबू घुन्नेशाह रंगीले ताल ठोंक रहे थे कि बीस साल की पत्रकारिता में उन्होंने धर्मनिरपेक्षता की तकनीकी शब्दावली के धुर्रे यों ही नहीं उड़ाए हैं।

मुर्तजा और रशोमन का जवाब चित्रकार लीलाशंकर के जज्बाती इंटरव्यू में ही मिलने की उम्मीद थी। राठी उसी काम पर था।

मालिश मास्टर ने कनपटियों पर उंगली घुमाते हुए, शीशे में नज़र मिलाई, 'राठी बाबू, जमकर सट्टा लग रहा है।'

'किस बात पर?'

'यही कि आपका अखबार जीतता है या उनका!'

राठी को अचानक जोरदार छींक आई और मालिश मास्टर ऐसे सहमा जैसे कर्फ्यू तोड़ने के गुनाह में डंडा खा गया हो।

राठी ने नाक पोंछा, तुमने कभी सट्टा लगाया है?

'चाहे जैसा भी आदमी हूं राठीजी, दंगे में सट्टा नहीं लगाता!'

राठी का मन डूब गया।

आईने में सूरत थोड़ी रोनी नज़र आने लगी।

मालिश वाले का तेल दुबारा सिर पर गिरने लगा। उंगलियां नाचने लगीं।

राठी को कई सवाल परेशान कर रहे थे। मालिशवाला दंगे में सट्टा नहीं लगाता पर वह खुद किसका लगा रहा है? वह किसका गुलाम था? प्रेमजी का? वह किसका

दलाल था? बांडिया का? वह किसका एजेंट था? लीलाशंकर का? लीलाशंकर कौन था?

सूअर की पेंटिंग बनाने वाला महान चित्रकार या कायर, चालू, बदमाश और पब्लिसिटीखोर? जटाशंकर कौन है? लीलाशंकर का दलाल या बांडिया का खामोश पार्टनर? मिर्ज़ा इस्माइल बेग किसके बैग में रखे नोटों की गड्डी है? मैं राठी, खुद किससे ज्यादा डरता हूं? प्रेमजी से या मालिशवाले से? मैं कौन हूं? पत्रकार साहब! किसने कहा? एस.पी. यही कहकर पुकारता है! मैं आंख चुराता हूं। किससे? चिमन चपरासी से! मुझे याद आती है। किसकी? मां की!

शीशे में उसने अपने आपको फिर गौर से देखा। तेल की बूंद कनपटी से गाल की तरफ बढ़ रही थी। आंखें बूंद के बारे में तेल-पसीना फर्क करना भूलती दिखती थीं। मालिश करवाते हुए आदमी की आंखें काफी उनींदी हो जाती हैं। हालांकि शटर गिरा हुआ हो, कर्फ्यू लगा हुआ हो तो उनींदा आदमी भी उनींदा कहां रहता है।

एक पल के लिए उसे अपनी गर्दन मालिश करने वाले के हाथों में असुरक्षित जान पड़ी। जो आदमी दंगे पर सट्टा नहीं लगाता हो, वह दंगे के खिलाफ भी हो सकता है। मुझे दंगे का कारण मानते हुए मेरी गर्दन भी दबा सकता है।

तभी शटर बजा!

मालिश वाले ने राठी को आंखों ही आंखों पूछा, 'खोलूं क्या?'

राठी ने ज़ोर से पूछा – कौन है?

जवाब में वही, ठक्-ठक्!

स्टूल पर चढ़कर मालिशवाले ने एक छेद में से झांका।

टांगें कांप गईं। एक पुलिसवाला था। साथ में बांडिया था।

राठी उठा, उसे स्टूल से उतारकर खुद चढ़ा, देखा और आधा शटर उठवा दिया।

अब भीतर चार लोग थे।

राठी रिपोर्टर, आत्माराम बांडिया, मालिशवाला और पुलिसवाला।

शटर बंद हो गया।

मालिशवाले की बोलती बंद थी। बांडिया ने चुप्पी तोड़ी, 'राठीजी, पुलिसजी भी थक गए हैं। सोचा आपके अड्डे पर ही इनकी भी मालिश हो जाए। मैं भी एकाध हाथ लगवा लूंगा।'

'बैठिए-बैठिए' – होश में आए मालिशवाले ने खुद को लगभग तेल की

शीशी की तरह झुकाया और उनके मनोमस्तिष्क पर विश्रांतिदायक तेल की बूंदों की तरह फैल जाने पर उतर आया।

राठी ने पूछा, 'बांडिया जी कुछ ऐल-फेल हुआ है क्या?'

'अरे कुछ नहीं,' जवाब पुलिसवाले ने दिया, 'लीलाशंकर का असली देसी कट्टा चोरी हो गया है। रशोमन के घर से भड़काऊ सामग्री बरामद हुई है। सूअर वाले ब्रोशरों की एक गड्डी अधजली हालत में फाइन आर्ट स्कूल के बाड़े में मिली है। मुर्तज़ा अली अंडरग्राउंड है। हम यहां मालिश कराने आए हैं।'

खबर सुनकर राठी की सारी मालिश की तरी एक बार में ही बेकार हो गई। बांडियाजी ने ठोड़ी पर हथेली टिकाकर आईने में देखते हुए राष्ट्र के नाम संदेश दिया, 'मैं न कहता था, ये लोग समाज को बांटकर रहेंगे। पूरी स्टोरी बाबू घुन्नेशाह रंगीले के काम की लग रही है। तुम फौरन किसी प्रगतिशील को साधो और एकाध शांति कमेटी के बापजी पकड़कर लाओ। कर्फ्यू में दो घंटे की छूट के दौरान शांति अपील बंटेगी और लीलाशंकर मस्जिद के सामने बैठकर आत्मशुद्धि की एक पेंटिंग बनाएगा। झामनानी सेठ उसे एक लाख रुपए में खरीदेंगे और यह राशि चित्रकूट इलाके की शांति समिति को पड़ौसी मुस्लिम मुहल्ले के छप्पर बनाने में मदद के लिए दे दी जाएगी।'

राठी जागा, 'बांडिया बाबू, सब तय हो गया है? मुझे सिर्फ एक प्रगतिशील और एक शांति कमेटी का बूढ़ा साधना है?'

'यही तो असली सेवा और साधना है! देखते क्या हो? राष्ट्रसेवा का समय है, आगे बढ़ो।'

'अरे चुप भी करो यार!' पुलिसवाले ने डंडा गोद में रखा और कुर्सी पर जम गया, 'ओय! तेल डाल। हम दूसरों पर जमाते हैं, तू हम पर हाथ जमा। सबने जान ले रखी है। एकदम तर कर दे! थोड़ी तो शांति हो जाए।'

बांडियाजी ने बंद शटर में कर्फ्यू को लात मारता ठहाका लगाया–

'तर तो आप ही करेंगे पुलिसवालेजी!'

मालिशवाला पसीने से तरबतर हो गया।

उसे न जाने क्यों लगा कि यह पुलिसवाला आईने पर एक डंडा मारेगा और उसकी किरचें बिखर जाएंगी। एक-एक किरच चाकू बन जाती तो वह कर्फ्यू में किन्हें सप्लाई करता? वह किरचें बेचने का धंधा शुरू कर देता या इस पुलिसवाले की मालिश बजाय तेल के, किरचों से ऐसी करता कि यह कर्फ्यू लगाना भूल जाता!

पर इतना तो मालिशवाले भी जानने लगे हैं कि कर्फ्यू पुलिसवाले नहीं, उनके ऊपरवालों के बाप लगवाते हैं और ऊपरवालों के बाप यहां मालिश करवाने नहीं आते।

वह चुपचाप शीशी लिए खड़ा रहा।

राठी रिपोर्टर ने मालिशिये को आदेशित किया, 'शुरू करो! बांडिया बाबू भी बहुत थके हुए हैं। उनका नंबर भी लगना है।'

लगा कि बांडियाजी राठी को सुन नहीं रहे हैं। उन्होंने तो तिरछी नज़र से राठी रिपोर्टर को देखा-भर! आदेश दिया –

'...आप पिछली गली से निकल लीजिए।'

उसके बाद संविधान से प्रेरणा लेते हुए कमीज़, आत्मा की तरह हटाकर खूंटी पर टांग दी ताकि आत्मा के बिना पीठ दिखाने के लिए मालिश का मैदान तैयार हो सके। सीएम हाउस में तो एक खूंटी भी नहीं होती और वे वहां कई-कई घंटे पीठ दिखा-दुखू चुके थे।

मालिशवाले का पिछला दरवाजा घर के आंगन में खुलता था। घर किसी गली में। कुर्सी पर पुलिसवाला बैठा था। मन में आईना किरचें-किरचें हो रहा था। बांडिया ने कमीज उतार दी थी और राठी को घर के रास्ते पिछली गली में भेजना था।

मालिशवाले ने हिसाब लगाया, *पूरा धंधा मारा गया।*

बीवी को 'अरे हो' कहता हुआ वह राठी के लिए रास्ता बनाता पीछे की तरफ गायब हुआ।

बांडिया ने नंगे बदन आईना देखा। पुलिसवाले से आंख मिलाई और कहा, 'स्साले, एक ब्रोशर ने जबर्दस्ती में सारा जीवन चौपट कर दिया।'

पुलिसवाले ने पलटे बिना, आईने में ही उससे आंख मिलाते हुए कहा, 'उलटे तुम्हारा तो चल गया बांडिया बाबू! प्यारे मियां निकल लिए, हम खामख्वाह टंगे रहेंगे। उस दिन राठी से वो कागज का टुकड़ा दबवा ही दिया होता तो आज यहां शटर गिरवा के मालिश कराने कौन उल्लू का पट्ठा बैठा होता!'

पुलिसवाले ने डंडा गोद में रखकर मूंछ के बाल ठीक करने के लिए कैंची हाथ में उठा ली·और किसी पुराने महाराणा की तरह तराशने की मुद्रा में दाएं-बाएं होने को हुआ।

'नहीं पुलिसजी!' बांडिया ने बदन पर हाथ फिराकर आईने ही आईने में

आंखमिलाई का जवाब दिया–'मालिश के साथ यहां दूध भी मिल जाएगा।'

'भ-ड़ा-क्!'

कुंडी खोलकर बदहवास मालिशवाला यकायक भीतर दाखिल हुआ।

'भाई साहब, राठी बाबू को तो सुरक्षित निकाल दिया। मगर एक गड़बड़ हो गई लगती है।' उसकी सांस भर रही है।

'क्या गड़बड़?'

बांडिया बुरी तरह चौंका। उसने खूंटी पर टंगी आत्मा पहनने की झपटमार तेजी दिखाई।

'कमल किशोर कांचवाला और चिमन चपरासी उनके पीछे-पीछे जाते दिखे हैं।'

'क्या बकते हो!'

पलक झपकते पुलिसवाले ने कैंची फेंकी, डंडा उठाया और घुमाकर आईना फोड़ दिया। महाराणा की मूंछें टूटे आईने में टुकड़ों-टुकड़ों में फड़क रही होंगी।

बांडिया बदन पर आधी कमीज फंसाए धप्प-से बैंच पर ढेर हो गया।

मालिश का तेल ढुल गया था।

*मालिशवाले की बीवी घूंघट काढ़े दूध लिए खड़ी थी।*

शटर पर फिर कोई ठक्-ठक् कर रहा था।

# कि थोड़ा और चलेगा

यह ठीक है कि ज़िंदगी में आदमी हर काम सिर्फ अपने लिए नहीं करता। कुछ काम दूसरों के लिए भी करने पड़ते हैं। ये काम समाज के काम कहलाते हैं। अस्तु लीलाशंकर समाज का काम करने जा रहा था।

हालांकि प्रेमप्रकाश के अखबार में छपे उसके शानदार एक्सक्लुसिव इंटरव्यू के मुताबिक यह काम आत्मशुद्धि के लिए था। अलबत्ता रिपोर्टर की अपनी टीप उसमें घुसी हुई थी जो बताती थी कि कलाकार जब आत्मशुद्धि करते हैं तो वह काम भी उनका व्यक्तिगत न रहकर समाज का हो जाता है। लीलाशंकर के लिए न दुर्गा खोटे की बिंदी 'इरोटिक' होती है, न निगार खान की नाभि 'सेन्सुअस।' वह तो बस एक निर्मल प्राणी है, जिसके बाड़े में कभी डेविड धवन के एन.जी.ओ. के लिए पशु संरक्षण का संदेश देने वाले सूअर भी घूमते थे।

रिपोर्ट में गिरगिटों और देसी कट्टों का कोई जिक्र न था लेकिन जनता को संदेश मिल रहा था कि आज शुद्धि होकर रहने वाली है। जनता की मुसीबत सिर्फ यह थी कि कर्फ्यू में दो घंटे की जो छूट मिलने जा रही थी, उसमें दूध-पानी वगैरह का इंतज़ाम करे या इस शुद्धि का लाभ ले? कितना वक्त शुद्धि को दे, कितना बाल-बच्चों को?

कितना पुलिसवालों से डरने में लगाए, कितना उन बच्चों को धमकाने में, जो बगैर बताए बाड़े कूदकर भागने लायक हो गए थे।

लोग समझते हैं दंगे वैसे होते हैं, जैसे फिल्मों में हुआ करते हैं। अगर मालिशवाले से पूछा जाए तो पता चलेगा कि दंगे वैसे कभी नहीं हुए जैसे फिल्मों में होते हैं। फिल्मों में आप ढाई घंटे में बूट, नाल, पत्थर, आग और म्युजिक के मजे के साथ दंगे का आनंद लूटकर निकल आते हैं। असली दंगे में मुसीबत शटर के पीछे वाले मालिशिये की होती है। किस्म-किस्म की पीठें दबाते-दबाते, खोपड़ियां बजाते, उसका कचूमर निकल जाता है। बाहर पत्थर चल रहे होते हैं, इधर हाथ। और पैसा? मांगो तो एक हाथ और!

'है कि नहीं?' मालिशवाले ने पहली बार खुलकर ठहाका लगाया।

'धीरे हंसो! शटर हिल जाएगा।' कुर्सी पर बैठा शख्स बोला–

वह कांचवाला था। कांच के सामने कांचवाला।

उसकी आंखें उनींदी न थीं। वह कभी उस्तरे देखता था, कभी कटिंग की मशीनें। कभी ब्रुश और कभी फिटकरी! कभी-कभार वह साबुन भी, जिस पर झाग आकर सूख गया था।

*'दूध, कुत्ते पी जाते भैया! आप बड़े वक्त पर आ गए।'*

मालिशवाले की बीवी आई, पटिये पर दूध रखा और भीतर चली गई।

बांडिया और पुलिसवाले की गंध अभी माहौल में बाकी थी। हवा में एक स्प्रे मारकर मालिशवाले ने पूछा, 'अब कितना और चलेगा?'

'क्या पता?'

'आपको नहीं तो किसे पता?'

'प्रेमजी या जीबी बाबू से क्यों नहीं पूछ आते?'

'वो मुझसे यहां मालिश कराने नहीं आते!'

कांचवाले ने कुछ जवाब नहीं दिया, बस कैंची उठाई और तीखी नज़र डालकर पूछा, 'पुलिसिये ने मूंछें काटी थीं?'

'कमाल के हो यार!' मालिशिया हैरत से बोला, 'साला, जादू जानते हो क्या? मूंछों को इस कैंची से उसने छुआया होगा! आपको कैसे पता चल गया?'

'पुलिसवाले कैंची देखेंगे तो मूंछें तराशे बिना कैसे रहेंगे? इसमें कौन-सा जादू जानने की जरूरत है?'

दोनों का ठहाका एक साथ लगा। शटर को कुछ नहीं हुआ। टूटा कांच अलबत्ता थोड़ा हिला।

कांचवाला नाक पर हाथ लगाए थोड़ा टेढ़ा चेहरा घुमाकर कांच में देखने लगा।

खुद को देखने का उसका यह अंदाज़ नया नहीं था। दरअसल, उसका कोई अंदाज़ नया नहीं था। वह शुरू से वैसा ही रहता, चिढ़ता, हंसता, बोलता, चलता, देखता आया था।

'बेटा कमलकिशोर, उल्लू के पट्ठे!!'

एक दफे टाट पट्टी पर बैठे-बिठाए गुरुजी ने मेहंदी की कीमची फटकारते हुए कहा था, 'सोच रहे हो कि सवाल कर रहे हो?'

कीमची के दर्द से कमलकिशोर रो दिया।

उसके हिसाब से उसका कोई कसूर नहीं था। बस पूरी क्लास जो मचा रही थी, वह नहीं कर रहा था। पूरी क्लास चिल्ल-पों कर रही थी, वह नाक पर हाथ लगाए थोड़ा चेहरा घुमाकर कहीं चुपचाप देख रहा था। माहौल के मुताबिक उसे खामोश तीसरी दुनिया में देखने की बजाय सवाल करना चाहिए था या फिर नीचे सिर रखकर तबियत से मच रही चिल्ल-पों में अपना भी योगदान दे देना चाहिए था।

उसने दोनों में से एक भी न करके कसूर किया।

कीमची खानी ही थी। आंसू आने ही थे।

उसके आंसू, क्लास में शांति ला देते।

गुरुजी को फॉर्मूला जम गया था। जब कभी क्लास को चुप कराना हो, कीमची कमल किशोर पर पड़ जाती। वह रो देता था और क्लास चुप हो जाती थी। गुरुजी अंतिम अस्त्र फेंकते-'जन्म का रोतला है। उल्लू!! चुप कर!!!'

कमलकिशोर ने पुलिसवाले के फोड़े हुए कांच में पीछे देखा।

मालिश की तैयारी हो रही है। हथेली में तेल डाला जा रहा है। मालिश मास्टर मगन है।

राठी रिपोर्टर भी तो उसे कभी-कभार प्यार से उल्लू ही कहता था। आत्माराम बांडिया जब पहली बार उसे कंधे पर हाथ रखकर जीवन और क्रांति के गुर बताने ले गया था तो उसका पहला वाक्य था-'देखो कमलकिशोर बाबू, क्रांति लाने के लिए पत्रकारिता में तिलक थे, एक अभी भी हैं-अपने रघुकुल तिलक! पर, अखबार चलाने के लिए प्रेमजी ही होंगे। हम आकाशवाणी, दूरदर्शन और सरकारी कॉलेज के पेंशन-प्रोविडेंट फंड वाले 'परमसुरक्षित' पार्टटाइमर क्रांतिकारी तो हैं नहीं। हमें लंबी रणनीति बनानी है। आप दुखी मत हुआ करो। आज की दुनिया भावनाओं को

उल्लूपना समझती है। आप ठहरे मासूम। आपकी आंखों में बड़ी जल्दी आंसू आ जाते हैं।'

कांचवाले ने एक बार फिर गहरे तक खुद को 'उल्लू' महसूस किया।

ऐसे ही भावुक क्षणों में बार-बार *बांडिया बिगब्रदर* ने उसे रसमलाई खिलाई। दुष्यंत कुमार की ग़ज़लों की किताब भेंट की। दिल पर हाथ रखकर कहा, 'तुम जैसे भारतमाता के लाल बस तुम जैसे ही देखे!' फिर प्यार से सिर पर हल्के-से टप्पल मारी – 'उलूकनंदन!...हें-हें!!'

राठी रिपोर्टर से एक दिन उसने बांडियाजी की इस महान 'रसमलाई टप्पल' का जिक्र कर दिया। राठी ने उठाकर रजनीगंधा पान मसाले का पैकेट फाड़ा, मुंह में उंडेला और बोला, 'बेटा, बांडियाजी का प्राइवेट कॉलेज चलता है और लोकल केबल ऑपरेटर यूनियन में फिफ्टी परसेंट का हिसाब है। आकाशवाणी-दूरदर्शन में और प्रेस कान्फ्रेंस में उनकी रसमलाई सप्लाई होती है। वे कविता पढ़ने और वार्ताओं में भाग लेने भी चले जाते हैं। जो ऊंचे किस्म के जनकवि-कथाकार दिल्ली में गजरे सूंघकर आते हैं, वे इनके चाचाओं की बहुओं की किताब के लोकार्पणों में भी इनकी बनाई रसमलाई ही खाते हैं। जो चित्रकार अपने बेटों को इंजीनियर बनाना चाहते हैं, वे इनकी रसमलाई के डिब्बे भेंटकर ही झामनानी जैसों की नैया से पार होते हैं। सो हे कमलकिशोर कांचवाले, तुझे क्या अभी से अपनी होने वाली शादी या उसके होने के बाद संभावित बच्चे की चिंता सता रही है?'

बेचारा कांचवाला इसे भी आरोप समझकर रो दिया था।

उस रोने को कई साल बीते। अब कांचवाला पक्का हो चला था। रशोमन भी उसे 'कमिटेड' कहती थी और जीबी बाबू उसकी ज्वाला पर कुर्बान थे।

कांचवाले ने फिर पुलिसवाले का फोड़ा हुआ कांच देखा।

सिर पर तेल गिर रहा था। मालिशिये की उंगलियां नाचने लगी थीं।

मालिशवाले सिर पहचानते हैं। छूते हैं तो पता चल जाता है कि सिर किस किस्म का है। राठी का सिर, बांडिया के सिर से अलग था। राठी की पीठ, बांडिया की पीठ से अलग थी। कांचवाले की कनपटी तो बिल्कुल ही अलग थी। उसे छूते ही कुछ फड़कता-सा लगता था। मालिशिये को भी इस करंट में थोड़ा मज़ा आता था।

एक बार मालिशवाले से एक किरानेवाले ने पूछा था, 'तुम हजामत भी कमाल की बनाते हो, उस्तरे के उस्ताद हो, पर तुम्हारे पास सबसे ज्यादा

ग्राहक मालिश के ही क्यों आते हैं?' मालिशवाले ने कहा था, 'क्योंकि वे शांति चाहते हैं।'

किरानेवाला उस दिन हजामत बनवाए बगैर ही चला गया।

एक बार एक एक्यूप्रेशर का धंधा चलानेवाला तीन घंटे उसकी दुकान में बैठा रहा और आखिरकार मदहोशी की हालत में यह बोलकर गया कि तुम खोपड़ी, दिमाग और दिल – तीनों की मालिश एक साथ कैसे कर देते हो? राज बता दो तो मल्टीप्लेक्स में मेरी फ्रेंचाइजी तुम्हारी हुई।'

हालांकि एक्यूप्रेशर वाले की फ्रेंचाइजी डूबते-डूबते बच गई, क्योंकि मालिशवाला बीवी पर ज्यादा भरोसा करता था और बीवी मुहल्ले के नल की रोजाना वाली लड़ाई का मज़ा छोड़ने को कतई तैयार न थी।

मालिशवाला बदस्तूर उसी स्थान पर मालिश करता रहा।

कांचवाला आंखें बंद किए सोचता रहा।

बाबू घुन्नेशाह रंगीले ने उसे उस दिन गले से लगाते हुए कहा था–'तुमने पत्रकारिता का इतिहास रच दिया है। ऐसा कैप्शन? मैंने कभी इंडियन एक्सप्रेस में नहीं देखा। वर्गीज और मुलगांवकर देख लेते तो तुम्हें आंखों का हीरा बना लेते। क्या लाइन लिखी है–*एक घाट पर?* समाजवादी, शिवसेनावादी, मनुवादी, अंबेडकरवादी, धर्मनिरपेक्षतावादी, समतावादी, जातिवादी, पैसावादी, ग्लैमरवादी, सब एक घाट पर! क्या गज़ब का एक्सप्रेशन–सिर्फ एक कैप्शन! और सजा? स्टोर कीपरी! थू है इस समय पर! हालांकि मैं मालिक नहीं हूं पर तुम देखो–यह है जर्नलिज्म का नया संसार! कितनी बार मैंने तुमसे कहा था, मेरे साथ आओ। बेहद कठिन समय है! यह जनतंत्र का, जनता का, विचारधारा का, पत्रकारिता का, मानवता का, सबसे कठिन समय है बंधु! मगर जब तक घुन्नेशाह के दम में दम है, पत्रकारिक मूल्यों की मूलभूत शक्तियों का संधान जारी रहेगा।'

बाबू घुन्नेशाह रंगीले तो संगीत, चित्रकला, एनजीओ – सबको उपकृत करके आए थे। वे तो मूलतः आदिवासियों पर शोध करके आए समाजशास्त्री थे जिन्होंने स्त्री, दलित विमर्श और मर्द नैतिकता का नया मुहावरा विकसित किया था। वे अपने से छोटे युवक (या युवती) को 'तुम' ही कहते थे और समाज के अंतिम आदमी की व्यथा की वजह से त्रस्त, ध्वस्त और अस्त-व्यस्त रहते थे। पत्रकारिता पर तो वे एहसान करने पर उतर आए थे वर्ना...खैर छोड़िए! आदर से आतंकित कांचवाला उनसे मिले 'तुम' पर झंकृत हो गया।

सब झंझटों को एक तरफ झटककर बाबू घुन्नेशाह रंगीले ने जीबी बाबू वाली विख्यात अदा में लौटकर चश्मा ठीक किया और उसे सामने बिठा लिया।

कांचवाला गद्‌गद! जैसे किसी शीशे के सामने ढाई हजार वाट का बल्ब लगा दो तो रिफ्लेक्ट होकर पांच हजार का प्रकाश फैल जाता है। ऐसा चमकारे मारता हुआ कि, डायरेक्टर पूरा सीन शूट कर ले।

मालिशवाले ने कांचवाले के पिछले हिस्से से गर्दन की तरफ उंगलियां चढ़ाना-उतारना शुरू किया। यह गति बड़ी मोहक थी। रेशमी-नर्म अहसास होता था और नसें तनाव भूलकर असली रस में आने लगती थीं।

कांचवाला असली रस में आने लगा।

उस दिन कांचवाले का जी सचमुच हल्का हो गया था। वह घर जाकर खुलकर रोया था। उसने इस्तीफा क्या दिया था – छाती से कोई ट्रेन हटा दी थी। इतना रोना देखकर उसकी बीवी ने भी कहा था, 'तुम सचमुच उल्लू हो।'

रघुकुल तिलकजी ने चिंतित भाव से उससे कहा था, 'बेटा कमलकिशोर, अब क्या करोगे?' कांचवाले को उनकी आवाज़ ठीक उन गुरुजी जैसी लगी जो कीमची मारते हुए क्लास में शांति व्यवस्था की चिंता के अलावा क्या कर सकते थे?

नाक पर हाथ लगाए तीसरी दिशा में बैठा बच्चा, तिलकजी को भी कीमची योग्य ही लगना था, क्योंकि क्लास के कायदे से या तो आपको सवाल करना चाहिए या नीचे सिर करके अनंत चिल्ल-पों में अपना शक्ति-भर योगदान करना चाहिए।

कांचवाला चुपचाप रहा। तिलकजी ने कंधे पर हाथ नहीं लगाया, क्योंकि उन्हें डर था कि यह रो न दे। उनके पास उम्र के इस मुकाम पर विश्व शांति पर एक विशिष्ट संपादकीय अग्रलेख से ज्यादा कुछ नहीं था, इस्तीफा तो खैर शायद कभी नहीं। उनके अनुभव का कटोरा इतना बड़ा था कि कैप्शन का इस्तीफे से संबंध उठाना फिजूल ही था।

वे खामोशी से आगे बढ़ गए। कांचवाला बिना रोये कम्पाउंड से निकल आया।

और एक दिन...

वह जीबी बाबू के साथ कॉफी पी रहा था। उसे रशोमन की तकरीरें सुनाई पड़ रही थीं। वह बाबू प्रेमप्रकाश के सेठाश्रित मॉडल से निकलकर प्रगतिशील मॉडल की संभावनाओं पर बहस की दुनिया में डूब-उतरा रहा था।

बीच बहस में, बाबू घुन्नेशाह रंगीले का मोबाइल पियानो की पुरानी धुन पर हल्के-से बज उठा। कोई एसएमएस आया था। इतनी सुंदर धुन उसने कभी किसी मोबाइल पर नहीं सुनी थी। तभी कम्प्यूटर पर बाएं हाथ से जीबी बाबू ने आबिदा परवीन को छेड़ दिया। खुद फोन पर एसएमएस पढ़ा। जवाब में कुछ टाइप किया, भेजा, फिर ऑफ करते हुए कहा, 'आबिदा का बुल्लेशाह सीधे दिल में उतर जाता है। चलिए इन दुष्ट मोबाइलों को कुछ वक्त बंद ही रहने दें।'

कॉफी चलने लगी।

आबिदा गूंजती रही –

*कोठे चढ़कर देवां होका,*
*इश्क विहाजो कोई न लोकां*
*इस दा मूल न खाणा धोखा*
*जंगल बस्ती मिले न ठौर।*
*वाह-वाह रमज़ सजण दी होर...*

मालिशवाले का हाथ खोपड़ी के बीचोंबीच हल्के-से गिरा, उठा, गिरा, उठा और गिरकर जाकिर हुसैन की तरह धिनधिनाता हुआ पूरे सिर पर घूम गया।

उस जीबी के साथ जिसे सब घुन्नेशाह रंगीला कहते थे, पहली स्मृति और बुल्लेशाह के बोलों के बीच मालिशवाले की यह संगत कांचवाले की पलकों पर छा रही थी। फिर भी पलकें थीं कि खुल-खुल जाती थीं।

वक्फा लंबा गुज़र चुका था। पुलिस वाले का फोड़ा हुआ कांच सामने दिखाई देता था।

अधूरे कांच में कांचवाला खुद को जितना देखता, उतना विचित्र पाता। उसे समझ नहीं आता था कि प्यारे मियां का बेटा मुर्तज़ा अली, बाबू घुन्नेशाह रंगीले को ही विशेष टिप्पणी कैसे भेज रहा है? अखबार के सिटी एडिशन छूटने के ऐन पहले ही वह कहां से कैसे आ जाती है? ऊपर से छोड़े गए बॉक्स में उतनी ही बड़ी कैसे फिट भी बैठ जाती है। रशोमन दो दिन से उसे क्यों नहीं मिल पा रही है? कर्फ्यू में दो घंटे की छूट तो आत्माराम बांडिया ने ही सीएम से सैट करवा ली होगी। झामनानी एक लाख में लीलाशंकर की 'आत्मशुद्धि' पेंटिंग भी खरीद लेगा। पर, प्यारे मियां के खून का राज खुलने में किसी की दिलचस्पी है भी कि नहीं? प्रेमजी की मिलादुन्नबी और जीबी शाह की मिलादुन्नबी में लीलाशंकर की आत्मशुद्धि कहां फिट होती है?

मालिशवाले ने खोपड़ी पर एक और जाकिर हुसैन जमाया!

कांचवाले ने हाथ का इशारा किया–'बस! बहुत हुआ।'

मालिशवाले ने कहा, 'थोड़ा और चलेगा...!'

कांचवाला बोला, 'ईमान से बताओ। सच में थोड़ा और चलेगा?'

एकदम खामोशी छा गई।

मालिशवाले ने कुछ नहीं किया। कांचवाले का चेहरा पोंछा। प्यार से कंघा जमाया। कुर्सी घुमाई। उठाकर सामने का पूरा शटर खोल दिया–

'छूट का वक्त शुरू हुआ। आप पिछली गली से नहीं, मेन रोड से पधारिये बाबू कमलकिशोर!'

खड़े हो चुके कमलकिशोर कांचवाला ने टूटे शीशे के सामने पटिये पर पड़ा एक लंबा शीशे का टुकड़ा उठाकर ऊपरी जेब में डाल लिया।

मालिशिये की बीवी पीछे से प्रकट हुई–'*दूध ठीक से पी लिया था ना?*

मालिशिये ने कहा–'थोड़ा, और चलेगा?'

जब तक कांचवाला जवाब देता, मालिशिये की तरफ से पूरा नया उस्तरा फोल्ड करके उसके कुर्ते में डाला जा चुका था!

कांचवाला बिना बोले एक-एक करके सामने की सीढ़ियों से सड़क की तरफ उतर गया।

मालिशवाले ने घर के पिछले दरवाजे से गली की तरफ देखते हुए चैन की गहरी सांस ली, पीछे की गली से चिमन चपरासी बाहर का रास्ता नाप रहा था।

मालिशवाला 'जय जय श्रीराम' बोलकर उछला और धम्म-से पटिये पर पूरी प्रसन्नता के साथ जा टिका!

# अनारकली

वह कोशिश कर रहा था कि मच्छरों की आवाज़ से निकले–प्यार किया तो डरना क्या? मगर वे काटने-खाने में ही मशगूल रहे। उनका काटना तेज़ से तेज़ होता जा रहा था। अपने गांव के तबेले की सुखद स्मृतियों को याद करके इस बेसमेंट को तुच्छ साबित करने की उसकी हर कोशिश नाकाम ही साबित हो रही थी। हर मच्छर की आवाज़ ऐसी लगती जैसे प्यारे मियां मर्डर केस की सुनवाई के लिए चपरासी आवाज़ लगा रहा हो।

फाइन आर्ट स्कूल में उस ब्रोशर का एक अधजला बंडल मिल गया था जिसमें सूअर की पेंटिंग वाला बवाल था। राठी रिपोर्टर ने उसे जटाशंकर के जरिये समझाया था कि अगर अधजला बंडल फाइन आर्ट स्कूल में बरामद हुआ है तो संभव है कि मुर्तज़ा अली के साथ वाले लीलाशंकर को फंसाना चाहते होंगे और उन्होंने प्यारे मियां की लाश पर तुम्हारा ब्रोशर डलवा दिया होगा। तुम लाश पर ब्रोशर फेंककर दंगा थोड़े ही करोगे। करना होगा तो कोई जिंदा देह की क्रांति ही चुनोगे। लीलाशंकर ने बेसमेंट को ऐसे देखा, जैसे चिली के क्रांतिकारी कवि को देशद्रोह के अपराध में नज़रबंद करके रख दिया गया हो। अब जनता क्रांति करके सबको ठीक करने में लगी होगी। हालांकि मन ही मन उसने दुआ मांगी कि मामला राठी रिपोर्टर की बताई बातों तक ही सीमित निकले।

राठी ने कहा था कि कर्फ्यू की छूट के दौरान होने वाले 'आत्मशुद्धि' समारोह तक उसकी सुरक्षा जरूरी है। यह सुरक्षा बेसमेंट में ही संभव थी।

वहां एक केयर टेकर था जो घंटी बजाने पर आता था और चाय-पानी रखकर चला जाता था।

लीला के पास सिवाय सोचने के कोई काम न था।

उसने सोचा।

अहा! बेसमेंट जीवन भी क्या है।

कई बाढ़ों, दंगों, भूकंपों में उसने पेंटिंग बनाकर दान की थी। 'आत्मशुद्धि' का मौका पहला पड़ा था। आज वह खुद बाढ़ में फंसा था, उसके जीवन में दंगा मचा था और कैरियर में भूकंप आया हुआ था। उसे खुद सहायता की जरूरत थी।

क्या ही अच्छा हो कि जल्दी से जल्दी फाइन आर्ट स्कूल से बरामद अधजले ब्रोशरों से यह निष्कर्ष निकाल दिया जाए कि मुर्तज़ा अली के आस-पास वाले ही शरारतन लीलाशंकर को फंसाना चाहते थे।

कभी-कभी जो दुश्मन नहीं सोचता, मन सोचने लगता है।

लीला का मन बेसमेंट की छत से जुड़े शीशे के उजालदानों के पार जाने को करने लगा। उसे लगा, अगर प्यारे मियां की आत्मा उजालदान के आस-पास मिल जाए तो कर्फ्यू की छूट के पहले ही उनसे गवाही लिखवाकर भाग छूटे। सूअर की पेंटिंग बनाई उसने थी पर प्यारे मियां की लाश पर फेंकना सपनों में भी उसके बस का न था। अगर ज़रा भी ऐसा अंदेशा होता तो वह कम-से-कम जटाशंकर से बात करके कुछ मुस्लिम बुद्धिजीवियों के एडवांस बयानों की तो जुगाड़ करवा ही लेता।

और, अब यह झामनानी सिर्फ एक लाख की बोली लगाएगा। पेंटर लीलाशंकर की 'आत्मशुद्धि' की बोली सिर्फ एक लाख? 'झामनानी को म-से-कम दो लाख तो लगाने चाहिए।' उसने सोचा, 'बांडिया और लोकल कवि-लेखकों के साथ बैठकर पता नहीं क्यों यह झामनानी भी डाउन मार्केट होता जा रहा है।'

लीला ने फिर उजालदान की ओर देखा।

इस बार बाबू प्रेमप्रकाश का प्रकाश फूटा।

उसे याद आया-मुझे भी कभी बाबू प्रेमप्रकाश ने असिस्टेंट एडीटर का ऑफर दिया था। एक बार जब प्लेग की अफवाह फैली थी उन्हीं दिनों यह अफवाह भी खूब चली थी कि बाबू प्रेमप्रकाश के नाम से लंबी-लंबी टिप्पणियां

लीलाशंकर ने लिखी हैं। लेकिन अपनी सरकारी नौकरी के प्रॉविडेंट फंड और पेंशन प्लान को छोड़कर पूर्णकालिक पत्रकारिता की क्रांति में उतरने की मूर्खता वह करे या न करे, इसके हिसाब-किताब में ही वह पूरे तीन दिन खा गया था। एक कैलकुलेटर उधार लाया था। एक दस्ता कागज़ बिगाड़ा था। इतने परिश्रम के बाद भी आखिर इस नतीजे पर पहुंचा कि गांव में बीमार बीवी का बहाना लगाकर एक सप्ताह के लिए भूमिगत हो जाए। बाबू प्रेमप्रकाश का प्रस्ताव 'आया-ठुकराया' हो जाएगा। सप्ताह-भर बाद अचानक सुबह घर पर जाकर प्रणाम कर आएंगे। न गांववाली बीवी प्रेमप्रकाश ने देखी है, न प्रेमजी का ऑफर पब्लिक ने देखा है। पेंशन, प्रॉविडेंट फंड, क्रांति, प्रस्ताव, प्रेमजी, सारे के सारे पेंच एक पेंचकस से दुरुस्त हो जाएंगे।

लीलाशंकर बालों में हाथ घुमाकर उबासी लेने लगा। मन ही मन अपनी क्षमताओं पर प्रसन्न भी हुआ।

प्रसन्नता में वह उजालदान की तरफ अनायास ही नजरें उठाकर देख लेता था। वहां कबूतरों ने काफी बीट कर रखी थी। लीला का ध्यान अब तक बीट की तरफ नहीं गया था। अब गया।

'राठी रिपोर्टर ने भी पता नहीं कहां से यह बेसमेंट चुना है।' एक जबर्दस्त गाली उसने छत की तरफ उछाली। खाली बेसमेंट में अकेले होने पर अभिव्यक्ति की स्वतंत्रता का जो आनंद होता है, वह गाली के उच्चतम स्तर पर ही समझा जा सकता है। लीला ने यह कला जटा के सान्निध्य में सीखी थी। कला का उसने एक बार आनंद लिया।

उसके बाद अनजाने तनाव में घंटी बजाई।

केयर टेकर आया।

'चाय है?'

'साब, दूध खत्म हो गया!'

'काली चाय मिल जाएगी?'

'शक्कर नहीं है।'

'ज़हर है?' लीला झल्लाया।

*'है! मगर, पियोगे तो मर जाओगे।'*

केयर टेकर गायब हो गया था। उसकी जगह झामनानी सेठ और मिर्ज़ा इस्माइल बेग प्रकट हो गए थे। डायलॉग उन्हीं की तरफ से आया था।

लीलाशंकर की जीभ तालू से चिपक गई।

झामनानी ने एक बोतल हवा में हिलाई और बेहद प्यार घोलकर पूछा–

'लीलाशंकर! तुमने वो डायलॉग तो सुना होगा जो पृथ्वीराज कपूर ने मधुबाला से इन्टरवल के बाद कहा था?'

अचानक बदले सीन से हैरत में पड़ा लीलाशंकर हकलाया–

'य-य-या-याद नहीं आ रहा!'

पीछे से राठी रिपोर्टर निकलकर सामने आया, 'भाई साहब घबराने की कोई बात नहीं है। 'आत्मशुद्धि' के लिए बस अभी चलते हैं।'

मिर्ज़ा इस्माइल बेग ने उसे धक्का देकर लीला से मुख़ातिब होते हुए कहा–

'मुग़ले आज़म याद आई जनाबे-अली?'

जवाब झामनानी ने दिया, 'नई रंगीन वाली में भी पृथ्वीराज कपूर ने मधुबाला से यही कहा था–*अनारकली! सलीम तुझे मरने नहीं देगा और हम तुझे जीने नहीं देंगे।'*

लीलाशंकर को सामने तारे से नाचते दिखाई दिए।

वह तय नहीं कर पाया कि मिर्ज़ा इस्माइल बेग और झामनानी सेठ इकट्ठे, राठी के साथ इस बेसमेंट में क्या कर रहे हैं? और अगर ये तीनों इकट्ठे हैं तो उसे अनारकली के काल में क्यों ले जाना चाहते हैं? क्या तय हो गया है कि प्यारे मियां का मर्डर किसने किया है?

राठी ने फिर से आगे आते हुए कहा, 'भाई साहब 'आत्मशुद्धि' वाली तैयारी पूरी है ना?'

लीला ने बमुश्किल सूखे मुंह में भीतर ही भीतर थूक तलाश कर निगलते हुए कहा, 'राठी रिपोर्टर साहब, एक कलाकार हमेशा आत्मशुद्धि के लिए तैयार रहता है।'

'मान गए!' झामनानी ने उसकी पीठ थपथपाई, 'अभी भी डायलॉग का लेवल अनारकली वाला ही है। हमारे होने वाले मेम्बर ऑफ पार्लियामेंट, मिर्ज़ा इस्माइल बेग, एक शेर तो इसे इनाम में दो यार...!'

मिर्ज़ा ने जेब से माचिस निकालकर तीली सुलगाई, उजालदान में बैठे कबूतर पर फेंकी। कबूतर फड़फड़ाया। राठी मुस्कुराया। झामनानी लहराया।

मिर्ज़ा ने फरमाया –

*'ऐ मेरे वतन के लोगो*
*ज़रा आंख में भर लो पानी।*

*जो शहीद हुए हैं उनकी*
*जरा याद करो कुर्बानी।'*

बेसमेंट गूंज उठा : *वाह-वाह-वाह-वाह!*

थोड़ी देर में वाह-वाह, हवा-हवा होते-होते, वा-वा रह गई। वाह-वाह की धूल बैठते-न-बैठते तीनों बेसमेंट से निकल चुके थे।

एक फड़फड़ाता कबूतर और लीलाशंकर -बस दो प्राणी रह गए।

हकबकाए लीलाशंकर ने उजालदान की ओर देखकर दोनों हाथों से दिल को दबाते हुए मन ही मन दुहराया-'अनारकली, सलीम तुझे मरने नहीं देगा और हम तुझे जीने नहीं देंगे।'

कबूतर की बीट अबकी बार उजालदान से हटकर ठीक उसके कंधे पे गिरी।

लीलाशंकर ऐसा डरा-ऐसा डरा कि बस डरता चला गया।

डर, सदमा और नाच।

ठीक उसी डर के सदमे में अब वह अनारकली के स्टेप पर स्टेप लिए नाच रहा था। हालांकि सामने अकबर न था। सलीम की मुहब्बत भी रफा-दफा हो चुकी थी। गीत के बोल बदले हुए थे। वह दीवानावार 'री-मिक्स' गा रहा था-

अजी! प्यार किया तो डरना क्या?

प्यार किया तो टूट गई है कच्ची कली कचनार की!

*ओय-होय- कांटा लगा-ऽ-ऽ-ऽऽ!*

लीलाशंकर तब तक गाता और नाचता रहा जब तक कि बेदम होकर जमीन पर नहीं गिर पड़ा। गिरते हुए उसने उजालदान का एक शीशा टूटते हुए देखा जिससे एक रस्सी नीचे आ रही थी। कोई जनाना हाथ भी था।

उसके बाद क्या हुआ उसे कुछ याद नहीं।

वह री-मिक्स के वक्त की अनारकली थी। पता नहीं बचा ली गई, मार दी गई, शुद्धि में काम आ गई या होश आने पर भाग गई!

हां, कबूतर ने जरूर एक बार और बीट कर दी थी!

रंग है!

दायां सुर बंद करो, सांस भीतर खींचो।

बायां बंद करो। अब दायें से सांस छोड़ो...।

ओ...ऽ...म्!

प्रेमजी ने भीतर ही भीतर अखंड प्रकाश का अनुभव किया।

गुरुजी अनुलोम-विलोम करवा रहे हैं।

क्या शांति है! अपार ऊर्जा!

अद्‌भुत आनंद! अनूठा ईश्वरत्व!

क्या है प्राण? सिर्फ एक सांस का आना, एक सांस का जाना।

हरि ओम!

बाबाजी बोल रहे थे और प्रेमजी की आत्मा में प्रकाश बढ़ता जाता था। टॉर्च की फैक्टरी भी दमादम चल रही थी, क्योंकि कर्फ्यू ने भीतरी मांग तेज कर दी थी और अखबार का तो कहना ही क्या! आग लगी थी। एक दिन में चार-चार, पांच-पांच संस्करण निकालने पड़ रहे थे। कंपिटिशन में अखबारों ने एक-दूसरे की जान ले रखी थी। मीडिया के इलाके में धंधे का समय था। आराम की फुरसत किसे हो सकती थी? बचा था सिर्फ अनुलोम-विलोम, भ्रामरी या शवासन!

हे गुरुदेव। योग ने प्रेमजी को बचा लिया, प्रेमप्रकाश को बचा लिया, पीपी और प्रेम बाबू को बचा लिया।

...ओ-ओ-ऽ-ऽ-म्...!

आखिर वीसीडी पूरी हुई।

वे अभी दफ्तर नहीं, घर में थे।

पता नहीं क्यों शहर पर एक दूधिया-सा कुहरा फैला था जो उनके बंगले की खिड़कियों पर भी कमोबेश उतने ही दूधिया ढीठपन से जमे जा रहा था। बादाम का दूध पीकर या मूंग की दाल का हलवा खाकर कर्फ्यू पास चिपकाए हुए शहर में चक्कर मार देना उनके लिए अब उतना रुचिकर नहीं रह गया था। कोई ज़माना था जब उन्होंने डंडे खाकर कर्फ्यू कवर किए थे। अब वे कलेक्टर की गाड़ी में कर्फ्यू देख सकते थे और होम मिनिस्टर के साथ दंगा प्रभावित बस्तियों की समस्याएं सुन सकते थे। उनकी भी एक विचारधारा थी। उनके भी एक लाख पाठक थे। वे धारा पलट सकते थे। उन्होंने पलट ही दी थी।

अगर दंगा न होता तो मिलादुन्नबी उन्होंने हिट कर ही देनी थी।

वे खिड़की की चौखट पर हाथ रखे खड़े हो गए। जैसे मिलादुन्नबी, कुहरे, समाजवाद, दंगे और अखबार के विज्ञापनों का कुल बेलेंस कुछ मिनट के लिए भूल जाना चाहते हों।

कुहरे वाली खिड़की के बाहर मेहंदी की झाड़ियां थीं और उसके पार सड़क। सड़क से निकलता सिपाही जोर से बोला–'जय हिन्द साहब!'

प्रेमप्रकाश ने पुलिस के ऊंचे अफसर के अंदाज़ में जवाब दिया, 'जय हिन्द। सब ठीक है?'

'बस अब तो छूट का वक्त होने वाला है, दो घंटे की रहेगी सर।'

'अरे-हां, अच्छा है। अमन होना चाहिए।'

पुलिसवाला आगे बढ़ गया। पीछे दो-चार और भी थे। एक गाड़ी भी गुजरी।

प्रेमजी ने मेहंदी की झाड़ियों से नजर उखाड़ी और चेहरा चौखट के भीतर कर लिया।

मेहंदी की झाड़ियां उन्हें हमेशा रहस्यमय लगती थीं। बहुत लोग जानते हैं कि वे रहस्यवादी थे, पर बहुत कम जानते थे कि क्यों थे? अन्यथा वे झाड़ियां कब की साफ करवा चुके होते। अब भी उनकी नजरें इन झाड़ियों पर रुकती नहीं, जमती थीं। हटती नहीं, उखड़ती थीं।

हां वह भी कुहरे वाला ही दिन था। उन्हें इश्क हो गया था। कई दिनों तक बावले रहे।

चूंकि वे जवानी के आरंभिक दिनों में थे इसलिए यह तो संभव नहीं था कि देश की सामाजिक अर्थशास्त्रीय अवधारणाओं पर नोट्स लिखकर मेहंदी की झाड़ियों में फेंकते पर उन्होंने यथाशक्ति अर्थशास्त्र का ध्यान रखा। उसमें लिख

दिया कि किस होटल में कितने रुपए की आइसक्रीम खिलाएंगे। समाजशास्त्र का जहां तक प्रश्न था, उन्होंने होटल का स्तर ऊंचा रखने का वादा किया था। वादे की इस फेहरिस्त की बाकायदा ब्राह्म मुहूर्त में गणेशजी की पूजा के बाद गोटी बनाकर मेहंदी की झाड़ियों के पार ठीक सात बजकर इकत्तीस मिनट पर फेंकी गई जो बजाय उस सुकन्या पर गिरने के (जिसे सात इकत्तीस पर गुज़रना ही था), झाड़ियों में ही अटककर रह गई। बाद में यह अटकी हुई गोटी, सुकन्या के पीछे चले आ रहे एक बुजुर्ग चिरकुमार के हाथों जा लगी जो चींटियों को आटा डालने और सड़क पर सफाई करते चलने के शौकीन थे। चिरकुमार दक्षिणपंथी थे, यानी दाहिने तरफ के पड़ोसी। और, सुकन्या वामपंथी यानी बाईं गली के एक पड़ोसी महाशय की सुपुत्री। देश की पत्रकारिता में इस घटना का गंभीरतम परिणाम यह हुआ कि आज भी प्रेमजी पर्याप्त दक्षिणापंथी धार्मिक परंपराओं और सांस्कृतिक गौरव का नियमपूर्वक बखान करते हैं और प्रेमिका छिन जाने की याद में वामपंथ के गुणों से अनुप्राणित पत्रकारों को नौकरी दे-देकर उनसे संपादकीय लिखवाते हैं।

कुहरे को देखते-देखते उन्होंने 'ओ-ऽ-म-' किया और विचार पाया कि पंडित दीनदयाल उपाध्याय और लेनिन में उनके लिए कोई फर्क नहीं होता अगर कमबख्त मेहंदी की झाड़ियों में वह चक्कर न पड़ा होता। गोटी और उसके सही गिरने पर विचार कितने इधर से उधर हो सकते हैं, उन्होंने इसी से जाना। किस्मत का लेखा। वक्त की विडंबना!

पाठकों को यह सब बॉलीवुड के किसी नामी फिल्मकार की लचर पटकथा का नमूना लगेगा, लेकिन प्रेमजी के जीवन में जो घट गया सो घट गया। आपके-मेरे लचर कहने से कुछ फर्क नहीं पड़ता। बकौल चिरकुमार, 'होई वहि जो रामरचि राखा, को करि तरक बढ़ावहि साखा?' प्रेमजी ने मेहंदी की बेतरतीब शाखाओं की कटाई के खर्च को बढ़ने से बचाने के लिए तर्क की 'साखा' बढ़ाना छोड़ दिया अन्यथा साखा बढ़ती जाती, चिरकुमारजी के वक्तव्यों के साथ-साथ मजदूरी के पैसे अलग ठुकते। हालांकि यही एक वजह भी है कि मेहंदी की झाड़ियां पूरी दिखाई देती हैं। टॉर्च फैक्टरी, धागा फैक्टरी और अखबार चलने के बाद जब प्रेमजी का रुतबा सातवें आसमान पर पहुंच गया तब भी उन्होंने मेहंदी की शाखाओं के प्रति वही रुख रखा। इस बारे में पूछने पर वे माओ का वक्तव्य देते थे-'हजार फूलों को खिलने दो।' लोग पूछते, मेहंदी की झाड़ी में हजार फूल कहां खिलते हैं? वहां तो शाखाएं होती हैं। तो वे साफ कह देते-जब मैं माओ के संदर्भ से कह रहा हूं तो खिलते ही होंगे।

कोई अचरज नहीं, इस तर्क से 'माओ' और 'साखा' वाले चिरकुमार दोनों 'सहमत' पाए जाते थे।

जब अखबार का दूसरा संस्करण शुरू हुआ तो उन्होंने बीस कर्मचारी नौकरी से निकाले और इक्कीस सौ कमल के फूलों से महाकालेश्वर का अभिषेक करवाया।

संसार गवाह है कि अभिषेक का प्रसाद उन बीस बर्खास्त कर्मचारियों के परिवारवालों ने भी पाया।

कोई भेद, न कोई भाव! प्रेमजी ऐसे ही हैं।

प्रेमजी ने फिर कुहरे को देखा, मेहंदी की झाड़ियों को भी। मन पीड़ा से भर उठा। *वैष्णव जन तो तैणे ही कहिये जै पीर पराई जाणे रे...।* पीड़ा उस गोटी की, जो कभी मेहंदी की शाखाओं में उन्होंने फेंकी थी और जो वास्तविक लक्ष्य पर कभी न पहुंच सकी। पीड़ा उस कोहरे की, जो आज भी उन्हें संस्कृति पर छाया लग रहा था। पीड़ा उस सर्कुलेशन के आंकड़े की जो मिलादुन्नबी के बहाने मन में जम गया था।

मुर्तज़ा अली!
जीबी शाह रंगीले!!
रंगीले का सेठ!!!
रशोमन!!!!
स्पेशल एडीशन!!!!!
सर्कुलेशन!!!!!!
*हरे राम, हरे राम, राम-राम, हरे-हरे*
*हरे कृष्णा, हरे कृष्णा, कृष्णा-कृष्णा हरे-हरे*

कर्फ्यू भी क्या चीज़ है। कुछ पियक्कड़ों को 'राम का डर न होता तो रम पीने का मौसम था।' उन्हें न जाने क्यों यह विचार आया और झटका भी लगा। मोबाइल पर उन्होंने कुछ नंबर दबाए। कान पर लगाया। दूसरी तरफ से उठने का इंतज़ार करने लगे।

यह पहली बार था कि उनके लगाए नंबर पर उधर से जवाब आने में दो सैकंड से ज्यादा लगे। उधर से उठते ही प्रेमजी दुगुने खिल गए।

'इतना भी क्या नखरा, मुर्तज़ा सहित अब पहुंच भी जाइए! पीछे का गेट खुल्ला रख छोड़ा है।'

' ... ' दूसरी तरफ से कुछ और नखरा आया।

'खुल्ला चैक है। आपकी मर्जी का अखबार बनाओ। अब यहां के एडीटर हैं जी आप! अमन-चैन लाओ। देश को आगे बढ़ाओ! मैं तो क्या कहूं? आप खुद विद्वान हैं। पर किसी ने कहा है – *साधु कहावत कठिन है लंबा पेड़ खजूर, चढ़ै तो चाखे प्रेम रस, गिरे तो चकनाचूर।'*

' . . . ' नखरा ख़त्म हो गया।

अब प्रेमजी ने मोबाइल बंद करके कालीन पर फेंक दिया।

अलमारी खोली। चैक बुक सामने रखी।

'भर देंगे, आज तो जो कहेगा भर देंगे।' रम की बोतल से एक पैग बनाया। खुद से कहा – चीयर्स...और गिलास आरामकुर्सी के चौड़े हत्थे पर टिका दिया।

खिड़की से बाहर कुहरा दूधिया से थोड़ा स्याह हो रहा था। मेहंदी की शाखाएं ठुनक रही थीं। उन्होंने सीडी की संगत लगा ली। प्रेमजी की सीडी पर शायद पहली दफे अमीर खुसरो उतर आए, जैसे आवाज़ मौला तक पहुंचा रहे हों –

*खुसरो दरिया प्रेम का, उल्टी वाकी धार*
*जो उतरा सो डूब गया, जो डूबा सो पार।*

●●●

पीछे के गेट पर एक विशाल गाड़ी रुकी।
दो भद्रजन उतरे।

एक का नाम था आत्माराम बांडिया और दूसरे का बाबू घुन्नेशाह रंगीले।

अगर इस घड़ी इलेक्ट्रिशियन कम पार्टटाइमर होता तो बकौल दुष्यंत जरूर पेश करता –

*बाएं से उड़के दाईं दिशा को गरुड़ गया,*
*कैसा शकुन हुआ है कि बरगद उखड़ गया।*

पर, उपन्यास में यह बड़ा विचित्र वक्त है कि बैंकर उपन्यासकार या रिटायर्ड अफसर कवि जैसे चरित्र घरों में दुबके पड़े हैं और कर्फ्यू की छूट भी उनके डर को अखबारों के विश्लेषण से ऊपर नहीं उठा पा रही है। वे उसे भी बंद टॉयलेट में संपन्न कर लिया करते हैं।

'मुर्तज़ा भाई को खुले में लाना ठीक नहीं लगा?' विनम्रता के दो क्विंटल बोरे से लदा बांडिया झुककर पत्रकारिता की मीनार, जीबी के कान में फुसफुसाया।

घुन्नेशाह, घुन्ने ही रहे। वे तुरंत बोल जाते तो तुरंत शील भंग हो जाता। इसलिए तुरंत की बजाय एक सैकंड लेकर मुस्कुराए। बाद में जब फुसफुसाए भी

तो उसमें मुर्तज़ा को लेकर जवाब नहीं, संगीत की समस्या पर सवाल था –

'ये प्रेमजी तो हनुमान चालीसा के भक्त हैं न? खुसरो कब से...?'

'सर आपके कद्रदान ठहरे। सम्मान में 'रम' खोली है शायद। कुछ आपके आने का मौका, कुछ मन में शहर के अमन की उमंग! ...हें-हें...।'

जीबी शाह रंगीले ने ठिठककर क्षणिक अविश्वासपूर्वक देखा। फिर 'हें-हें' के विश्वास से लहक गए। अनुभवियों को विश्वास ऐसे ही आता है। वे अनुभव से विश्वास की रोटियां पकाते हैं और आप जानते ही हैं कि कभी-कभी पकाई हुई रोटियों के लिए अनुभव भी बेचने पड़ जाते हैं। जीबी शाह युगांतरकारी, अनुभवी थे। उन्होंने जीवन के पचास से ज्यादा बसंत देखे थे। वह हर बसंत को जीना जानते थे। पर पता नहीं क्यों खुसरो का यह बसंत उन्हें पहली दफे बेचैन कर रहा था। न मौला की चौखट खुलती थी, न हरि की देहरी में हरकत होती थी। हालांकि ख्वाजा के नाम बसंत की आवाज़ फिजां में तेज होती जा रही थी।

बांडिया ने दांत दिखाए और नए एडीटर की सेवा में पर्दा उठा दिया।

पांव गलीचे में धंसे थे। खुसरो के बोल ऊपर उठते जाते थे।

*खेलो रे चिश्तियों, होरी खेलो!*

*खेलो रे चिश्तियों, होरी खेलो!!*

कुहासे में उभरी एक फ्रेम थी।

दोनों पैर मेज पर इकट्ठे किए, खिड़की की ओर मुंह किए हाथ का प्याला आरामकुर्सी के हत्थे पर टिकाए, प्रेमजी की पीठ ही प्रकाशित हो रही थी। चैक बुक उड़कर नीचे आन पड़ी थी। बोतल टेढ़ी रखी हुई थी। खिड़की की चौखट में ठहरे सांवले कुहासे में मेहंदी की थोड़ी बहुत शाखाएं कांप रही थीं।

बिजली की तरह एक वार जीबी शाह रंगीले पर गिरा।

एक टूटे हए शीशे का लंबा फल उसके बाएं कंधे को चीरता हुआ पसलियों के भीतर तक उतर गया था। ऐसा कि वह चीख भी न सका।

उसके खून का लाल फव्वारा बांडिया की आंख में जा ग़िरा और हैरत में उछले बांडिया का मोबाइल जेब से निकलकर जमीन पर।

जमीन पर अचानक खुसरो के बोल तोड़ती रिंगटोन के साथ स्क्रीन पर मिर्ज़ा इस्माइल बेग का कोड नेम चमक-चमककर दस्तक देने लगा–*इमरजेंसी-इमरजेंसी!*

ठीक उसी वक्त किसी ने प्रेमजी की आरामकुर्सी का चेहरा सामने घुमा दिया।

उनकी गर्दन भी ढुलकी पड़ी थी।

प्रेमजी लेटे पड़े थे। जीबी की आंखें शून्य में ठहर गई थीं। दोनों के जिस्म आमने-सामने थे, और उनके पीछे वाले भी! प्रेमजी के पीछे चिमन चपरासी, रंगीले के पीछे कांचवाला!

'तुम?'

कांचवाले ने धंसे हुए शीशे समेत रंगीले का बेजान बेसहारा जिस्म हवा में छोड़ दिया। शीशा धंसा जिस्म नीचे बैठता जा रहा था। कांचवाले ने जेब से उस्तरा निकाला और बंद कर इतनी तेज़ी से खिड़की के पार फेंका कि वह मेहंदी की शाखाओं में जा गिरा। पत्रकारिता की मीनार के हाथ कांचवाले के कपड़ों पर खून के निशान छोड़ते हुए ढहते चले गए।

आरामकुर्सी पर पड़ी प्रेम प्रकाश की निर्जीव देह के कंधे और नीचे गिर गए।

सिंदूर से दिपदिपाते माथे वाला चिमन चिल्लाया, 'जाओ तुम मुझे कॉमरेड कह देना। मैं नहीं डरता। मैं किसी से नहीं डरता। मैंने इस प्रेमजी का खून कर दिया। इसी ने हिंदुओं की गली में प्यारे मियां की लाश डलवाई थी।'

'और तुम मुझे गोडसे कह सकते हो।' कांचवाले ने चिमन चपरासी से बर्फीली आवाज़ में कहा-'मैंने उस घुन्नेशाह रंगीले का खून कर दिया है जो खुद को कॉमरेड कहता था और इस प्रेमजी से मिल गया था।'

खुसरो का 'रंग' अभी भी सीडी से उतर रहा था। मगर वहां सुना जा सकता था -

सिर्फ और सिर्फ एक गहरा मौन।

खिड़की से भीतर आता सांवला कुहासा।

चिमन चपरासी गहरे संतोष से एक विक्षिप्त मुस्कान में बड़बड़ाया -

'मैं न कहता था, हर उल्लू कुछ कहता है।'

ठीक उसी सड़क पर ऐलान करती पुलिस गाड़ी गुजर रही थी -

'छूट का वक्त खत्म हो गया है। लोग घरों के अंदर रहें।'

गूंगा हो चुका बांडिया पागलों की तरह परदों पर लटकता, उन्हें फाड़ता, घिसटता, भागता, पिछले गेट से निकलकर सड़क पर बेतहाशा भागने लगा।

पुलिसवालों को लगा, कोई दंगाई दौड़ रहा है।

एक सनसनाता डंडा आया और बांडिया उसके साथ जमीन पर जाता रहा!

**•••और**

●●●

मालिशिये की भोली बीवी बार-बार पूछ रही थी, 'रशोमनजी-ये जिनको आप रस्सी से खिंचवाकर मुझसे यहां तक लेकर आई हो, बेहोशी टूटते ही मुगले-आज़म का गलत गाना क्यों गाने लगते हैं?'

रशोमन हल्की-सी उम्मीद के साथ, कभी मालिशिये की बीवी के जलाए चूल्हे पर रखे दूध को देखने लगती, कभी उस दीये को जो उसने हनुमानजी की अखंड जोत के नाम से लगाया था।

मुर्तज़ा अली ने लीलाशंकर की पेंटिंग वाले अधजले ब्रोशर का बंडल चूल्हे में डालकर आंच तेज़ कर दी, 'भाभी जान! अब इसका दूध गरम हो जाएगा। ये है कॉमरेड गोडसे। आर्टिस्ट जो ठहरा।'

रशोमन के चेहरे पर असली मन की एक हल्की रेखा फैल गई।

मालिशिये की बीवी ने दूध के चार हिस्से किए-एक रशोमन, एक लीलाशंकर, एक मुर्तज़ा और एक उन क्षणों के लिए जब कांचवाला, चिमन चपरासी और मालिशिया लौटेंगे। तब वह उस एक हिस्से से अपने समेत चारों के लिए चाय बनाएगी। पिएगी। गर्माहट पाएगी। अखंड जोत में फिर से तेल डालेगी।

अब, इस देश में कर्फ़्यू का क्या पता, कितने दिन और चले!

●●●